THE STUDY OF ZHEJIANG ENTREPRENEURS
2014

浙商研究

2014

项国鹏　主　编

吴　波　副主编

浙江工商大学出版社
ZHEJIANG GONGSHANG UNIVERSITY PRESS

图书在版编目(CIP)数据

浙商研究. 2014 / 项国鹏主编. —杭州：浙江工
商大学出版社，2014.12
ISBN 978-7-5178-0756-8

Ⅰ. ①浙… Ⅱ. ①项… Ⅲ. ①商业经营－研究－浙江
省 Ⅳ. ①F715

中国版本图书馆 CIP 数据核字(2014)第 285160 号

浙商研究 2014

项国鹏主　编　吴　波　副主编

责任编辑	谭娟娟　尤锡麟
封面设计	包建辉
责任印制	包建辉
出版发行	浙江工商大学出版社

（杭州市教工路 198 号　邮政编码 310012）

（E-mail:zjgsupress@163.com）

（网址:http://www.zjgsupress.com）

电话:0571－88904980,88831806(传真)

排　　版	杭州朝曦图文设计有限公司
印　　刷	绍兴虎彩激光材料科技有限公司
开　　本	710mm×1000mm　1/16
印　　张	18.5
字　　数	352 千
版印次	2014 年 12 月第 1 版　2014 年 12 月第 1 次印刷
书　　号	ISBN 978-7-5178-0756-8
定　　价	45.00 元

本书受到浙江省哲学社会科学重点研究基地——浙商研究中心、浙江省高校人文社会科学重点研究基地(浙江工商大学工商管理学科)资助。

目　录

创　业　篇

利益相关者视角下的制度创业策略机制探讨
　　——基于浙商的多案例研究 ……………………… 项国鹏　张志超 3
基于知识溢出、知识溢进双重效应的集群企业创业行为传导
　　——卫星型集群结构下的仿真研究 ……………… 吴义爽　邬丹燕 15
浙江省新创电子商务企业价值共享型商业模式研究
　　——以三千禾旗舰店为例 ………………………… 项国鹏　魏　唯 26
浙商平台企业商业模式研究
　　——以阿里巴巴公司为例 ………………………… 吴义爽　张传根 36
如家酒店商业模式研究及对浙江本土酒店业的启示 ……… 项国鹏　姜　水 43
进入模式、区域产业环境及经营特性对中小企业跨区域经营绩效影响
　　——基于浙商的实证研究 ………………………… 潘文安　赵佳玮 53

战　略　篇

阿里巴巴企业社会责任实践初探
　　——基于利益相关者视角 …………………… 范　钧　沈东强　姜　水 67
海盐县非公有制经济传承与发展的案例分析 ……… 夏红平　华　民　张其芬 76
企业社会资本与浙商企业发展：一个单案例研究 ………… 韦　影　王　昀 86
关系质量、知识共享与创新绩效的关系
　　——基于节能服务公司的实证研究 ……………… 瞿　焱　姚云雷 97
家族企业资本结构对企业经营绩效的影响
　　——基于浙江省企业的研究 ……………………… 王丽丹　范　钧 108

认知学习理论下家族企业隐性知识传承研究 …………………… 王小龙 119

社会资本、动态能力与代工企业成长的关系研究综述 …………… 何桂芳 127

中小企业创新绩效与知识产权管理关系研究
　　——以浙江省为例 …………………………………………… 郑　贤 134

舟山国际物流岛建设的影响因素研究
　　——基于主成分分析法 ……………………………………… 潘叶萍 142

组　织　篇

商会会员之间信任模式、关系承诺与合作绩效研究
　　——以浙商协会为例 ……………………………… 潘文安　骆泽文 153

基于 EQC 框架的无边界职业成长机理：浙商企业实证研究 …… 江　欣　俞荣建 164

真实型领导对员工建言行为的影响
　　——基于浙江企业的实证研究 …………………………… 兰瑞瑞 176

员工核心自我评价与组织公民行为关系研究：有调节的中介作用
　　…………………………………………………… 尹盈盈　应心凤 186

职业初期知识型女性员工职业成长机理研究
　　——工作家庭平衡视角 …………………………………… 孙灵岚 198

文化嵌入视角下新入职员工职业伦理和职业成长的关系研究
　　…………………………………………………… 王利亚　俞荣建 209

营　销　篇

电子商务环境下混合渠道冲突的对策分析
　　——以浙江报喜鸟为例 …………………………… 宿慧芳　毛　羽 225

怀旧广告诉求对消费者购买意愿的影响研究：怀旧倾向的调节效应
　　…………………………………………………… 吕筱萍　段　琪 234

网络购物情境下的服务补救策略研究 ……… 江　辛　褚晶晶　吴礼平 246

电子商务网站消费者持续使用意愿实证研究 ……… 韦正花　张希凤 257

浙江高端养老地产购买的影响因素研究 ………………………… 熊子鉴 268

消费者个性特质对在线定制购买意愿的影响研究 …… 吕筱萍　张宏宇 279

创业篇 CHUANG YE PIAN

利益相关者视角下的制度创业策略机制探讨①

——基于浙商的多案例研究

项国鹏[1]，张志超[1]

（1 浙江工商大学工商管理学院，浙江杭州，310018）

摘　要：本文选取 2 家浙商民营企业制度创业的案例进行研究，从利益相关者的视角出发，探索性地分析了制度创业企业在制度创业的不同阶段所面临的不同的利益相关者，针对制度创业中不同的利益相关者所使用的不同策略，并构建出制度创业策略机制作用模型。从而在转型经济背景下，揭示民营企业如何运用制度创业策略与其利益相关者互动这一"黑箱"式过程。

关键词：制度创业　制度创业策略　利益相关者

一、引言

制度创业就是指行动者认识到某一特定制度的安排会为自己带来利益，从而通过资源配置来创造或改变制度，进而推广新的组织形式、技术标准、行为模式或新的价值观。[1]纵观国内外的制度创业研究，大多数学者主要集中在制度创业主体、诱发制度创业的原因、制度创业的过程及制度创业的效果上，[2]这些研究虽然丰富了制度创业的理论研究，但缺乏对制度创业民营企业家的实践指导。例如，根据制度创业的定义可知制度创业是通过制度变迁完成的，[3]而制度变迁又会给某些现有制度安排下的获利行为主体带来利益的冲突，同时新制度的安排又会带来新的利益群体，如此一来，制度创业者如何在制度创业过程中准确识别出这类利益相关者呢？制度创业者针对不同的利益相关者实施何种策略以达到新制度的建立与推广？本文根据项国鹏的制度创业三阶段划分：建立变革基础期、新制度理论化期和推广新制度期，探讨在制度创业的不同阶段，制度创业者是如何针对利益相关者而采取相应的策略。

①　基金项目：高等学校博士学科点专项科研基金课题（博导类）（2013332611004）。

基于以往研究文献在这些方面并没有给出十分具体的回答,本文选取中国典型的制度创业企业——横店集团、绿源集团两家浙商企业的案例进行研究,[4]在划分的不同阶段制度创业的基础上,探索性地针对浙商制度创业者在不同的制度创业阶段所面临的不同利益相关者,以及针对不同的利益相关者如何运用策略去协调利益相关者,对利益相关者施加影响,从而达到制度创业目的,并探索性地构建制度创业策略机制模型。本文在丰富制度创业领域理论知识的同时,更多地给予制度创业者策略实践方面的指导。

二、文献回顾

(一)制度创业中利益相关者的界定与分类理论回顾

目前,国内外还没有学者将利益相关者理论应用于制度创业,所以有关制度创业中利益相关者的界定和分类的文献还处于空白阶段,但是对其他领域上的利益相关者界定和分类的相关文献的回顾,对制度创业情境下利益相关者的界定和划分具有一定的借鉴意义。

利益相关者理论自20世纪60年代提出以来,西方学者关于利益相关者的界定还没有一个统一定义,而国内学者在研究利益相关者理论时多数是在西方学者的理论基础上加以应用,但总体来说,西方学者还是倾向于将利益相关者定义为那些与企业有一定关系的,并且在企业中进行了一定专用投资的人,[5]因此,在此认识基础上,有一个定义被国内外学者普遍地认同:利益相关者是指那些在企业中进行了一定的专用性投资,承担了一定风险的个体或群体,并且其行为能够影响企业目标的实现,或者在企业实现目标的过程中被影响。[5]

在界定出利益相关者的基础上,并不是所有的利益相关者对企业都是十分重要的,因此,必须对利益相关者进行分类,按照对企业目标实现的影响程度来划分出利益相关者的重要性等级。国外比较典型的针对企业利益相关者的划分有以下一些:Freeman(1984)从所有权、经济依赖性和社会利益这三个不同的角度对企业利益相关者进行分类;[6]Frederick等根据利益相关者与企业的利益关系及影响程度将利益相关者划分为直接利益相关者和间接利益相关者;[7]Clarkson则根据相关群体与企业的联系紧密程度将利益相关者分为主要利益相关者和次要利益相关者;[8]Mitchell等则根据属性评分法,首次运用量化的方式对利益相关者的合法性、影响力和紧急性三个属性进行评分,把利益相关者划分为确定型、预期型和潜在型。Mitchell等的利益相关者划分方法操作性更强,因此得到普遍的关注。[9]

国内学者也对利益相关者的分类有一定的研究:李心合分别从企业利益相关者的合作性和威胁性维度上细分出四种类型的利益相关者:支持型利益相关者、不支持型利益相关者、边缘型利益相关者和混合型利益相关者；[10]陈宏辉等从利益相关者的主动性、重要性和紧急性三个维度将企业利益相关者分为核心利益相关者、蛰伏利益相关者和边缘利益相关者；[5]吴玲等从资源基础理论和资源依赖理论两个维度出发将中国企业的利益相关者分为关键利益相关者、重要利益相关者和边缘利益相关者三类；[11]刘利从利益相关者投入资产的专用性、互动性及影响力三个维度将企业利益相关者分为主要利益相关者和次要利益相关者。囿于文章篇幅，现将国内外典型的利益相关者分类整理成表1。

表1　国内外典型的利益相关者分类

国内外学者	细分维度	类　型	利益相关者
Freeman (1984)	● 所有权 ● 经济依赖性 ● 社会利益	对企业拥有所有权的利益相关者	持有公司股票的经理人员、董事等
		对企业在经济上有依赖关系的利益相关者	经理人员、债权人、内部服务机构、雇员、用户、供应商、竞争者、管理机构等
		与公司在社会利益上有关系的利益相关者	特殊群体、政府领导人、媒体等
Calarkson (1994—1995)	● 在企业经营活动中承担的风险种类	自愿利益相关者	
		非自愿利益相关者	
	● 利益群体与企业联系的紧密性	主要的利益相关者	股东、投资者、雇员、用户、供应商
		次要的利益相关者	环境主义者、媒体、学者和众多的特定利益集团
Mitchell (1997)	● 合法性 ● 影响力 ● 紧急性	潜在型利益相关者	
		预期型利益相关者	
		确定型利益相关者	
李心合 (2001)	● 合作性 ● 威胁性	支持型利益相关者	股东、雇员
		不支持型利益相关者	竞争对手、环保部门
		边缘型利益相关者	公众、社区、公会
		混合型利益相关者	债权人、供应商、媒体
陈宏辉、贾生华 (2004)	● 主动性 ● 重要性 ● 紧急性	核心利益相关者	管理人员、员工、股东
		蛰伏利益相关者	供应商、用户、债权人、分销商和政府
		边缘利益相关者	特殊团体、社区

续 表

国内外学者	细分维度	类 型	利益相关者
吴玲(2006)	● 资源基础理论 ● 资源依赖理论	关键利益相关者	管理人员、政府、股东、顾客
		重要利益相关者	员工、供应商
		边缘利益相关者	企业所在社区
盛亚(2007)	● 权利 ● 利益	高度平衡型利益相关者	用户、高管、股东
		中间型利益相关者	员工、合作者、竞争者、政府等
		低度平衡型利益相关者	债权人
常宏建 (2014)	● 利益相关者活动紧密性	内部利益相关者	
		外部利益相关者	

(二)制度创业中利益相关者的界定与分类

由于制度创业会打破原有场域的平衡,造成组织场域的重新构建,[1]因此,它势必会带来场域内场域利益的冲突。通过大量的文献阅读,本文就新制度是否会给场域成员带来利益冲突而将制度创业中利益相关者划分为:变革支持者、变革中立者和变革反对者。[12]具体分类如表2所示。

表2 制度创业中利益相关者界定与分类

细 分	理论来源	概 念
1 变革反对者	Weaver,Elms(2008)	对改变现有制度安排持有反对的社会群体
101 获益者	Greenwood,Suddaby(2006) 曾楚宏、朱仁宏、李孔岳(2008)	受益于现有制度安排的群体
102 中央政府机构		中央级别的政府机构,特别是位于政府体制的上层
103 竞争者		与推动变革者存在竞争关系的群体
2 变革中立者	Suddaby,Greenwood(2005)	对改变现有制度持中立的社会群体
201 社会公众	Suddaby,Greenwood(2005)	普通公众社会群体
201 媒体	Ruebottom(2011) Lawrence,Suddaby(2006)	从事信息获取与传递的工作
202 学术机构		学术研究机构
3 变革支持者	Misangyi,Weaver 和 Elms(2008)	对改变现有制度持支持的社会群体

细 分	理论来源	概 念
301 消费者	田志龙,高海涛(2005)	对打破制度而享有优质产品、低价格的消费群体
302 地方政府		地方级别的行政机关
303 弱势群体	Suddaby,Greenwood(2006)	难以从现有制度获利的群体

(三)制度创业策略

在制度创业过程中,不同时期所面临的利益相关者不同,针对不同的利益相关者所采取的策略也不同,每种策略都有其不同的特性和功能,本文通过阅读大量的制度创业的国内外文献,并对其加以整理,将制度创业分为话语策略、理论化策略、社会网络化策略及文化策略。[12]具体如表3所示。

表3 制度创业策略

制度创业策略	定 义	方 式	理论依据
话语策略	制度创业者谨慎运用说服性语言,使得场域成员观察到新制度与旧有制度的差异,进而推动制度变革	讲故事、倡导、游说、建构竞争性话语	Zilber(2002);Greenwood(2005)
理论化策略	使新制度实现系统化、理论化与简明化而形成理论框架	构建新理论框架	Suddaby(2002);Maguire(2005);Khan,Munir(2007)
社会网络的策略	指与利益相关者达成共识共同完成目标,进而促使他们参与集体活动,从而可以利用他们的资源与能力	运用社会技能构建团体、联盟等	Holm(1995);Fligestin(1996);Levy(2003);Lawrence(2004);Durand,Maguire(2005)
文化策略	制度创业者建构自我认知度和知名度,发挥其文化技能,对场域成员施加影响或引导	打广告,会议宣传,借助媒体的力量进行报道、进行教育活动	Rao(1994)

三、案例研究方法与样本企业的选取

(一)案例研究法

本文采用案例研究法,原因有如下几点:首先,制度创业理论在中国还是处于初步阶段,对其研究还处于不断的理论探索和完善阶段,因此,符合案例研究的特征;其次,本文目的在于研究制度创业不同阶段下,制度创业者对其利益相关者的策略实施问题,因此,属于探索某特定情境下的制度逻辑。本文采用多案例研究的目的在于更全面、更有说服力地理解制度创业策略,并剖析其作用机制,从而提高案例研究的外部效度,有助于研究成果的推广。

(二)样本企业的选取和数据的获取

本文借鉴项国鹏等研究制度创业选取的典型的民营制度创业企业:绿源集团倪捷努力为新型电动车建构合法性身份,成为电动车"第一斗士";横店集团徐文荣力图破除"政企不分"的企业现状,并因地制宜提出"社团所有制"。[4]之所以选取这两家民营制度创业企业作为研究对象,主要有如下几个原因:首先,这两家企业与研究的主题相一致;其次,这两家企业是国内典型的较为成功的制度创业企业,因此具有一定的代表性。

本文主要运用文献分析法(二手数据分析法),原因有两点。一是,这几家企业较为典型,影响力大,材料信息比较丰富,既有学术研究文献,也有媒体报道资料。Yin(2004)指出,虽然出版是带有偏向的,但只要出版物是思考性的,就可以作为素材。二是,这两家企业知名度较高,囿于现实条件,难以通过实地访谈、问卷调查法等获得一手调查数据。

四、案例分析

(一)横店集团

1.变革基础构建期

在横店集团成立之初,大多企业都是由乡镇创办的,但随着企业规模的扩展,"政企不分"的模式就成了企业发展的阻力。徐文荣力图突破政企不分的形态,以社会社团所有制的方式发展企业,在此期间运用了一系列的制度创业策略。

第一,话语策略告知政府"政企不分"的弊端及"政企分开"的必要性。

当政府制约了横店集团的发展时,政府人员基于自身利益支持"政企不分"。而徐文荣认为:"从社办、乡办到今天的镇办,企业总有乡镇干部干预企业内部经营,有时候搞得企业无所适从,严重影响了企业发展。"同时,政企不分会引起官僚主义肆虐、贪污腐败现象横行,严重制约企业的发展。经过徐文荣的"苦口婆心",这种现象最终引起了乡镇府的重视。

第二,社会网络化策略集聚同盟者,共同"逼迫"政府实施"政企分开"。

在1984年,徐文荣明白单靠自己的力量是远远不能让政府妥协的,在当时也有不少的英明之士,他们与徐文荣一道认识了这种发展模式的弊端,与徐文荣站在同一条线上,支持徐文荣努力说服政府采取措施让政府与企业脱离开来。

2. 新制度理论化期

第一,详细说明"股份制"之不妥,提出社团所有制。

1988 年,全国掀起"改制风",东阳市政府也要求乡镇企业实行股份制、租赁制和拍卖制,对此,徐文荣认为股份制并不适合横店集团的发展。徐文荣因地制宜,结合横店集团的实际情况,进行产权创新,提出了社团所有制,用"共创、共有、共富、共享"八个字概括社团经济模式,这八个字亮出了社团经济的真实身份,引起了社会各界的广泛关注。

第二,理论化策略与话语策略并用,详述"股份制"危害及"社团所有制"的合理性。

为了顺利实施"社团所有制",徐文荣向政府、横店内部人员、社会广大群众及支持所有制的人详述了"股份制"的危害,例如,搞"股份制",横店内部人员的人情不好摆;企业发展缺乏后劲,失去活力;搞股份制,缺乏灵活性,使得企业缺乏适应性等。

1994 年 3 月,针对"政企不分"与"股份制"的弊端,徐文荣明确界定了社团经济的概念:"社团经济的资产所有权不属于国家所有,也不属于当地政府所有,也不属于各村所有,更不属于社团经济领导层个人所有和企业员工个人所有,它属于社团范围内的成员共同所有",并阐述了社团经济所有制的五大好处。

3. 新制度扩散化期

第一,运用文化策略,通过学术性机构宣传"社团所有制"。

徐文荣发表了多篇关于社团经济模式的文章,例如,《横店社团经济所有制的探讨》《横店集团产权模式的探讨》《乡镇企业产权制度改革应从实际出发》等,这些文章联系实践,向社会阐述了社团经济理论的产生、内涵、意义及发展方向等重大问题,引起了社会各界的巨大反响。同时,北京的许多著名经济学界专家分批次,先后去横店考察,了解社团经济理论。深入了解横店集团社团经济后,他们在各大报刊上发表文章,其言辞充分肯定了横店集团的社团经济理论。

第二,通过会议、演讲、宣传等方式扩散"社团所有制"。

徐文荣参加各种会议、演讲和宣传等,使得社会各界人士开始认识到了"社团经济所有制"的真实面目,并开始接受它,运用它。另外,中央有关部门举办了"横店发展模式研讨会",先后出版了许多宣传性期刊和书籍,这些期刊和书籍的出现使得"社团所有制"获得了认知合法性和接受度。

基于上述对于横店集团在变革基础构建期、新制度理论化期、新制度扩散化期面对不同的利益相关者,采取了不同的制度创业策略,实现横店集团创业成功。对于横店集团的制度创业策略,笔者构建图 1 进行说明。

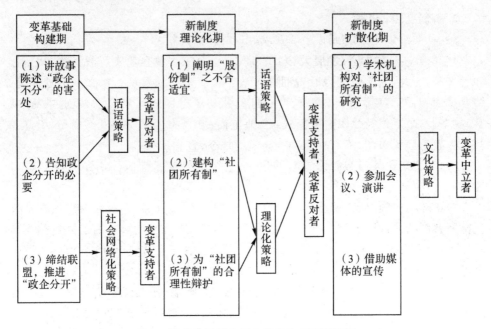

图 1　横店集团制度创业策略作用机制图解

(二)绿源集团

1. 变革基础构建期

第一,社会网络化策略构建联盟,构建组织合法性。[13]

绿源电动车始于 1997 年,刚开始时团队只设计了 20 多辆电动车,但当时的电动车不符合《道路安全交通法》的规定,这就意味着绿源电动车从一开始就是不合法的,再加上新生事物的出现更是引起大家的质疑。为电动车获取合法性是公司必然的举措。因此,当年 8 月份,倪捷代表刚成立的绿源奔赴无锡参加了第一次全国研讨会,同时也认识了许多志同道合的人士,他们相互帮助,共同推进电动车行业的合法性。1998 年,全国第一个对于电动车的省级规范性文件出台,绿源成为首个品牌。

第二,运用话语策略说明电动车的环保性、安全性,争得社会各界的支持。[14]

1999 年,由于电动车的蓄电池质量问题,使得电动车产业陷入了低谷。但是,倪捷没有气馁,他游走于各大行业间演讲和宣传,把电动车的环保性和安全性的概念传输给广大社会公众,鼓励研发单位研发更好的蓄电池。不仅如此,倪捷根据自己的专业所长,向专家请教,投入到蓄电池问题的研究上,并在重要性刊物上发表文章,引起社会广泛关注。2000 年 4 月,绿源电动车终于突破蓄电池的发展瓶颈,首次盈利,使电动车行业走上正轨。

2. 新制度理论化期

第一，话语策略破解"封杀"。

至 2002 年，正值绿源发展大势的时候，北京市公安交通管理局以电动自行车管理不便、电池污染严重等为由全面禁止电动自行车上道行驶。在这紧张的局势之下，倪捷发布《致全体业界同仁的一封公开信》，呼吁同仁团结一致，联合业内126 家企业以形成全力，直奔北京，与当地工商局进行激烈理论，目的在于讨回公道。2005 年，北京市撤销了对电动自行车的禁令，宣布放弃"封杀"，其他各地政府也纷纷效仿，从而使得电动自行车度过生死一劫。

第二，使用理论化策略构建电动车新标准。

电动自行车轻摩化的出现，由于当时的国家标准依然是 1990 年的《电动自行车通用技术标准》，依照这个标准，当时的绿源新一代电动车将全部超标。因此，在这种情况下，规范必须及时得到修改，倪捷至此展开了"标准之争"。最终，倪捷连同其他企业一起，成功说服国家标准委暂缓新国标发布，并决定与中国自行车协会重新讨论"新标准"事宜。

3. 新制度扩散化期

运用文化策略推广新制度。[15]标准委暂停新国标发布后，中国自行车协会一再坚持修订新国标，而以倪捷为首的"市场优先派"因满足了消费的合理需求而得到广大用户支持，他们展开了数次交锋。例如，在 2005 年，倪捷和中国自行车协会理事长王凤做客中央电视台《实话实说》栏目，双方就"谁决定电动车的命运"展开激烈辩论；2006 年，中国青年报、中国经济时代、财经时报等媒体发表了许多电动车标准的文章，搜狐、新浪、网易等门户网站相继转发，全国范围内掀起了电动车标准的大讨论；2008 年 2 月，倪捷亲手撰写《两轮电动车交通安全研究报告》和《用数据说话》两篇文章，从理论上为电动车的发展奠定了基础。

基于上述对于绿源集团在变革基础构建期、新制度理论化期、新制度扩散化期面对不同的利益相关者采取了不同的制度创业策略，实现了绿源集团创业成功，笔者构建图 2 进行说明。

五、研究结论与不足

本文通过对横店集团、绿源集团的案例研究，在前人划分制度创业阶段的基础上，探索性地分析了制度创业企业在各个制度创业阶段所面临的利益相关者，将他们分为变革支持者、变革反对者、变革中立者。在制度创业各个阶段，制度创业者针对不同的利益相关者所采取的制度创业策略，以达到和利益相关者良性的策略互动，从而实现制度创业的阶段性目的。通过案例研究，具体可以得出如下结论：

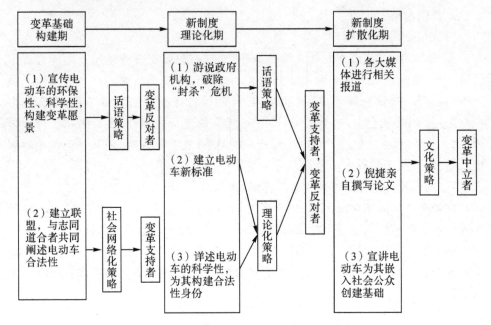

图 2 绿源集团制度创业策略作用机制图解

第一，在变革基础构建期，话语策略主要运用于变革反对者，从而扭转他们的变革反对态度。同时，运用社会网络化策略，通过建立共同身份、共同理念和共同愿景来缔结联盟，支持变革，进而达到共同创业。[16]

第二，在新制度理论化期，话语策略、理论化策略两者并用，与变革支持者策略互动，建构联盟合作，实现共同创业。

在新制度理论化期，需要用话语策略去揭露原有的制度所暴露出来的问题，同时运用理论化策略去将新制度系统化地向场域内成员解释，告知新制度的优越性。

第三，在新制度扩散化期，制度创业者频繁运用文化策略去争取变革中立者支持，使新制度得以在社会公众中广为传播。

当制度变革至扩散期化时，通过制度创业者各种策略的运用，新制度已经被赋予了简单明了的理论化形式，逐渐趋于成熟，而接下来必须做的就是对理论化的新制度进行大范围的传播和推广。借助文化策略将新制度进行推广的方式有多种，如教育、广告、会议宣传、媒体宣传等。[17]

综观全文，通过对两家案例企业的分析，同时基于制度创业理论及利益相关者理论，可以探索性地构建出利益相关者视角下制度创业策略的作用机制模型，如图 3 所示。

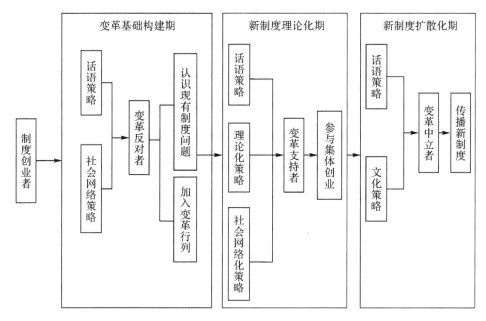

图3 利益相关者视角下制度创业策略的作用机制模型

本文存在不足之处:(1)对制度创业的利益相关者的界定和划分只停留在一般意义上,缺乏具体操作性,笔者只从有否利益冲突这一个维度上将利益相关者划分为变革支持者、变革反对者和变革中立者,其实制度创业的利益相关者应该从多维度上才能更准确地划分,如从权力维度、合法性维度上;(2)本文的研究是属于案例型研究,在划分利益相关者上没有通过大量的实证对具体的制度创业利益相关者问题进行量化处理,因而会缺乏一定的实证性。

参考文献

[1] LAWRENCE S H. Institutional Entrepreneurship in Emerging Fields:HIV/AIDS Treatment Advocacy in Canada[J]. Academy of Management Journal,2004,47(5):657—679.

[2] 项国鹏,胡玉和,迟考勋.国外制度创业前沿探析与未来展望[J].外国经济与管理,2011,33(5),1—8.

[3] SEO M G,CREED W E D. Institutional Contradictions,Praxis,and Institutional Change:A Dialectical Perspective[J]. Academy of Management Review,2002,27(2):222—247.

[4] 项国鹏,喻志斌,迟考勋.转型经济下企业家制度能力对民营企业成长的作用机理——吉利集团和横店集团的案例研究[J].科技进步与对策,2012,29(15):76—81.

[5] 陈宏辉,贾生华.企业利益相关者三维分类的实证分析[J].经济研究,2004,4(20):80—89.

[6] 陈宏辉.企业的利益相关者理论与实证研究[J].杭州:浙江大学,2003.

[7] FREDERICK W C,LAWRENCE A T,et al. Corporate Strategy,Public Policy. Ethics[J].

Business and Society,1996.

[8] CLARKSON M E. A Stakeholder Framework for Analyzing and Evaluating Corporate Social Performance[J]. Academy of Management Review, 1995, 20(1): 92—117.

[9] MITCHELL R K, AGLE B R, WOOD D J. Toward A Theory of Stakeholder Identification and Salience: Defining The Principle of Who and What Really Counts [J]. Academy of Management Review,1997,22(4): 853—886.

[10] 李心合. 面向可持续发展的利益相关者管理[J]. 当代财经, 2001 (1): 66—70.

[11] 吴玲, 贺红梅. 基于企业生命周期的利益相关者分类及其实证研究[J]. 四川大学学报: 哲学社会科学版, 2005 (6): 34—38.

[12] 阳恩松. 转型经济中民营企业制度创业策略及作用机制的探索性案例研究[D]. 杭州:浙江工商大学, 2014.

[13] MAIR J. Entrepreneurship in and Around Institutional Void: A Case Study from Bangladesh [J]. Journal of Business Venturing,2009,24(5): 419—435.

[14] BATTILANA J. How Actors Change Institutions: towards A Theory of Institutional Entrepreneurship [J]. The Academy of Management Annals,2009,3(1): 65—107.

[15] HERMAN I. The Challenge of Introducing Low-Carbon Industrial Practices: Institutional Entrepreneurship in The Agri-Food Sector[J]. European Management Journal,2013,4(5): 88—112.

[16] MISANGYI V F, WEAVER G W, ELMA H. Ending Corruption: The Interplay among Institutional Logicals, Recourses, and Institutional Entrepreneurs [J]. Academy of Management Review,2008,33(3): 750—770.

[17] LECA B. Agency and Institutions: A Review of Institutional Entrepreneurship[R]. Working Paper,2008.

基于知识溢出、知识溢进双重效应的集群企业创业行为传导

——卫星型集群结构下的仿真研究

吴义爽[1]，邬丹燕[1]

（1 浙江工商大学工商管理学院，浙江杭州，310018）

摘　要：传统的劳动密集型产业集群已不能满足经济发展的需求，集群升级迫在眉睫。尽管通过集群创业行为来推动产业集群升级的方式已经受到了学界的重视，但对其传导过程却少有研究。基于此，本文以卫星型集群结构为背景，从知识溢出、知识溢进双重效应角度，探讨了集群企业创业行为的传导过程，分析了创业及其传导需满足的条件，最后采用 netlogo 对过程进行了仿真研究。

关键词：卫星型产业集群　创业行为传导　知识溢出　知识溢进

一、引言

在劳动力、土地等生产要素成本上升的背景下，集群升级迫在眉睫，而企业创业是集群企业乃至整个集群实现升级的关键途径。[1]柳市低压电器集群、南浔木业集群等多个集群通过企业创业方式来突破这种困境，实现了产业集群的转型升级。研究集群企业个体创业行为如何传导而产生集群整体意义上的创业行为，对于揭示集群升级机理有重要意义。现有关于公司创业的研究，主要集中于探究公司创业的前因、创业导向、公司创业与绩效的关系。近 2 年，也有学者开始研究公司创业与产业集群升级的关系，如戴维奇等从刻意学习角度出发，揭示了公司创业推动集群升级的内在机理。[2]总体来看，目前关于公司创业行为如何在集群企业间传导的研究仍是少数。

本文以产业集群中较为典型的卫星型产业集群为背景，探讨了中心企业的创业行为如何影响集群整体的创业环境，进而影响集群内其他卫星型企业接受传导进行公司创业；分析了知识溢出、知识溢进在集群企业创业行为传导中的作用；最

后用 netlogo 仿真模拟了研究中的不同因素对集群企业创业行为传导的效果。研究表明：（1）在知识溢出与知识溢进双重效应下，集群企业最容易发生创业行为的传导；（2）集群创业环境是集群企业创业行为传导的重要因素；（3）集群企业个体属性（本文中指创业认知、创业资源）是集群企业创业行为传导的必要条件。

二、模型的提出

卫星型产业集群结构拥有起主导作用的中心企业和与其配套的相关卫星型企业，相较于其他结构的产业集群，该结构具有更明显的传导源（集群内中心企业）及传导接收方（集群内卫星型企业），在研究主动创业与接受传导被动创业的问题中具有更强的代表性。本文以卫星型产业集群为背景，通过阅读文献，试图揭开集群企业创业行为如何从中心企业传导到群内其他卫星型企业。

（一）集群创业环境

集群创业环境是集群企业进行创业的起点。关于创业环境至今未有一个统一的概念，但不少学者均认同创业环境是指，在整个创业过程中创业主体为了开展创业活动、实现创业目标，所能利用的及对其产生影响的所有外部要素的全体。[3-4]

现有关于集群创业环境的研究，主要将其划分为内部环境和外部环境。内部创业环境是创业者可以控制的环境系统，主要包括创业者素质、创业团队文化和创业组织。如有学者认为，人力资本、资金、社会资本、税收、劳动力成本、基础设施等是创业环境的组成部分；有学者研究表明，教育、文化、价值观等在一定程度上能够说明创业环境对公司创业行为的影响。外部创业环境是创业资源的供方，可分为社会环境、市场环境和自然环境。有学者注意到，资源、交易、创业活动的活跃与扩散、相似企业的集聚等创业环境决定初创企业的数量和性质。

双华军等对产业集群创业环境进行了探索性研究，通过文献分析与实地访谈，将整个产业集群创业环境分成四个方面：一是关系环境；二是行为环境；三是文化环境；四是政策环境。其具体包括信任、规范、模仿学习、竞争合作、创业文化、品牌声誉、融资环境和教育环境。[5]在本文的集群企业创业行为传导过程中，较少牵涉集群的政策环境，因此，本文参照双华军等[5]人的分类，将产业集群创业环境分为关系环境、文化环境和行为环境三个部分，包括信任、规范、创业文化、共享知识、模仿学习和竞争合作六个维度。

（二）公司创业前置因素

公司创业的过程开始于创业机会的识别，根据创业认知识别机会，通过有组织的行动（涉及与他人的互动）并结合自身拥有的资源，来实现延续。[6]创业认知一般是指人们用以评估、判断的知识结构，或者包括机会评价、创建和取得增长的决策、设计创业承诺、团队理解等。[7]即创业认知是指创业者如何运用简化的心智模式拼凑过去没有联系的信息，用以帮助他们创造新的产品或服务，以及聚集用以开始商业机会，进而取得增长的必备资源。[8]在认知方面，不仅要考虑个体的心理表象、认知结构，还要考虑行为、环境对于个体认知的影响。[9]企业在创业认知的影响下，萌发感知机会和追求机会的意愿，[10]并随之展开有目的的机会搜寻行为；[11]在识别、开发机会创造价值的过程中思考、推理和行动。[12]同时，早有多例研究也表明了企业所拥有的资源，包括人力资源、组织资源、技术能力、资金支持等，是进行公司创业的基础。

本文认为，在集群创业行为传导过程中，影响卫星型企业进行公司创业的前置因素可分为创业认知和创业资源，包括机会识别、学习能力、内部具有和外部获取四个维度。

(三)知识溢出和知识溢进

知识溢出是指一个实体(如企业、学校等)或组织在对外进行经济、业务交往活动时，其知识和技术的扩散和输出。国外有学者将知识溢出与产业集群结合起来，出现了集群知识溢出。集群知识溢出包括两个方面：一是集群内部的知识溢出，指集群主体(包括企业、研究机构、中介组织等)在进行知识活动过程中产生的技术，如工艺、产品知识、企业管理知识、研究成果、市场信息等，很大一部分外溢到整个企业群中；二是指集群外部的知识溢出，即指集群主体与地区外的企业、研究机构、金融机构发生的知识溢出。本文中所提及的集群知识溢出均指前者，即集群内部的知识溢出。Freeman(1991)认为，集群内部知识溢出效应的存在是促进集群发展及经济增长的最根本动力，是集群产出和生产率提高的源泉。Jaffe等在研究同一地理集中点的企业与学校之间R&D传播时，发现这种知识溢出能够影响企业的行为及绩效。[13-15]

相对地，知识溢进可以理解为发生知识溢出的源企业在接受改良信息(指由源企业发出，并经企业吸收、改良后溢出，又为源企业吸收的信息)后，改进技术的过程。[16]Kotha列举了新进入企业与现有企业之间进行互动，新进入企业受益于现有企业，现有企业通过新进入企业的改进方案修改自身设计，并获得成功的案例，说明了知识溢进对源企业的正向作用。[17]Agarwal等也认为，新进入企业对知识及网络的利用，使得知识溢进成为可能，从而影响源企业。

本文认为，中心企业创业行为向集群内其他卫星型企业传导的过程，可以理解为在知识溢出效应下，中心企业的创业行为影响集群整体创业环境，由此使得卫星型企业的创业前置因素发生变化，促成卫星型企业采取创业行为；而卫星型企业在采取创业行为的过程中，也伴随着知识溢出，并通过产业集群创业环境反馈至中心企业,为中心企业的再次创业提供借鉴。这一循环过程中,集群在知识溢出、知识溢进双重效应下会形成一个知识共享池(knowledge-pool),这个共享池越大,参与企业的距离越近,越易受到影响。

根据前述内容,本研究得出假设:

H1:集群创业环境中的关系环境对集群企业的创业认知有正向影响;

H2a:集群创业环境中的文化环境对集群企业的创业认知有正向影响;

H2b:集群创业环境中的文化环境对集群企业的创业资源有正向影响;

H3a:集群创业环境中的行为环境对集群企业的创业认知有正向影响;

H3b:集群创业环境中的行为环境对集群企业的创业资源有正向影响。

根据以上说明与假设,得出本文中的集群企业创业行为传导过程模型,如图1所示。

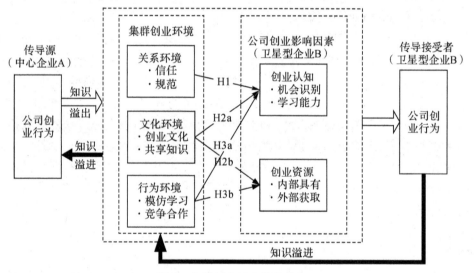

图1　集群创业行为传导过程

三、公司创业行为分析

企业能够选择主动或被动地进行公司创业,被动采取公司创业行为可分别探讨仅知识溢出效应和知识溢出、知识溢进双重效应情况。本部分通过分析,比较不同情况下的公司创业行为进行的难易程度。

(一)企业主动的公司创业行为

假设某企业的创业只有成功和失败两种情况,成功的概率为 P,创业投入成本为 C,创业成功的收益为 G_s,创业失败的收益为 G_L,企业不创业可获得的原有收益

为 G_0，一般我们认为有如下关系：

$$0 < P < 1, C = \beta G_0, G_s = \alpha G_0 - C, G_L = G_0 - C \tag{1}$$

其中 $\beta > 0$ 是创业投入系数，$\alpha > 1$ 是创业成功后与企业收益增长有关的系数，企业创业的期望收益为：

$$\begin{aligned}G_V &= PG_S + (1-P)G_L = P(\alpha G_0 - C) + (1-P)(G_0 - C)\\ &= [P(\alpha - 1) + (1-\beta)G_0]\end{aligned} \tag{2}$$

企业若要进行公司创业，应满足期望收益大于不创业收益，即 $G_V > G_0$，则有

$$[P(\alpha - 1) + (1-\beta)]G_0 > G_0 \tag{3}$$

可得 $\quad \beta < P(\alpha - 1) \tag{4}$

即只有当创业投入小于 $P(\alpha - 1)$ 时，企业才有意愿进行创业。

(二)卫星型企业被动的公司创业行为

1. 知识溢出作用下的被动公司创业行为

假设企业 A 为龙头企业，企业 B 为某一卫星型企业，r_A，r_B 分别为 A、B 企业的市场占有率，C_A，C_B 分别为 A、B 企业的创业投入成本，G_0 为 A、B 企业所在集群不创业可获得的原有收益。企业 A 在进行公司创业的过程中会发生知识溢出，若 B 企业接收到该知识溢出并进行创业能够产生效益，在提高自身效益的同时会蚕食企业 A 的利润；若 B 企业接收到来自企业 A 的知识溢出，但不采取创业行为则不会对双方企业利润产生明显影响。令 $r_{B/A}$ 为知识溢出系数，$G_{B/A}$ 为 B 企业接收到 A 企业的知识溢出而产生的收益，β_A，β_B 分别为 A、B 两家企业的创业投入系数。与单个企业进行公司创业活动相似，假设企业创业仍有成功和失败两种情况，为使计算简便，笔者设定两家企业创业成功概率均为 P，创业成功后与企业收益增长有关的系数均为 α，创业成功的收益分别为 G_{AS}，G_{BS}，创业失败的收益分别为 G_{AL}，G_{BL}，企业创业的期望收益分别为 G_{AE}，G_{BE}。根据以上假设，有

$$G_{B/A} = r_{B/A}G_0 \tag{5}$$

$$G_{BS} = \alpha r_B G_0 - C_B = (\alpha - \beta_B)r_B G_0 \tag{6}$$

$$G_{BL} = r_B G_0 - C_B \tag{7}$$

$$G_B = \beta_B r_B G_0 \tag{8}$$

$$G_{BN} = r_B G_0 \tag{9}$$

$$G_{BE} = PG_{BS} + (1-P)G_{BL} + G_{B/A} = [(P\alpha + 1 - P - \beta_B)r_B + r_{B/A}]G_0 \tag{10}$$

若要使 B 企业接受 A 企业的创业行为传导，则须满足 $G_{BE} > G_{BN}$，即

$$(P\alpha + 1 - P - \beta_B)r_B + r_{B/A} > r_B$$

得：

$$\beta_B < P(\alpha - 1) + r_{B/A}/r_B \tag{11}$$

比较式(4)与式(11),可知在相同的创业投入条件下,在知识溢出效应下的被动创业较主动创业易发生;换言之,在相同条件下,相比于自发性地进行公司创业,卫星型企业更容易通过接受中心企业传导而进行公司创业。

2. 知识溢出、知识溢进双重效应下的被动公司创业行为

考虑知识溢进的效应,企业 B 吸收了企业 A 溢出知识后进行了创业行为,而其创业行为又反过来促使企业 A 改进其产品或技术,影响了企业 A 的收益。假定在这一过程中,$r_{A/B}$ 为知识溢进系数,且 $r_{A/B} < r_{B/A}$,$G_{A/B}$ 为 A 企业接收到 B 企业的知识溢进而产生的收益,结合上文中提及的假设变量,有

$$G_{BE} = PG_{BS} + (1-P)G_{BL} + G_{B/A} - G_{A/B}$$
$$= [P(\alpha-1)r_B + (1-\beta_B)r_B + r_{B/A}(1-r_{A/B})]G_0 \tag{12}$$

同上文所述,若企业 B 要进行公司创业,则须满足 $G_{BE} > G_{BN}$,即

$$P(\alpha-1)r_B + (1-\beta_B)r_B + r_{B/A}(1-r_{A/B}) > r_B$$

得:

$$\beta_B < P(\alpha-1) + \frac{r_{B/A}(1-r_{B/A})}{r_B} \tag{13}$$

比较式(13)与式(11),可知在相同变量情况下,式(13)较式(11)更容易满足;换言之,同一产业集群中,在知识溢出、知识溢进双重效应下卫星型企业更容易接受中心企业的创业行为传导,从而发生被动性的公司创业行为。

由上述分析可以看出:

(1)企业是否主动进行公司创业与其创业成功概率和成功后收益增长系数有关。

(2)卫星型企业是否接受中心企业创业行为的传导而发生被动的公司创业行为,不仅与其创业成功概率、成功后收益增长系数有关,还与知识溢出系数、知识溢进系数、其市场占有率有关。

(3)在同一产业集群中,相较于主动的公司创业,被动的公司创业行为更容易发生,即卫星型企业更倾向于通过接受中心企业公司创业的知识溢出效应,而发生被动的公司创业行为。同时,在这种集群条件下,卫星型企业进行公司创业产生一定效果,通过集群创业环境及社会网络等渠道的关系,发生中心企业产生知识溢进效应,为中心企业在后续的创业行为中提供正向影响。这样的循环往复过程使得公司创业行为能够快速地在集群中传递开来。

四、仿真研究

本文用 netlogo 对集群创业行为的传导进行仿真,采用 100×100 的布局,设定有 n 家企业,其中第一家为中心企业,分布在最中心。本文认为,在集群创业环境不同维度的作用下,集群企业间容易形成知识共享池,在知识溢出和知识溢进双重

效应下,不断累积共享知识,从而影响集群内企业的创业行为。本文设定 S 代表知识共享池中累积的共享知识,E 代表集群整体的创业环境,M 代表影响卫星型企业的创业认知,R 为企业能够获得的创业资源,β 为卫星型企业的创业投入。

为使计算简便,本文假定变量之间呈线性关系,即:

$$E = k_1 S + b_1 \tag{14}$$

$$M = \frac{k_2}{d} E + b_2 \tag{15}$$

$$\beta = k_3 M + k_4 R + b_3 \tag{16}$$

$$R = t \tag{17}$$

$$S = \begin{cases} 0.01, & t = 0 \\ k_3 \log_{10} n, & t \neq 0 \end{cases} \tag{18}$$

$k_1, k_2, k_3, k_4, k_5, b_1, b_2, b_3$ 均为非零常数,d 为每个企业与中心企业的距离,S 中 0.01 为 $t=0$ 时假定的中心企业的知识溢出效应,n 为 t 时刻集群中已进行公司创业的企业数目。设定 $n=100$,根据第三部分讨论的 β 来判断卫星型企业是否接受中心企业的创业行为传导,从而进行公司创业。

(一)累积共享知识对集群企业创业行为传导的影响

假定 $k_1 = k_2 = k_3 = k_4 = b_1 = b_2 = 1$,$b_3 = 0.6$,改变 k_5 值大小,比较不同知识共享池中的积累知识对集群创业行为传导的影响。

从图 2 可以看出,随着 k_5 的增加,集群内所有企业全部进行公司创业所需的时间在不断减少。$k_5=1$ 时增长的速度比较平缓,说明每个时间段都有一定数目的企业受到了龙头企业知识溢出的影响,接受了公司创业行为的传导;在 $k_5=2$,$k_5=3$ 的两种情况下,集群内进行公司创业的企业数目也随时间增加而变大,但在某一点会陡然增大,即在某一时间点之后,大部分的企业都在龙头企业知识溢出影响下,开始了自身的公司创业,同时经其消化、吸收之后的知识又反馈回龙头企业,并再次由龙头企业输出,实现了循环往复的过程。这一过程,可以说明集群中知识溢出、知识溢进的双重效应与集群内创业传导呈正相关。

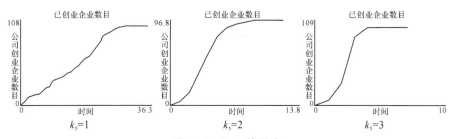

图 2　不同 k_5 的影响

（二）创业环境对集群企业创业行为传导的影响

假定 $k_1=k_2=k_5=b_1=b_2=1$，$k_4=0.001$，$b_3=0.6$，改变 k_3 值大小，比较不同集群创业环境对集群创业行为传导的影响。

图 3 显示，$k_3=0.5$ 时达到平衡所需的时间最短，且变化最为平缓；$k_3=0.4$，$k_3=0.3$ 时，在最初的一段时间内，集群内进行公司创业的企业数目保持不变，只有过了某一个时间点，企业满足一定条件之后才会接受来自中心企业的创业行为传导，开始进行公司创业。这个点的大小与集群创业环境有关，创业环境越好，这个点出现得越早。

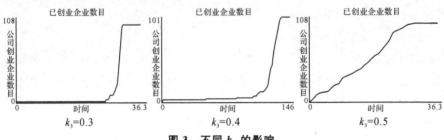

图 3 不同 k_3 的影响

（三）企业资源对集群企业创业行为传导的影响

假定 $k_1=k_2=k_5=b_1=b_2=1$，$k_3=0.5$，$b_3=0.6$，改变 k_4 值大小，比较企业自身资源对集群创业行为传导的影响。

k_4 是单个企业自身资源与创业投入之间的关系系数，图 4 的 3 个不同系数显示，系数越大，集群越容易达到平衡。式（17）中笔者已经设定企业自身的资源随着时间不断积累，图 4 中的虚线记录了自身资源 R 的变化；比较图 4 中同一时间点，它们的自身资源是相同的，但对应的已创业企业数目相差很大。说明这一仿真模拟中，导致企业数目发生变化的是企业自身的资源，当企业自身满足条件时，会自发地进行公司创业，从而打破集群原有的平衡，改变集群的知识共享池，促进知识溢出、知识溢进在集群中发挥作用，加速集群创业行为的传导。

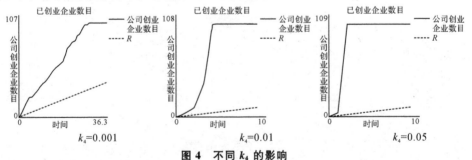

图 4 不同 k_4 的影响

综上所述,本文认为:

(1)知识溢出、知识溢进效应越强,知识共享池中积累的知识越多,集群创业行为传导得越快;

(2)集群创业环境越好,集群创业企业数目的增长越稳定,集群创业行为传导得越快;

(3)企业自身拥有资源越多,越容易进行公司创业,经传导被动进行公司创业越易发生。

五、结果与对策

(一)加强集群内交流活动,扩大知识共享池

集群企业最显著的特征即为地理邻近性,相似企业的集聚势必会产生正式或非正式的交流,而这些不同形式的交流正是知识溢出的渠道。政府或者集群内的中心企业应主动牵起集群内企业间的沟通交流活动,分享技术、经验,加强知识在集群内的流动,使得更多的企业产生创业的导向。

(二)扶持中心企业进行公司创业,鼓励其生产

中心企业的行为在集群内有很强的示范作用,鼓励中心企业的创业行为,发展多元化业务,在一定程度上能够促进其相关配套企业的多元化发展,从而带动整个集群整体的转型升级。在这个传导过程中,中心企业的知识溢出在一定程度上会影响其收益,做好对中心企业的扶持工作,能够保持其进行创业的动力。

(三)建立完善的群内企业间合作机制,抑制知识溢出损失

通过技术合同、项目合作、基地合作、研究合作等模式,根据合作各方的投入、责任、收益和风险等情况,建立合作创新利益和风险共担的责任机制,实行分层次、分阶段分解风险责任,从而可有效抑制知识溢出损失。

(四)提高中心企业溢进敏感度,降低卫星企业投入成本

中心企业与卫星型企业之间知识溢出、知识溢进的互动过程不仅能够促进企业进行公司创业,而且能够降低卫星型企业的创业投入,并能加强各企业领导团队对知识的感知能力,能促进知识的流通与应用,带动整体升级。

(五)创建群内创新服务平台,全方位促进企业创新能力

政府不仅应注意保持中心企业的创业导向,也应该关注集群内其他卫星型企业的创业导向。通过建立群内创业资源信息中心、企业孵化基地、产学研合作平台等措施,为集群内企业提供前沿技术、信息、资源等等,从而提高群内企业的创新能力和创新效率。

参考文献

[1] 戴维奇,林巧,魏江. 集群内外网络嵌入与公司创业——基于浙江省四个产业集群的实证研究[J]. 科学学研究, 2011(4):571—581.

[2] 戴维奇,魏江,林巧. 公司创业是如何推动集群企业升级的? ——刻意学习的中介作用[J]. 科学学研究, 2012(7):1071—1081.

[3] GNYAWALI D R, FOGEL D S. Environments for Entrepreneurship Development: Key Dimensions and Research Implications[J]. Entrepreneurship Theory and Practice, 1994 (18):43—62.

[4] 蔡莉,崔启国,史琳. 创业环境研究框架[J]. 吉林大学社会科学学报, 2007(1):50—56.

[5] 双华军. 产业集群创业环境、创业导向与创业绩效影响关系研究[D]. 武汉:华中科技大学,2011.

[6] SHAVER K G. The Social Psychology of Entrepreneurial Behavior[J]. Handbook of Entrepreneurship Research, 2010:321—357.

[7] MITCHELL R K. Toward A Theory of Entrepreneurial Cognition: Rethinking the People Side of Entrepreneurship Research[J]. Entrepreneurship Theory and Practice, 2002(27): 93—104.

[8] 何斌. 创业策略、创业认知与绩效关系研究[D]. 杭州:浙江大学,2004.

[9] GIBBS R W J. Embodiment and Cognitive Science[M]. Cambridge: Cambridge University Press, 2006.

[10] KRUEGER N F JR, DAY M. Looking Forward, Looking Backward: from Entrepreneurial Cognition to Neuro-entrepreneurship[J]. Handbook of Entrepreneurship Research, 2010: 321—357.

[11] MITCHELL R K. The Question in Entrepreneurial Cognition Research[J]. Entrepreneurship Theory and Practice, 2007(31):1—27.

[12] 陈昀,贺远琼. 创业认知研究现状探析与未来展望[J]. 外国经济与管理, 2012(12): 12—19.

[13] JAFFE A B. Technological Opportunity and Spillovers of Research and Development: Evidence from Firms Patents, Profits, and Market Value[J]. American Economic Review, 1986(5):984—1001.

[14] JAFFE A B. Real Effects of Academic Research[J]. American Economic Review, 1989 (5):957—970.

[15] JAFFE A B,TRAJTERNBERG M, HENDERSON R. Localization of Knowledge Spillovers as Evidenced by Patent-citations[R]. NBER Working Papers Series,1993:11—18.

[16] YANG H, PHELPS C, STEENSMA H K. Learning from What Others Have Learned from You: the Positive Effects of Technological Spillovers on Originating Firms[J]. Academy of Management Journal, 2010(53):371—389.

［17］SURESH K. Spillovers，Spill-ins，and Strategic Entrepreneurship：America's First Commercial Jet Airplane and Boeing's Ascendancy in Commercial Aviation［J］. Strategic Entrepreneurship Journal，2010(4)：284—306.

［18］AGARWAL R，AUDRETSCH D，SARKAR M B. The Process of Creative Construction：Knowledge Spillovers，Entrepreneurship，and Economic Growth［J］. Strategic Entrepreneurship Journal，2007(3)：263—286.

浙江省新创电子商务企业价值
共享型商业模式研究①

——以三千禾旗舰店为例

项国鹏[1]，魏 唯[1]

（1 浙江工商大学工商管理学院，浙江杭州，310018）

摘 要：作为浙江省民营经济的主力军，浙商为浙江省经济的发展做出了巨大的贡献，但如今却逐渐受到传统模式的影响和体制的束缚，因此，浙商企业的转型升级引起了众多学者的关注。商业模式的设计与创新是企业提高和改善经营绩效的一个有效途径，也许它们会成为浙商企业转型升级的关键突破口。本文以商业模式及其创新理论为依据，阐明了企业商业模式的构成要素和作用机理，并通过三千禾旗舰店的案例研究，分析其商业模式特征及其成长的过程，为浙商企业的商业模式设计与创新提供依据和参考。

关键词：商业模式 价值创造 浙商企业 三千禾

一、问题提出

"浙商"是浙江籍人士在浙江省内外从事经营管理活动并正在成为中国最大创业团体之一的商人群和企业群，是建设浙江民营经济的主力军和先锋队，是促进浙江从初级市场经济向现代市场经济转型的关键主体。改革开放以来，浙商凭借粗放型经济增长方式迅速地实现了资本的积累，在浙江省内形成了一批诸如义乌小商品、海宁皮革、温州皮鞋、诸暨珍珠等标志性的区域品牌，但是，随着劳动力、土地等成本的增加和互联网经济的冲击，旧的发展方式局限性日渐凸显，不少企业进入了瓶颈期，创新商业模式、实现转型升级成为浙商企业的迫切需求。

① 基金项目：浙江工商大学研究生科技创新基金（1010XJ1513017）；浙江工商大学研究生科技创新基金（1010XJ1513011）。

近年来,有关商业模式的问题成为全球企业家和学者的共同关注点,众所周知,苹果公司通过打造 iPod,iPad,iPhone＋iTunes,App Store 的商业模式,对传统的音乐行业和手机行业进行了重新洗牌,成为行业的领头羊;戴尔通过其向客户直销的模式减少了许多中间的环节,降低了不必要的成本,并获得了大量的财富;还有亚马逊、西南航空公司等均依靠其优秀的商业模式增强了竞争优势,并为其自身带来了可观的利润。在我国国内,也有一大批企业凭借商业模式创新,改变着行业的格局,如已于美国上市并创史上最大 IPO 的阿里巴巴及腾讯、海尔等。商业模式的设计与创新成为企业提高和改善经营绩效的一条有效途径,也许会成为浙商企业转型升级的关键突破口。

本文通过案例研究对三千禾旗舰店的价值共享型商业模式进行探讨。在案例分析的过程中,力求采取客观、科学的方法,遵循案例研究的步骤:提出问题及研究目的、文献综述、推导分析框架、撰写研究案例、分析案例、研究结论或今后研究方向。[1]三千禾是一个体现了整合价值网络、打造良性商业生态系统的鲜活案例,在农产品电商领域拥有许多成功经验,本文在现场调研和公开资料的基础上分析了其商业模式特征及其成长的过程,为浙商企业的商业模式设计与创新提供依据和参考。

二、文献回顾

大量研究与实践证明,企业商业模式设计与创新已成为企业竞争优势的新来源。学者们分别从系统经营视角、[2-4]盈利视角[5-7]及价值创造视角[8-10]对商业模式的本质进行了探索,但迄今为止尚未形成一个统一的商业模式的定义。从系统经营视角出发的学者认为,商业模式是企业经营系统或结构;盈利视角侧重商业模式创造利润的能力,强调商业模式是企业创造收益、获取利润的逻辑与方式;从价值创造视角展开研究的学者则紧紧围绕商业模式是"企业的价值创造逻辑"这一理念进行研究,认为商业模式的本质就是为顾客、合作伙伴等各利益相关方创造价值。这三种视角中,价值创造视角的研究是学者们所普遍认可的,并且影响最大。项国鹏等通过对 2001—2012 年价值创造视角下的商业模式研究文献的系统梳理,经过编码与提炼后得到价值三维度、商业模式设计主题、商业模式治理、价值网络和价值创造动机五个相关研究主题,并认为价值创造是五个主题的核心。价值三维度相关研究框架是价值创造视角的核心,并以"价值主张—价值创造—价值分配与获取"为主线条,着眼于价值创造的内部机制。[11]

新的市场机会的出现、新的能力等都会导致企业目标的改变及商业模式的创新。基于商业模式要素创新视角的学者认为,应该从提高原有商业模式组成要素的途径或者改变各要素之间关系的途径来实现原有商业模式的创新,如 Oster-walder 等指出,在商业模式这一价值体系中,企业可以通过改变价值主张、目标客户、分销渠道、顾客关系、核心能力、价值结构、伙伴承诺、收入流和成本结构等因素来激发商业模式创新。[12]

作为浙江省民营经济的主力军,浙商为浙江省经济的发展做出了巨大的贡献,但如今却逐渐受到传统模式的影响和体制的束缚,因此,浙商企业的转型升级引起了众多学者的关注。不少学者从技术创新的角度提出了进行产业生态重构的思路,[13-14]主张通过培养技术优势提升产业竞争力,带动工业的转型升级,但大多数浙江省企业均为中小型企业,短时间内迅速实现技术的突破还是有较大的难度。有的学者从制度环境建设角度,提出要进行制度基础设施建设,[15]并通过借鉴国外政府在促进产业转型升级方面的成功经验,[16]为浙商企业提供了相关的启示。此外,基于系统视角的对企业转型升级的研究也取得了一系列重要成果,汪斌等以全球价值链理论为分析工具,考察了杭州十四个典型地方产业集群嵌入全球价值链的状况,探讨了浙江地方产业集群嵌入全球价值链实现升级的模式选择和总体思路。总之,浙商企业要获得转型与长远发展需要有一个更具实用性的理论基础来做支撑,通过对企业的商业模式进行设计与创新,实现对浙商企业价值网络的重构,这对于企业来说,具有理论和现实双重意义。

三、商业模式理论框架

从价值创造视角来看,商业模式分为价值主张、价值创造、价值获取与分配三个维度。只有拥有好的创意,并明确自身的价值主张,才能去谋求实现价值主张的资源和竞争优势,并整合价值网络、组织企业的经营活动,从而实现可持续的收入流,最终进行利润的分配,实现最初的价值主张。

在具体的要素和构成上,通过对 Morris 等[18]、Chesbrough[19]、Johnson[20]、Teece[10]、张敬伟等[21]、原磊[22]等商业模式领域的权威性学者提出的商业模式构成要素进行归纳和总结,笔者将商业模式的构成要素概括为企业家创意、产品/服务、目标群体、资源整合、竞争优势、关键活动、收入模式、成本结构、利润分配模式,它们分别属于价值主张、价值创造、价值获取与分配三个维度(如图 1 所示)。

(一)价值主张

在最初商业机会的发掘并转化为成熟商业模式的过程中,企业家发挥着至关重要的作用。企业家利用环境提供的机会,整合资源,最终完成独特的要素组合,形成企业特有的商业模式。在进行商业模式设计时,企业须将已发现的商业机会凝练为自身独特的价值主张,从而提升合法化水平,使企业更容易获取相关的资

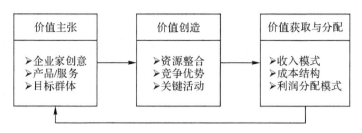

图 1　商业模式的价值三维度

源。价值主张分为宏观和微观两种视角,前者强调价值主张应该表达全体利益相关方的价值诉求,而后者则认为价值主张主要表达顾客的价值诉求。笔者认为,满足顾客的价值诉求是企业获得盈利的前提,但也不应忽视其他利益相关方的价值诉求。价值主张应重在阐明企业为哪些顾客解决何种问题,提供什么价值,同时要考虑其他利益相关方,使价值主张得到各方的认同,从而有效地整合各方的资源和力量,为顾客价值提供应有的支撑,这样更有利于顾客价值的最终实现,形成更好的价值创造和价值获取与分配的途径。这是企业需要讨论的首要问题。为此,企业首先应该识别自身的优势和劣势,找出企业所服务的对象或群体,找出利益相关方,当企业决定为哪个范围的何种顾客提供产品和服务时,企业便明确了自身的目标群体,形成了自身的品牌定位。

(二)价值创造

价值创造过程即整合企业内外部资源、设计和创造更加合理的产品或服务来满足顾客的需求、并选择合适的渠道传递顾客价值的过程,主要涉及企业的整个经营系统的运营和关键活动。美国著名战略学家迈克尔·波特提出的"价值链分析法"将企业内外价值增加的活动分为基本活动和支持性活动,基本活动涉及企业生产、销售、进料后勤、发货后勤、售后服务,支持性活动涉及人事、财务、计划、研究与开发、采购等,某些特定的真正创造价值的活动是价值链上的"战略环节",企业需要特别关注和培养这些关键环节,从而获得核心竞争力,形成在行业内的竞争优势,这样才能使企业获得长远的生存与发展。

(三)价值获取与分配

无法回收和获取价值的商业模式对于企业来说是毫无意义的,企业应该设计适当的盈利方式与顾客完成交易,在实现顾客价值的同时,回收一部分价值作为企业盈利,为下一轮价值创造做准备。新创企业尤其须注意对成本的控制,应在合理规划的前提下,尽可能降低初始投资的比重,为后续运营资金留出空间。

四、三千禾旗舰店案例

三千禾旗舰店是杭州常春藤实业有限公司(以下简称常春藤)农产品项目的线上商店,系通榆县农产品电子商务运营的官方代表。2014 年 8 月,笔者对其进行了走访和调研,与以往企业带动电子商务发展方式不同,通榆县发展农产品电子商务走的是"自上而下"的路径。通榆县政府组建了"通榆农产品电子商务发展中心",并与杭州常春藤有限公司共同在天猫上建立了"三千禾旗舰店",作为实施"原产地直销"计划的农产品销售窗口,开创了通榆县土特产品在淘宝上销售的历史先河。三千禾旗舰店于 2013 年 10 月 14 日正式上线,主营产品包括通榆县的绿豆、小米、燕麦、葵花等农产品,仅上线当天就成功交易 13 000 单业务,交易金额达 40 多万元,上线 3 天的销售额达到了 100 万元以上,至今店铺的点击率、客户好评率均位列前茅。

三千禾旗舰店的经营亮点在于其创建的"价值共享型"商业模式。地方政府、农户、电商、消费者、阿里巴巴等电商平台都是企业的利益相关方,共同创造并共同分享价值,一方面满足了各方对价值的需求,另一方面也带动了当地县域经济的发展。三千禾商业机会的发现,是通榆县政府的大胆创新和常春藤创始人牟文建对于商机的敏锐嗅觉共同作用的结果。牟文建是新时代浙商的典型代表,他早年曾任新华社记者,拥有高超的沟通和谈判能力,其后担任职业经理人并一手打造马可波罗品牌。此外,创立莫耶陶瓷和参加"赢在中国"挑战赛并获奖的经历也使他积累了丰富的创业经验和技能。2013 年一次偶然的机会,牟文建接触到通榆县委领导,通榆县丰富的资源和县政府脱贫致富的决心使他发现,在当地发展农产品电子商务是一个很好的商业机会,这一想法与通榆县政府的理念不谋而合。回到杭州后,他马上开始着手组织团队建设并启动了三千禾农产品电子商务项目。同年 6 月,公司入驻杭州城西的海创园,并且三千禾农产品电子商务项目成为杭州科技创新重点扶持项目。

三千禾的商业模式如图 2 所示。

(一)三千禾的价值主张

三千禾的产品为"原产地直销","原产地"是指国内优质的农产品产区,通榆县位于我国北纬 45 度,隶属遥远的大东北吉林省白城市,拥有得天独厚的天然弱碱沃土,是世界公认的杂粮杂豆黄金产区之一。而我国南北跨越 5 500 千米,温度、湿度、土质、光照不同均可孕育出不同的优质产品,类似通榆县这样的"原产地"具有行业独特性和不可替代性。在三千禾旗舰店的首页上,可以看到"杂粮主食化倡导者,开启弱碱健康生活"的标语,提供新鲜健康、价廉质优的农产品和当地特产,

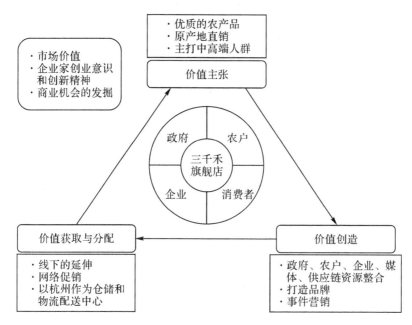

图2 三千禾的商业模式

让消费者吃得放心,成为三千禾价值主张的一部分。此外,通过电子商务这一途径来销售农产品,也是对拓宽通榆当地农产品销售渠道的一次探索,满足了当地政府和农业种植户的价值诉求。出于成本的考虑,三千禾产品的价格普遍高于市场上销售一般农产品的价格,因此,将品牌定位于追求生活品质、对价格不十分敏感的中高端人群。

(二)三千禾的价值创造机制

在价值主张确定后,三千禾开始整合各方资源,打造自身的核心竞争优势。通榆县政府将原产地电子商务直销计划列为核心发展战略,并专门成立了电子商务发展中心,为当地发展电商产业提供了政策保障和基础条件。与白城市农业科学院的合作,也为农业研发成果转化为优质产品提供了科技支撑。在通榆县政府的深度参与下,农产品的主要供应商为政府推荐的当地龙头企业,利用政府在货源组织方面的先天优势,由政府"背书",提供质量保证,这样也免去了电商与农户进行价格谈判的环节。在通榆当地,农户的农产品实行"统一品牌、统一标准、统一质量"策略,负责运营的杭州电商进行"统一营销、统一包装、统一配送、统一售后",共同打造出"三千禾"这一优质的农产品品牌。至此,农产品标准化的难题得到解决。同时,通过品牌化的运作,供应链系统得到整合,产品的附加值也有了很大的提升。

笔者在调研中了解到,三千禾在杭州的运营团队有50人左右,其中负责农产品项目的约 20 人,占到业务团队的一半,在通榆当地有 3 人分别负责行政财务、质检和供应商管理。人数虽然不多,却有着不俗的执行力和营销能力。活动的策划、政府和供应商的沟通、媒体的公关等对于团队成员都是极大的考验。旗舰店上线的当天,在三千禾旗舰店的页面上可以看到"吉林通榆县委书记、县长致淘宝网民的一封公开信",信的结尾还有通榆县委、县政府的官方印章及县委书记孙洪君和县长杨晓峰的亲笔签名。这是互联网上的第一次,引起了网友和各方媒体的极大关注,同时也使得消费者对三千禾的品牌也产生了较高的信任度。三千禾在事件营销方面也有着很多成功的经验。2014 年 5 月 11 日,三千禾与延边朝鲜族自治州首府延吉市政府合作举办了为期一个月的网络泡菜节,在线上借助 2014 年淘宝、京东、一号店等国内知名电商平台,把最正宗的朝鲜族美食用最快速的方式送到网友的餐桌。认识到移动互联网的巨大发展潜力后,三千禾也开始利用微信、微淘、手机淘宝移动端等拓宽销售渠道,并委托第三方打造自己的移动客户端,App 预计将于 2014 年底上线。

三千禾的初步成功,也得到了多方媒体的关注。央视财经评论、白城日报等多方媒体对通榆的三千禾模式进行了报道和宣传,吉林省省长巴音朝鲁也视察了三千禾,媒体的报道对于三千禾的品牌知名度也是一个很大的提升。

(三)三千禾的价值获取与分配

天猫的聚划算、年终大促等活动为三千禾的网络促销提供了很好的平台,线上的促销,提升了产品的知名度,过硬的质量和好的口碑也为三千禾带来了一大群忠实客户。在线上旗舰店运营活动日趋成熟的同时,三千禾开始拓展线下的销售渠道,走进社区、大卖场,如今,三千禾逐渐形成了合理的线上线下收入结构。

不可忽视的是,农产品单位价格低廉,但物流成本高昂。在企业的初创阶段,生产和经营成本的控制至关重要。三千禾选择了交通便利、物流系统发达的杭州作为仓储和物流中心,将已进行初加工的农产品首先运到杭州,再根据网上的订单分别包装,由物流企业配送至不同的消费者手中,比起直接从物流和交通条件并不十分理想的当地发货,直接成本降低了不少。

(四)案例小结

三千禾所创造的价值由多方的资源整合而来,也由这些利益相关方共同分享价值。电商企业成为链接农户、政府与消费者的"桥梁",最终的结果是实现了多方的共赢。农产品的销售在以前通常是由经纪人向农户收购,初加工后由经销商逐级批发到零售商,层层环节抬高了农产品的价格,但对农民增收却作用甚微。通榆本是一个名不见经传的小县城,还是国家贫困县,虽拥有得天独厚的资源但"酒香也怕巷子深"。因此,电子商务及"价值共享型"的商业模式成为打破农产品传统流通方式的契机。农产品电商处于刚开始阶段,除盈利外,更须关注产品品质的把控、品牌的塑造和供应链的整合。通榆的原产地直销模式使得农产品从生产到销售的产业链条缩短,这也是整个行业不可逆转的大趋势。农产品电商化可凭借电子商务自身的优势,获得更广阔的市场、更便利的营销方式,一方面满足城市居民对于优质农产品的需求,另一方面也使农民得到了良好的流通体系,解决了农产品的销售问题,促进农民增收并带动当地的就业和经济的发展。同时,电子商务企业也由此在市场中获得了一席之地,满足了企业获取价值的诉求。还值得关注的是,笔者在三千禾旗舰店的页面上可以看到"大美通榆"这一主题,通过摄影作品对通榆的自然美景和农业资源进行了直观的宣传。电子商务带动的不仅是当地农业的发展,同时还带动了文化创意、休闲旅游、交通、物流等相关产业的发展,这对于区域性良好商业生态系统的打造,也是一大推动力。

四、总结与启示

通过对三千禾的案例分析,笔者明确了该企业商业模式的现状,也明确了如何通过商业模式实现多方的价值共享,为浙商企业寻求转型提供了良好的范本。三千禾的成功经验表明,好的商业模式是企业在动态环境下获得生存并发展的关键,它不仅能为企业的各利益相关者带来更大的价值,还能为企业降低风险,增强竞争优势,但需要在各个环节进行精心设计,尤其是对于初创型的企业。三千禾的商业模式有很多地方都是可以模仿和借鉴的,但这要求该地域的产品具有独特性和品质的保证,还有多方的协同和支持。企业在品牌运营方面比政府更有经验和优势,但与农民打交道还需政府出面。价值共享型商业模式实现了商业模式三个价值维度的创新,其关键是突破传统的边界,找到各方联系的节点,实现价值网络的重构。传统的企业竞争表现为单个企业间的竞争,但随着商业环境的变迁,企业的竞争能力更依靠其价值网络,包括顾客、供应商、互补企业等。浙商以集群经济为特色,拥有打造价值网络的天然优势,位于核心的企业须对自身的价值网络进行维护,价值网络间的成员既相互竞争又相互合作,以实现信息、资源和所创价值的共享。

此外,在商业模式的创新过程中,须投入一定的人力、物力和财力,因此,资源是不可或缺的因素。企业家须备独到的眼光,运用跨界思维对各方资源进行全方位的整合,发现别人没有发现的机会,并将商业机会转化为价值。同时,浙江省的经济实践表明,浙商是浙江发展经济最大的资源和财富,近年来政府支持浙商创业创新,鼓励广大浙商回乡发展,并提供了良好的平台和政策支持,这也是企业可以利用的资源之一。浙江企业的商业模式创新和浙商的回归必将对良性区域经济的形成起到极大的促进作用,反过来也会促进企业的发展,形成良性循环式的经济增长。

由于篇幅有限,本文只选择了三千禾旗舰店这一具有代表性的案例进行分析和研究,可能缺乏普遍性。在浙商群体中还有许多好的商业模式值得研究和借鉴,在今后的研究中,可以通过多案例研究或收集数据进行实证类验证,继续探索浙商进行商业模式创新、实现转型升级的有效途径。

参考文献

[1] 欧阳桃花. 试论工商管理学科的案例研究方法[J]. 南开管理评论,2004, 7(2),100—105.

[2] TIMMERS P. Business Models for Electronic Markets [J]. Journal on Electronic Markets,1998,8(2).

[3] MAHADEVAN B. Business Models for Internet-based E-commerce:An Anatomy [J]. California Management Review, 2000, 42(4):1—30.

[4] AMIT R, ZOTT C. Value Creation in E-business [J]. Strategic Management Journal,2001,22(6/7).

[5] STEWART D W,ZHAO Q. Internet Marketing, Business Models and Public Policy[J]. Journal of Public Policy and Marketing, 2000,19:287—296.

[6] AFUAH A,TUCCI C L. Internet Business Models and Strategies:Text and Cases[M]. New York:McGraw-Hill,2001.

[7] RAPPA. The Utility Business Model and The Future Of Computing Services[J]. IBM Systems Journal,2004 (1),32—42.

[8] MAGRETTA J. Why Business Models Matter[J]. Harvard Business Review, 2002,80(5):86—92.

[9] CHESBROUGH H. Why Companies Should Have Open Business Models [J]. MIT Sloan Management Review, 2007,48(2):22—28.

[10] TEECE D. Business Models, Business Strategy and Innovation [J]. Long Range Planning,2009,7:1—27.

[11] 项国鹏,杨卓,罗兴武. 价值创造视角下的商业模式研究回顾与理论框架构建——基于扎根思想的编码与提炼[J]. 外国经济与管理,2014(6),32—41.

[12] OSTERWALDER A Y, PIGNEUR, TUCCI C. Clarifying Business Models:Origins, Present,and Future of the Concept[J]. Communications of Association for Information Systems,2005, 15:1—43.

[13] 赵永刚,赵玲. 论产业技术创新与浙江"块状经济"转型升级[J]. 中国集体经济,2011(5):43—44.

[14] 池仁勇,蔡曜宇,张化尧. 不同技术创新投入结构下的企业成长性分析——以浙江省高新技术企业为例[J]. 科技进步与对策,2012,29(5):70—74.

[15] 赵伟. 制度基础设施关乎产业转型[J]. 浙江经济,2011(5):32.

[16] 徐峰,杜红亮,任洪波,等.国外政府创新促进产业转型的经验与启示[J].科技管理研究, 2010(16):38—41.

[17] 汪斌,侯茂章.浙江地方产业集群嵌入全球价值链的若干问题研究——以杭州典型地方产业集群为例[J].浙江学刊,2006(7):212—216.

[18] MORRIS M, SCHINDEHUTTE M, ALLEN J. The Entrepreneur's Business Model: toward A Unified Perspective[J]. Journal of Business Research. 2005,58:726—735.

[19] CHESBROUGH H. Open Business Models: How to Thrive in The New Innovation Landscape[M]. Massachusetts: Harvard Business School Press, Boston, 2006.

[20] JOHNSON M W, CHRISTENSEN C M, KAGERMANN H. Reinventing Your Business Model[J]. Harvard Business Review,2008, 12:51—59.

[21] 张敬伟,王迎军.基于价值三角形逻辑的商业模式概念模型研究[J].外国经济与管理, 2010(6):1—8.

[22] 原磊.商业模式体系重构[J].中国工业经济,2007(6):70—79.

浙商平台企业商业模式研究

——以阿里巴巴公司为例

吴义爽[1]　　张传根[1]

（1 浙江工商大学工商管理学院,浙江杭州,310018）

摘　要:平台是一个双边市场,具有许多与传统单边市场相区别的特性,本文首先通过对文献的梳理,指出平台具有的典型特征。随后,从平台的价值创造、平台的盈利模式、平台的竞争模式、平台的营销推广、顾客关系界面及伙伴网络 6 个方面对阿里巴巴平台的商务模式进行分析,通过对这 6 个方面的分析,为其他试图向平台转型的企业提供几点建议。

关键词:浙商　平台　商务模式

一、引言

目前,商业模式已经成为企业获取竞争优势、扭转竞争格局、改变竞争态势的重要战略工具和手段之一。现实生活中有很多经典的案例,如阿里巴巴旗下的余额宝通过利用支付宝的便捷支付创造了增长的奇迹;苹果公司的 iPod 产品,将音乐播放器和在线 iTunes、App Store 结合在一起,实现了公司战略转型和盈利模式的创新。商业模式可以帮助企业对战略方向、运营结构、经济逻辑等方面进行定位和整合,从而帮助企业获得竞争优势,[1]从根本上来说,就是关于企业如何运作的解释,[2]其反映的是企业的运作机制。[3]目前,关于商业模式构成要素的研究很多,如 Hamel 把商业模式分为顾客界面、核心战略、战略资源和价值网络四个基本组成部分;[4]Amit 等提出了交易内容、交易结构和交易治理这三个商业模式研究的要素;[5]Chesbrough 等认为,商业模式主要由六种功能构成,它们分别是价值主张、细分市场、价值链、价值网络、成本结构与盈利潜力及竞争战略;[6]Ostenwalder 等提出一个电子商业模式有四个支柱:企业提供的产品和服务、伙伴的基础结构和网络、客户关系、资金和财务。[7]但是现有研究有一个重要的不足,即以往对商业模式的研究主要基于传统的单边市场,其研究对象主要是单个的企业个体,对于当前大量涌现的双边平台市场的商业模式关注较少。平台企业与传统企业有着诸多不同,这也导致了以单边市场为对象的商业模式的研究未必可以完全适用于平台企业。随着阿里巴巴、京东、苹果等平台企业的快速发展,许多传统单边市场的企业开始思考和研究平台企业商业模式的构成及运作模式,试图借此实现自身的转型和升级。因此,研究平台企业的商业模式具有重要的现实意义。本文以阿里巴巴平台为例,从平台的价值创造、平台的盈利模式、平台的竞争模式、平台的营销推广、顾客关系界面及伙伴网络六个方面来分析以阿里巴巴为代表的浙商平台企业的商务模式,通过对这六个方面的分析,为其他试图向平台转型的企业提供思路和建议。

二、平台企业的独特性

平台是一个双边市场,其与传统的单边市场相比具有一些独特性。

(一)需要面对双边(或多边)市场

平台是一个双边(或多边)市场,其须面对两类(或多类)用户,只有双边用户同时参与到平台的交易中,并且双边用户同时对平台提供的产品或服务有需求时,该平台提供的产品或服务才能体现其价值,否则即使两边的用户同时处在平台中,若对平台所提供的产品或服务没有需求,该平台的产品或服务依旧没有价值。如阿里巴巴旗下的淘宝网就须面对消费者及店铺的商家两类用户。

(二)网络外部性

所谓网络外部性是指一方的用户数量将影响另一方用户数量和交易量的变化。平台的网络外部性不仅取决于参与该平台的同类用户数量,还取决于平台的不同类型用户数量,是一种具有"交叉"性质的网络外部性。[8]与传统产业不同,平台中不同产品须面对不同的消费群体,市场两边的相互作用可以形成很强的互补性,这使得平台的双边用户之间相互依赖。例如,安卓游戏软件的开发商对于安卓系统的需求取决于多少人使用安卓系统,而用户对安卓系统的需求取决于有多少与安卓系统相搭配的软件数量。

(三)多归属性

关于平台企业用户的归属类型,一般分为两类:单归属和多归属。单归属是指用户只从一个平台中购买产品和服务,当从两个或两个以上的平台中购买产品或服务时就称这种行为是多归属。当平台竞争达到均衡状态时,一般会出现多平台注册的现象。[9]Armstrong 研究了"竞争性瓶颈"和"排他性合约"问题,指出竞争性瓶颈主要指平台一边用户是单平台注册,另一边是多平台注册,而排他性合约主要指用户只能够进行单平台注册。[10]例如,一个电子产品提供商既可以在淘宝中注册又可以在京东中注册。一般来说,平台为了获得最大利益,一般会对多平台注册一方的用户制定高价,对单平台注册一方的用户制定低价。

(四)补贴定价现象

平台的定价与传统单边市场的定价存在着本质的不同,传统单边市场的定价可以根据成本导向、需求导向、价值导向等来确定产品的价格。但是对于平台来说,一边在制定价格时,须考虑制定的价格对另一边用户数量的影响。因为平台在制定价格时会面临"鸡蛋相生"困境,为了解决这个困境,很多平台都会采用补贴定价,即对平台的一边采取免费定价从而达到吸引另一边用户的目的,例如淘宝网对消费者采取免费注册;或者对双边用户都采取低价策略,如中国移动、中国电信等号码的月租等。而平台究竟须向哪一边采用补贴定价,这将取决于交叉网络效应、产品差异性、用户的需求弹性等多种因素的共同影响。

由上述分析可知,平台企业与单边企业存在着显著的差别,因此,以往基于单边市场商业模式的研究并不一定适用于平台企业。为了更好地探索平台企业商业模式的特性,接下来本文以典型的平台企业——阿里巴巴为例,分析平台企业的商业模式。

三、阿里巴巴商业模式分析

(一)平台的价值模式

商业模式是一个通过一系列业务过程创造价值的商务系统,是反映企业与商业活动有关的产品流、服务流与信息流的框架结构。[11]我国学者原磊在其研究中指出,商业模式从根本上讲是企业价值创造的逻辑,而价值是通过顾客、伙伴、企业的合作而被创造出来的,并在它们之间进行传递和消费。[12]由此可以看出,价值创造在整个商业模式中占有重要地位。价值创造,即企业如何整合内部资源和外部资源生产出满足目标顾客需求的提供物。阿里巴巴在价值创造方面,主要集中在以下几个方面:

1.建立支付宝支付机制及诚信机制

对于网络交易来说,消费者最担心的是受骗,买到假的东西,因此,网络平台诚信问题至关重要。阿里巴巴在发展初期,当时国内并没有诚信、独立的第三方机构,为了能够解决网络支付安全的问题,2003年10月,阿里巴巴推出独立的第三方支付平台——支付宝,正式进军电子支付领域。此外,阿里巴巴在其平台中通过一套"互评"体系完成了自身"诚信商圈"的建设。

2. 拓展自身的业务模式,满足不同用户的需求

阿里巴巴在做好企业间的电子交易平台 B2B 的同时,积极拓展业务模式,如 2003 年 5 月 10 日阿里巴巴建立 C2C 交易的淘宝网用于满足消费者网上购物的需求。当面对淘宝网有很多劣质商品的情况时,阿里巴巴在淘宝网的基础上推出天猫商城用来满足客户对正品和高档商品的需求。2007 年初,阿里巴巴对外发布了自己的软件服务业务——阿里软件,用来满足中小企业对进销存和财务管理软件服务的需求。

(二)平台的盈利模式

1.“收取会员费”是阿里巴巴的主要盈利模式

阿里巴巴有两种会员:中国供应商和诚信通会员。“中国供应商”是帮助国内中小型企业拓展国际贸易的出口营销推广服务,“诚信通”是为从事中国国内贸易的中小企业推出的会员制网上贸易服务。自 2004 年以来,阿里巴巴付费会员增长幅度都在 60% 以上,2008 年,阿里巴巴付费会员为 432 031 名,其中“国际诚信通”会员 16 136 名、“中国诚信通”会员 372 867 名、“Gold Supplier 会员”43 028 名。2011 年,阿里巴巴曾对外宣布 1688 平台会员数突破 5 000 万。

2. 不断创新的增值服务是阿里巴巴的另一主要利润来源

阿里巴巴成立以来,推出了一系列的增值服务,如 2002 年 7 月国际交易市场推出“关键词”服务,关键词竞价排名收费一般在 800—3 000 元/月不等;2003 年 11 月推出“通讯软件贸易通”,让买方和卖方通过网络进行实时沟通交流;2007 年 3 月,中国交易场推出客户品牌推广展位服务,即白金展位,3000—50 000 元/月;2007 年 9 月在三个主要地区推出阿里软件外贸版,在中国交易市场推出 1 万多个黄金展位服务;2008 年 4 月中国交易市场推出中小企业提供企业建站服务;2008 年 12 月,推出“橱窗推荐”增值服务;2009 年 3 月“点击推广”取代竞价排名推广,点击的起拍价格在 0.3—2 元之间不等,费用为 0.1—10 元/次等。

(三)平台企业的竞争模式

1. 扩大网上交易客户群,与其他企业建立战略联盟增加客服渠道与代理销售渠道

在发展初期,阿里巴巴极其重视对客户的开发,2004 年之前,阿里巴巴已经在国内 15 个城市设立了分支机构,挖掘当地潜力客户。此外,为了更好地为中小企业提供服务,阿里巴巴先后和微软及思科建立了战略同盟。同时,阿里巴巴在全国各地建立了大量的客服结构,从而可以更快地为用户处理相关问题。在销售渠道方面,除了自有的直销队伍与呼叫中心以外,阿里巴巴还发展了多个代理渠道,在上海、重庆、四川、河北四大区域中重点设置 3—4 家渠道合作伙伴,并给予服务支持政策,由代理商协助发展该区域的客户资源。

2. 树立企业形象,不断开发增值服务,增加用户的转移成本

阿里巴巴通过举办一系列的品牌宣传活动来打造自身网上商贸的领军形象。此外,阿里巴巴通过整合旗下的各种资源,已经形成由阿里巴巴B2B、淘宝网、支付宝、阿里软件等组成的综合性电子商务生态圈,并不断地开发相关的增值服务和产品,来满足用户新的需求,从而增加用户的转移成本,提高自身的竞争力。

(四)营销推广模式

1. 会员准入门槛低

阿里巴巴的定位是面向国内中小企业提供上网做生意服务的第三方交易,在起初3年,阿里巴巴以免费会员制吸引企业登录平台注册用户,从而汇聚商流,活跃市场,会员在浏览信息的同时也带来了源源不断的信息流和无限商机。阿里巴巴会员多数为中小企业,免费会员制是吸引中小企业的最主要因素。例如,淘宝网在2003成立时即宣布对其商家实行免费注册,在2005年再次宣布免费3年。在市场竞争日趋复杂激烈的情况下,中小企业当然不肯错过这个成本低廉的机遇,均利用网上市场来抓住企业商机。大大小小的企业活跃于网上市场,反过来为阿里巴巴带来了各类供需,壮大了网上交易平台。

2. 搜索引擎推广

搜索引擎推广一直是营销推广的一种重要手段。2003年,阿里巴巴面向"诚信通"会员推出搜索排名服务,买家在阿里巴巴搜索供应信息时,竞价企业的信息将排在搜索结果的前三位,被买家第一时间找到。鉴于很多网上交易是通过搜索完成的,因此,2005年阿里巴巴并购中国雅虎,获得的不仅是世界上顶尖的搜索技术,更控制了电子商务上游产业链,使其整体发展更具有便利性。2007年,阿里巴巴推出面向买家的商务搜索服务,采购商输入需采购的产品或服务信息,会呈现相对应的供应及供应商信息,而不会出现其他无关信息。

(五)顾客关系界面

阿里巴巴目前已经建立一个可以为用户提供信息、物流等多方面服务的综合交易平台。为了满足客户的不同需求,阿里巴巴不断拓展着自身的业务,如团购平台——聚划算、打车软件——快的打车、理财工具——余额宝等。阿里巴巴通过对自身业务的不断拓展和整合,已经可以为合作伙伴完成交易,获得信息流、资金、物流等提供一揽子解决方案。

(六)伙伴网络

阿里巴巴在做好中小企业的B2B的同时,也与许多大型企业建立了合作关系。如家电业的海尔、格兰仕,服装业的NIKE、美特斯邦威,都已经和阿里巴巴开展战略合作。同时,阿里巴巴与软件巨头微软公司和网络巨头思科公司结成全球战略联盟，共同对中小企业的通讯、网络、软件服务平台进行整合，思科将帮助阿里巴巴拓展其在国际市场的服务。此外，阿里巴巴还与许多认证咨询机构进行了合作，如北京中贸远大商务咨询有限公司、上海杰胜商务咨询有限公司、亚洲澳美咨询有限公司等。

四、结论及建议

平台作为新经济时代最重要的产业组织形式，其竞争也异常激烈。从上述对于阿里巴巴商业模式的分析，可以得出以下几点启示。

(1)满足消费者需求、吸引用户加入平台对于平台的发展至关重要。阿里巴巴不断拓展自身业务用以满足不同用户的需求，以及对商家实行3年免费的政策、不断开发和为用户提供增值服务等措施都是为了满足用户的需求，吸引用户加入平台。平台是一个双边市场，对于平台来说，增加一边用户的数量可以增强自身的网络效应，从而吸引更多的用户加入。

(2)业务多元化是平台发展的一种趋势。由于用户的需求多种多样，对于消费者来说，其选择加入一个平台很多时候主要考虑该平台所能带来的效用。而业务多元化可以满足用户多方面的需求，提高竞争力，降低自身经营的风险。

(3)多个公司组成战略同盟是平台面对竞争采取的重要手段之一。随着竞争的日益激烈，任何单个公司都很难在多个领域内拥有很强的竞争力，而如今每个企业所面临的竞争和挑战必然是来自多方面的，因此，和其他企业组成战略同盟可以提高企业自身竞争力。

参考文献

[1] MORRIS M，SCHINDEHUTTE M，ALLEN J. The Entrepreneur'S Business Model：toward A Unified Perspective [J]. Journal of Business Research，2003(1).

[2] MAGRETTA J. Why Business Models Matter [J]. Harvard Business Review，2002(5)：86—92.

[3] BADEN F C，MORGAN M. Business Models as Models[J]. Long Range Planning，2010，43(2/3)：172—194.

[4] HAMEL G. Leading The Revolution [M]. Boston：Harvard Business School Press，2000.

[5] AMIT R，ZOTT C. Value Creation in E-Business [J]. Strategic Management Journal，2001(22)：493—520.

[6] CHESBROUGH H，ROSENBLOOM R S. The Role of The Business Model in Capturing Value from Innovation：Evidence from Xerox Corporation's Technology Spin off Companies [J]. Industrial and Corporate Change，2002，11(3)：529—555.

[7] OSTENWALDER A，PIGNEUR Y，TUCCI C L. Clarifying Business Models：Origins，

Present and Future of The Concept [J]. Communication of the Association for Information Systems，2005(15)．

[8] ARMSTRONG M. Competition in Two-Sided Markets [J]. RAND Journal of Economics，2006,37(3):668—691.

[9] ROSON R. Auctions in A Two-Sided Network:The Market for Meal Voucher Service [J]. Networks and Spatial Economics，2005, 5(1):339—350.

[10] ARMSTRONG M，WRIGHT J. Two-Sided Markets, Competitive Bottlenecks and Exclusive Contracts [J]. Economic Theory,2007,32(2):353—380.

[11] TIMMERS P. Business Models for Electronic Markets[J]. Electronic Market,1998(2):2—8.

[12] 原磊. 商业模式体系重构[J]. 中国工业经济,2007(6): 70—79.

如家酒店商业模式研究及对浙江本土酒店业的启示

项国鹏[1]　姜　水[1]

（1 浙江工商大学工商管理学院,浙江杭州,310018）

摘　要:本文在价值创造视角下,根据前人的研究,总结提出商业模式的六大构成要素,即目标客户、客户关系、关键资源能力、关键活动、成本结构、收入模式。并以如家为案例分析其商业模式结构及运作机理,为浙江本土的酒店业研究提供研究思路及实践经验。

关键词:价值创造　商业模式　要素　如家

一、引言

从浙江省酒店行业发展状况看,随着酒店数量持续增加和国际酒店品牌的陆续登陆,本土酒店企业生存发展危机不断增大,酒店竞争激烈程度也将进一步加大。面对如此严峻的形势,如何立稳脚就成为浙江本土酒店运营过程的一个必答题。管理学大师彼得·德鲁克(Peter F. Drucker)说:"当今企业之间的竞争,不是产品之间的竞争,而是商业模式的竞争。"可见,企业的成功运营必然有一个独特的商业模式支撑,酒店的发展同样需要一套自己独特的商业模式来支撑。本文选取如家酒店作为研究对象,主要基于如家酒店成熟的商业模式,这是如家酒店能在激烈的竞争中始终保持领先地位的关键因素。因此,对如家酒店商业模式进行系统性的分析,并在此基础上归纳和总结支撑如家酒店发展的商业模式内在逻辑,将会对浙江本土酒店的发展提供借鉴和参考价值。

二、商业模式概念及构架

(一)商业模式概念

迄今为止,学界对商业模式还没有一个统一的定义,研究视角也是丰富多样。

基于经济学视角的学者认为,商业模式就是企业产生经济效益的方式。如 Rappa 认为,从本质上来讲,商业模式就是指做生意的方法,是公司赖以生存的模式;[1] Stewart 等认为,商业模式是对公司将如何赚钱,并随时间持续获得利润流的陈述。基于运营视角的学者认为,商业模式就是企业的内部运营系统。如 Mayo 等把商业模式视为企业创造和保持竞争优势而进行的内部程序。[3] 基于战略视角的学者认为,商业模式是企业为创造价值而进行的战略安排。如 Shafer 等指出,商业模式是对一个企业在一个价值网络中创造和获取价值的潜在核心逻辑和战略选择的一种表述;[4] Al-Debei 等认为,商业模式介于企业战略和运行流程之间,阐述了企业的战略选择。支持该观点的学者强调商业模式的竞争优势与持续性。如 Morris 等认为,商业模式是一种简明的陈述,即为了在确定的市场中创造持续竞争优势,而对在企业战略、体系结构、经济学领域中所做的一系列相关决定变量的陈述。基于价值创造视角的学者认为,商业模式从本质上来看就是为企业自身及其他利益相关者创造价值。如 Teece 指出,商业模式是对价值创造、传递和获取机制的设计或架构的描述,其本质是企业如何为顾客创造和传递价值。其中,一些学者从系统角度去探求商业模式的核心组成部分。如 Sorescu 等认为,商业模式是相互联系的结构、活动和程序系统,该系统服务于企业的组织逻辑,即价值创造(为其顾客)和价值获取(为其自身和合作伙伴)。[8] 还有一些学者,如 Chesbrough 等从功能协调角度来定义商业模式。他们认为,企业商业模式应该具备价值定位、细分市场、确定价值链结构、定义盈利模式、在价值网络中的定位及明确竞争战略六项功能。[9]

综上所述,学界对商业模式的研究正在不断地深入,其中价值创造反映了商业模式的根本逻辑。价值创造视角下的商业模式研究揭示了其他视角下的商业模式研究所共有的内在逻辑。

(二)商业模式的构成体系

如前所述,在商业模式本质的四种基本观点中,价值创造视角的研究越来越得到学界的认同,商业模式从本质上讲是企业价值创造的逻辑。基于这种认识,将价值创造过程分为三个维度:价值定位、价值创造与传递、价值实现。[10] 价值定位阐明了企业为客户提供价值的商业逻辑,主要是阐明企业通过提供什么产品或服务来满足目标客户的需要。价值创造和传递是指企业通过整合内外部资源创造价值和传递价值。价值实现是指企业应通过合适的经济模式,共同实现客户价值和企业自身价值。

综上所述,从价值定位到价值创造和传递再到价值实现,已经能够完整表达企业的经营逻辑。但鉴于这三个维度比较抽象,本文认为有必要结合现有文献对商业模式的解读,在这三个维度的基础上对商业模式的要素构成进行详细的分析,如图 1 所示。

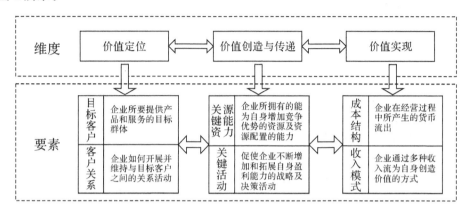

图 1　商业模式的构成体系

关于商业模式要素的构成,许多学者,如 Linder(2001)和 Morris 等[6]进行了积极的探索,但是所提出的要素构成往往是零散的、不全面的。近些年来,有学者开始从系统整合的角度来探讨商业模式的构成要素,如 Ostenwalder 等[11]通过现有相关文献和实践经验提出商业模式有四个主要构成要素,即产品、顾客界面、基础设施管理和成本收入模式。[11]在四个主要构成部分下面由九个子要素构成,即价值主张、目标客户、销售渠道、客户关系、关键资源、关键活动、合作网络、成本结构和收入模式。Ostenwalder 等提出的九要素包括了学界普遍认同的重要构成要素,与大部分要素研究结果相一致,而且得到其他学者的认可。[9][12]Morris 等对商业模式的定义和要素构成的研究成果进行了归纳和总结,发现有 24 个要素被提到,其中反复被提到的有 7 个,分别是价值主张(11 次)、经济模式(10 次)、客户关系(8 次)、伙伴网络(7 次)、营销战略(6 次)、内部结构/关联行为(6 次)、目标市场(5 次)。[6]基于前人的研究成果及价值创造三维度,本文提出商业模式的六大构成要素:目标客户、客户关系、关键资源能力、关键活动、成本结构和收入模式,同时提出了商业模式的构成体系(如图 1 所示)。价值创造三维度之间不是简单的单向关系,而是彼此联系,相互影响的。[10]因而商业模式六大构成要素同样存在相互影响的关系。例如,价值定位不同,关键资源能力配置及关键活动展开方式就会发生差异。收入模式不同也会导致关键活动的差异。商业模式中某一个要素的变化会影响整个商业模式系统,因而成功的商业模式需要各要素之间的协调互动与互补。[11]

三、如家酒店商业模式分析

(一)如家酒店简介

如家酒店集团创立于 2002 年,2006 年 10 月在美国纳斯达克成功上市(股票代码:HMIN)。目前,集团旗下拥有如家快捷酒店、莫泰 168、和颐酒店三大品牌。截至 2012 年末,已在全国 279 座城市拥有连锁酒店 2 013 家,并一直保持 90% 以上的客房平均出租率,形成了国内最大的连锁酒店网络体系。2002 年至 2012 年的 10 年期间,如家酒店每年收入增长率保持在 25%—200% 之间。

(二)资料收集过程

本文案例研究以如家酒店的发展历程作为线索,通过官网及调研访谈获得相应素材。资料来源渠道包括:(1)公开发表的企业文章及从行业或专题材料中选取的文章;(2)直接从企业获得的材料:企业发布的新闻、内部刊物、年度报告和其他文件;(3)已出版的有关该企业的书籍;(4)2013 年,研究组成员在华北、华东地区对多家如家酒店分店进行了调研,并访谈了各分部的管理层(访谈为半结构化方式,以开放式问题为主)。

(三)如家酒店商业模式六要素分析

1. 目标客户

商业模式的本质就是为顾客创造价值,[11] 因此,一个好的商业模式往往首先需要回答 Peter Drucker 的老问题:谁是客户? 客户价值是什么?[12] 即成功的企业都要从一个准确的定位开始:进入什么样的市场,为什么样的顾客服务,追求什么样的价值诉求。如家酒店成立之初,国内酒店业正面临着分散而激烈的竞争,全行业入住率不足 60%,星级酒店举步维艰,五星级以下全面亏损,而如家酒店为何能异军突起,保持 90% 以上的入住率,并能在众多酒店入住率低于 10% 的非典时期,仍能保持 50% 以上的入住率呢?"这得益于如家酒店准确的市场定位及对中低收入客户群体消费能力和消费心理的把握",如家快捷酒店华东区某经理如是说。在城市居民已进入大规模休闲度假旅游消费阶段及中小型商务客人日益增多的大背景下,中等及偏低收入者对酒店行业的需求空前加大,[13] 但碍于这部分人群的收入及消费水平并不具备消费星级酒店的能力,而一般旅店由于条件差,无法满足其基本需要。如家酒店准确把握这一需求特点,为这一部分消费群体提供优质、低成本的酒店业态服务,在为目标客户创造价值的同时,也开拓了独特的市场空间并创造利润。为进一步满足客户的动态需求,如家酒店对目标客户群进行细分和深化,从单一品牌到多品牌以满足不同层次的客户需求。到 2011 年,如家酒店集团已经同时拥有针对中小商务人士的如家快捷酒店,针对年轻时尚人士的莫泰168,针对中高端商务人士的和颐酒店,并且积极筹备进军海外,需求层次由低到中高,逐步形成金字塔形品牌结构。这为如家酒店在战略层次上领先于其他竞争对手奠定了坚实的基础。

2. 客户关系

维护客户关系的过程就是客户忠诚的培育过程。拥有长期的忠诚客户比拥有低成本、高市场份额但客户流失率高更具有竞争优势(陈明亮,2003)[14],同时处理好客户关系也能为企业提供更全面的管理视角,赋予企业更完善的客户交流能力,以保证客户的利益最大化。[15]首先,如家酒店顺应信息化潮流,建立全国统一的预订中心、Internet 国际服务网站及酒店管理系统,并以携程旅行网为依托,通过信息化手段让顾客更方便地了解酒店情况及进行酒店的选择与预订,这使得顾客信息与酒店信息实现有效互通。其次,如家酒店在快速扩大规模的同时仍严把质量关,无论在选址上,还是在装修及服务上都以客户核心要求为出发点。例如,如家酒店一般选址于经济、旅游比较发达的城市,并强调交通的便利性。而作为先行者的锦江之星,在选址上以控制成本为主,大部分占据的是城郊结合地段,这导致其在 2004 年前发展缓慢,7 年时间只开了 20 家分店。此外,如家酒店定期对客户满意度等主要参数进行调研,及时整理分析客户的留言和意见,并提出处理的相应意见和策略以提高客户满意度。再者,如家对管理者和员工的选拔和培训制订严格的标准,并建立完善的考核评价制度,以此来提高管理者和员工的工作效率和质量,从而提高客户忠诚度。酒店成立至今,中小商务人士占到了客源的 75%,而中国经济型酒店的平均水平是 37%,这得益于如家酒店产品的客户导向和品牌忠诚度的打造。如家酒店以把客户置于决策出发点的这样一种商业哲学,通过对客户需求的挖掘和满足,不仅使酒店与客户的关系更加紧密,而且优化、扩充了市场,实现了酒店长期的、持续的盈利最大化。

3. 关键资源能力

关键资源能力是运营系统运转所需要的重要资源和能力,包括一整套复杂的有形和无形资产、技术和能力。[16]在快捷酒店行业的激烈竞争中,如家酒店之所以成为标杆性酒店,正是其对关键资源能力的准确把握。首先,如家酒店贯彻"客源是酒店生存的根本保证"这一理念,建立中央客源管理系统,管理重复消费的忠实客户,保证基本客源不流失,并通过强大的信息分析系统分析潜在客户信息从而挖掘客户,同时依托携程网的客源优势扩大客源,最大限度地开发客源。其次,如家酒店的连锁店数量从 2002 年的 6 家增至 2012 年的 2 013 家,几乎是以平均每年200 家店的惊人速度成长,这得益于酒店标准化的采购体系、质量体系、服务体系及财务体系的建立,完善的体系为连锁经营的可复制奠定了基础。此外,如家酒店通过中央控制平台强化对整个运营过程的控制、财务风险的预警及公司内外部的信息沟通,从而实现公司内部价值链上能力要素的有效整合。再者,如家酒店拥有一个结构合理的管理层,管理人员分别有着丰富的电子商务管理、酒店管理及连锁经营管理经验,其中高层管理人员还具有丰富的上市融资经验。正如如家酒店北方区总经理在提到管理人员经营水平时所表述的,"如家的经营水平一直在提升,尤其在酒店服务功能设置、取舍及人员管理、服务水平等方面。尽管这 2 年经济型酒店的发展速度已经超出市场的发展速度,市场信息方面确实不够对称,但市场考验的肯定是那些品牌美誉度不够、管理水平低下及资本力量较为薄弱的品牌,与其他品牌相比,我们具备较大的先发优势,无论是资本运营、管理经验还是扩张速度上,我们都领先于其他对手,这得益于我们的中高层管理运营团队"。可见,拥有一支技能多样化且经验丰富的管理团队是如家酒店保持核心竞争力、难以被竞争对手复制的核心资源。

4. 关键活动

如家酒店能持续领先竞争对手,得益于所做出的一系列战略及决策。如家酒店成立之初,在战略层面就选择了独特的定位,放弃了星级酒店的设施标准,仅保留住宿为核心的功能,并把价位定位在 200 元的合理档位,在运作层选择连锁模式,这更容易确立品牌认知。在扩张过程中,首先系统建立连锁经营的标准化运营体系,包括确立理性成熟的投资模型;开展标准化大运动;完善客户关系管理系统、中央订房系统、酒店管理系统三大支持系统。其次,为抢在租赁物业成本上升之前迅速布局,如家酒店在全国布网,在核心城市大规模开店,并率先实行渠道下沉,深耕二、三线城市,直营与加盟并举,在行业中率先并购,实行点、线、面相结合,扩大品牌认知。根据如家酒店的发展历程,笔者将如家酒店 10 年的发展分成三个阶段:创业期、成长期、成熟期。表 1 是对如家酒店成立至 2013 年的关键活动的总结。

表 1   如家酒店 2002—2013 年的关键活动汇总

阶　段	年　份	关键活动
创业期	2002—2003	①初期尝试加盟连锁失败,改为直营模式,并在北京、上海等一线城市试点 ②迅速在东部沿海几个主要城市布点
成长期	2004—2008	①确立投资模型和标准化产品,小规模试点特许加盟 ②围城运动点线面布局,并率先执行渠道下沉至二、三线城市 ③在行业中率先由直营模式向加盟模式并重转变
成熟期	2008—2013	①推出和颐酒店,试水中档酒店和多品牌发展 ②大幅度增加加盟店数量 ③大规模并购行动开启

5.成本结构

"经济"是快捷酒店的内涵所在,当酒店所有价值活动的累计成本低于竞争对手时,就能产生持续的竞争优势,因而须将成本控制纳入管理日程,降低运营成本是众多快捷酒店的共识。成本来源于价值活动,酒店业的价值活动一般分为物业管理、采购、营销、人力资源管理、基础设施管理等方面。第一,如家酒店的物业成本产生于租赁和改建旧物业,但正是以租赁和改建旧物业的模式取代传统酒店自建物业的模式,避免了大量固定资产的投入,有效控制了物业的成本,同时也大大缩短了酒店的建设周期,从传统自建的 2—3 年的周期缩短到 6 个月,减轻了急速扩张带来的资金压力。第二,如家酒店的基础设施成本主要产生于住房设施。由于如家酒店采取化繁为简、重点突出的产品策略,简化住房设施的同时,对辅助设施也尽量简化,这使得如家酒店大大压缩了基础设施成本,更显经济性。第三,如家酒店的人力成本主要来源于公司员工的薪资及培训费。由于如家酒店建立扁平式的组织结构,管理层次比一般酒店精简(没有部门经理和领班,分店事务一律由店主负责),这使得如家酒店人力成本相对于其他酒店降低很多。第四,如家酒店的营销成本产生于网络营销、客户预订系统、订房中心、网站、大客户系统、800 电话。由于这些方式是对传统营销方式的优化,所以大大降低了如家的营销成本。第五,采购成本在如家酒店总成本中占有相当大的比重,但以直营与加盟的方式进行点、线、面的布局赋予了如家酒店对供应商强大的谈判能力,这使如家酒店的采购成本大大降低。如家酒店通过控制物业管理、采购、营销、人力资源管理等方面的成本驱动因素,重构价值链、缩减价值链上的各单项活动支出,在降低成本的同时为客户创造价值,获得企业价值和客户价值的同步提升。

6.收入模式

如家酒店在收入模式方面的特点体现在盈利模式上,一方面,如家酒店通过先进的网络信息化应用和良好的供应商协同效应形成后台优化效应进而实现成本节约;另一方面,如家酒店专注主营业务收入,即客房收入。如家酒店所定位的消费群体多半属商务旅行人士,对于豪华和享受不会过分追求,最重要的需求就是住宿。所以如家酒店业务的重点所在即住宿这一块。而对于其他酒店业务,如餐饮、娱乐等,如家酒店很少涉足。这也使如家酒店在专注把主业做好的同时,也降低了不必要的运营成本。

四、案例小结

通过上述对如家酒店商业模式在价值创造视角下的分析,可以明确如家酒店商业模式的基本构成及作用机理(图 2)。由于价值定位、价值创造和传递、价值实现三者之间不是简单的独立组合,而是相互联系、彼此影响的,[17]因而相对应的各构成要素之间存在相互锁定的关系,即是模型中的因果逻辑。

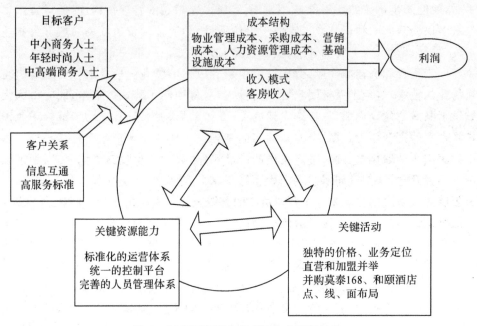

图2 如家酒店商业模式的内在运行机理

五、启示

如家商业模式在经营方法上对浙江本土酒店业的启示如下:

1.重视客户价值

酒店业作为服务业必须坚持"以客户为第一出发点"这一理念。首先,浙江本土酒店业应当基于浙江的地理、人文、习俗,进而全面了解市场信息,准确识别自身的目标市场,把握目标市场的客户需求,从而为目标市场客户提供期望产品或服务奠定基础。其次,各企业须基于自身目标市场,确立本企业在行业中的独特定位,塑造在客户心中的特定形象,巩固在市场中差异化的竞争地位,继而在激烈的市场竞争中脱颖而出。再者,客户需求并不是一成不变的,企业须警惕"一劳永逸"的误区,应时刻关注市场信息,分析客户需求,把握客户需求变化趋势,做好客户关系管理,为客户提供有针对性的产品或服务。

2.有效资源整合

在大数据时代的背景下,本土酒店业不能单凭以往的经验或单个领导者的观点进行决策,必须贯彻"让数据说话"的宗旨,深入开展数据挖掘、数据分析、信息整合工作,提升企业运作效能,让庞大的数据资源创造价值。服务行业往往掌握着客户大量庞杂的信息,如何运用好这一信息资源将成为未来服务企业能否持续运营的重要标尺。更进一步,本土酒店业在上下游面对诸多利益相关群体,与任一群体资源整合不到位,都无法实现整体利益最大化的目标。同时,本土酒店业应开诚布公,积极与利益相关群体沟通,互通有无,整合各方优势资源,形成合力。

3. 保持战略领先

企业参与市场竞争的基本目的是获得持续的收益,为此,企业就必须建立起可持续的竞争优势。不论是针对浙江本土酒店业,还是整个酒店行业来说,整条产业链上,同质化的现象往往很严重。而要获得持续的竞争优势,企业首先在战略层面,就要领先其对手,采取低成本或是差异化战略。在细化价值链的基础上,对价值链的各个环节进行低成本或是差异化改造,从而确保获得持续的竞争优势。

参考文献

[1] RAPPA M A. The Utility Business Model and The Future of Computing Services [J]. IBM Systems Journal,2004,43(1):32—42.

[2] STEWART D W, ZHAO Q. Internet Marketing, Business Models, and Public Policy[J]. Journal of Public Policy & Marketing, 2000.

[3] MAYO M C,BROWN G S. Strategic Planning: The Business Model: Relied upon for Years, The Traditional Business Model is On Shaky Ground[J]. Ivey Business Journal, 1999.

[4] Shafer S M, Smith H J, Linder J C. The Power of Business Models[J]. Business Horizons,2005.

[5] ALDEBEI M M, AVISON D. Developing A Unified Framework of The Business Model Concept[J]. European Journal of Information, 2010.

[6] MORRIS M,SCHINDEHUTTE M, ALLEN J. The Entrepreneur's Business Model: toward A Unified Perspective[J]. Journal of Business Research, 2005.

[7] TEECE D J. Business Models, Bus-Iness Strategy and Innovation[J]. Long Range Planning, 2010.

[8] SORESCUA A, FRAMBACH R T, SINGH J ,et al. Innovations in Retail Business Models [J]. Journal of Retailing,2011.

[9] CHESBROUGH H, ROSENBLOOM R S. The Role of The Business Model in Capturing Value from Innovation: Evi-Dence from Xerox Corporation's Tech-Nology Spin-Off Companies [J]. Indus-trial and Corporation Change,2002.

[10] OSTENWALDER A , PIGNEUR Y, TUC-CI C L. Clarifying Business Models: Origins, Present, and Future of The Concept[J].Communications of AIS,2005.

[11] JOHSON M W, CHRISTENSEN C M, KAGERMANN H. Reinventing Your Busi-Ness Models[J]. Harvard Business Review,2008.

[12] MAGRETTA J. Why Business Models Matter[J]. Harvard Business Review,2002.

[13] 安实,赵泽斌,鞠晓峰. 客户关系管理机理分析[J]. 企业经济,2001(9):61—62.

[14] 陈明亮.客户忠诚与客户关系生命周期[J].管理工程学报,2003(2):90—93.

[15] 方润生,李坦.企业关键资源及其形成与配置机制[J].南开管理评论,2001(4):6—10.

[16] 项国鹏,周鹏杰.如家酒店发现顾客价值的视角[J].企业管理.2010(9):50—51.

[17] 张敬伟,王迎军.基于价值三角形逻辑的商业模式概念模型研究[J].外国经济与管理,
2010(6):1—8.

进入模式、区域产业环境及经营特性对中小企业跨区域经营绩效影响

——基于浙商的实证研究[①]

潘文安[1]　赵佳玮[1]

（1 浙江工商大学工商管理学院,浙江杭州,310018）

摘　要:本文以 238 家总部设在浙江赴异地投资的中小企业为实证对象,通过多变量变异数分析,以及 GLM 回归分析等方法进行实证研究,探讨进入模式、区域产业环境及经营特性对浙商在国内异地市场经营绩效的影响。结果显示:(1)中小企业进入异地市场时,在综合绩效上以多数股权表现最好、独资次之、等额股权第三、少数股权最差;(2)区域产业环境对异地经营绩效存在显著性影响。在具有供应链优势、成本优势或营销密集度优势的产业环境中,企业容易获得更佳的绩效表现,而在高研发密集度的区域,则呈现无差异表现;(3)企业经营特性对其异地经营绩效存在显著性影响,具有良好控制能力和营销能力的企业容易获得更好的绩效。

关键词:进入模式　产业环境　经营特性　跨区域经营绩效

一、引言

随着本地同质化竞争的日趋激烈,越来越多中小企业向异地迁移或投资,以此作为获取生存或扩张的重要手段。然而,在异地投资经营过程中,不同企业经营效果迥异,有的明显提升,有的则日益恶化,那么,是什么原因导致跨区域经营绩效迥异呢? 对于这一问题,一些学者从不同视角进行了解释:张伟认为,我国不同地区要素成本有着很大差异,中小企业由于所从事的行业大多数是成本导向型,要素成本的差异极易导致经营业绩的差异;[1]夏立军等认为,我国各地商品市场和要素市

---

① 基金项目:研究得到教育部人文社科基金(10YJA630112)的资助和杭州银行的资助,特此致谢。

场存在一定程度的分割,这种分割会导致一些企业利用关系资源进入异地"寻租",关系资源的差异影响经营绩效。[2]

基于此,本文拟在国内外相关研究的基础上,以总部设在浙江赴其他省份投资经营的中小企业为研究对象,通过访谈、问卷调查和实证分析的方式,重点探讨浙商在异地投资经营过程中,不同的进入模式、区域产业环境及经营特性对其经营绩效的影响,期望为中小企业赴异地投资的经营形态、营运绩效及影响因素提供深入的了解与认识。

二、文献探讨和基本假设

(一)进入模式与经营绩效

市场进入模式是指企业将其经营活动与业务功能成功拓展到异地市场的一种最适形态或机构性安排。[3]一般认为,市场进入模式包括授权、合资和独资 3 种。Hill 等曾利用 3 组变量(策略变量、环境变量、交易变量)说明在不同的市场进入模式下,企业所面临的控制程度、资源投入与技术扩散风险。[4]基于这 3 个维度来看,他们将市场进入模式分为高涉入度和低涉入度,其中高涉入度包括独资和多数股权,低涉入度包括等额股权、少数股权和授权;高涉入度的(控制程度、资源投入、技术扩散风险)分别为(高、高、低),而低涉入度则分别为(低、低、高)。

有关进入模式对企业异地经营绩效的影响,相关研究存在多种结论。Wilson 与 Shaver 等将进入模式分为独资与并购两类,研究发现,独资进入模式的企业存活度高于并购进入模式的,他们将其归结于并购所产生的新企业在组织管理与资产处分上所遭遇的诸多困难。[5-6]除此之外,也有学者认为,我国并不是一个完全统一的市场,企业进入异地市场时,采取不同的模式所获取的关系资源不同,由此所获取的"租金"也不一样,采取合资的方式更容易获得更多的"租金"。[2][7]基于上述研究文献,本文提出下列研究假设:

H1:企业在跨区域经营过程中,不同进入模式的经营绩效具有显著差异。

(二)区域产业环境与经营绩效

产业环境是影响企业经营最直接和最深远的外部因素。从微观角度来看,由于中小企业所从事的行业大多数壁垒较低,对其产生直接影响的主要包括技术环境、营销环境、供应链环境、成本环境等。[8]

区域产业环境对企业异地经营业绩的影响是多方面的:何云等人的研究指出,研发密集度高的地区往往会产生明显的技术扩散效应,对提升高新技术企业的销售毛利率及降低研发成本和研发风险具有极大的帮助;[9]Samie 等则通过实证表明,区域供应链能力越强,企业经营的目标达成度和满意度越高。[10]根据前述文

献,本文提出下列研究假设:

H2:企业所处的区域产业环境对其跨区域经营绩效具有显著影响。

(三)经营特性与经营绩效

经营特性是指企业在经营过程中所表现出来的与其他同类企业不一般的特质。[11]对经营特性的描述通常基于资源和能力。其中,就资源而言,主要是指企业经营性专用资产;就能力而言,多数学者认为应该包括管理能力、营销能力、机会选择能力,以及技术能力,但也有学者认为,管理能力所涵盖的范围过于宽泛,应该采用控制能力,主要指风险控制能力、质量控制能力和成本控制能力;营销能力是指企业的市场开拓能力和市场维护能力;技术能力是指企业自身新产品开发和技术服务能力。但也有学者认为,对企业特性的评价应该结合企业经营过程中所面临的外部情境,即社会关系资源、异地经营经验、进入时机等来进行。

有关经营特性对跨区域经营业绩的影响:Contractor 等人的实证研究表明,个人营销能力强的企业的异地销售成长性明显高于其他企业,他们认为,中小企业财务能力有限,其营销模式大多依赖于个人客户关系的拓展,而非广告模式;并且他们的实证研究也指出,企业规模与其在异地市场所持有的股权程度及经营绩效呈显著的正向关系。[12]Luo 探讨赴大陆投资的外国轻工企业的进入时机与其经营绩效间的关系,实证结果显示,愈早进入大陆市场的外商虽然在投资报酬率上的绩效表现比晚进入者差,但在销售成长率与资产周转率上的表现则较晚进入者佳。[13]根据前述文献,本文提出以下假设:

H3:企业本身所具有的经营特性对其跨区域经营绩效具有显著影响。

三、研究设计与资料收集

(一)量表设计

本文共涉及进入模式、区域产业环境、经营特性和跨区域经营绩效四个概念,为确保测量工具的效度及信度,在这些概念的操作性定义及衡量方法上,尽可能采用国内外现有文献已使用过的量表,并结合本文研究目的加以修改作为收集实证资料的工具。量表采用 Likert 七点尺度。

本文所涉及的四个概念拟从不同指标进行评价:

(1)对跨区域经营绩效的评价拟从客观和主观两个方面进行,其中客观指标包括利润率($W1$)和成长率($W2$),主观指标包括目标达成度($W3$)和满意度($W4$)。

(2)进入模式分为高涉入度模式和低涉入度模式。其中,高涉入度模式又分为独资($X1$)和多数股权控股($X2$),低涉入度模式分为等额股权($X3$)和少数股权($X4$)。

(3)区域产业环境拟设立研发密集度($Y1$)、供应链比较优势($Y2$)、营销密集度

(Y3)和成本比较优势(Y4)四项指标变量。其中,研发密集度拟从区域产业研发费用与产业销售收入比(Y11)、区域产业研发人员与产业员工数量比(Y12)两个方面评价;供应链比较优势拟从采购的便捷性优势(Y21)、供应的及时性优势(Y22)两个方面评价;营销密集度拟从客户集中度(Y31)、客户通达度(Y32)和销售便捷度(Y33)三个方面评价;成本比较优势拟从土地成本优势(Y41)、原材料成本优势(Y42)和人力成本优势(Y43)三个方面评价。

(4)经营特性拟设立企业规模(Z1)、控制能力(Z2)、技术能力(Z3)、营销能力(Z4)、进入时机(Z5)五项指标变量。其中,企业规模拟从企业的资产规模(Z11)、销售规模(Z12)、员工数量(Z13)三个方面评价;控制能力拟从风险控制力(Z21)、质量控制能力(Z22)和成本控制能力(Z23)三方面评价;技术能力主要从新产品销售收入比例(Z31)、企业专利数量(Z32)两个方面评价;营销能力拟从营销人员规模(Z41)和营销人员个人的客户拓展与维护能力(Z42)两个方面评价;进入时机拟从本企业进入异地市场时期相对于其他企业的进入时期(Z51),以及相对于当地市场的发展时期(Z52)两个方面进行评价。

(二)研究架构与研究方法

根据上述假设和所确立的研究变量,本文拟采用主成分分析、典型变异数分析、Scheffe's 与 Bonferroni 多重比较,以及 GLM 回归分析等不同研究方法,具体研究架构与分析方法如图 1 所示。

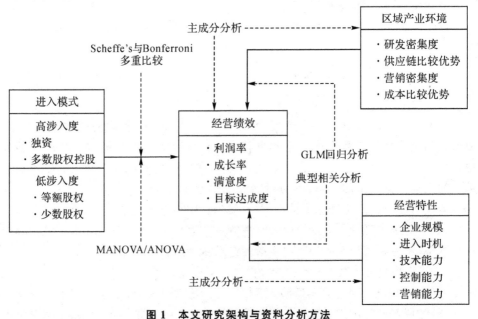

图 1　本文研究架构与资料分析方法

在图 1 中,主成分分析主要对经营绩效、区域产业环境和经营特性变量中各构面建构信度和效度进行判断,以作为后续研究的基础;典型变异数分析(MANOVA/ANOVA)是以进入模式为自变量,以经营绩效为因变量,利用单因子 MANOVA 分析各个进入模式之间在整体经营绩效上是否存有显著差异;Scheffe's 与 Bonferroni 多重比较则主要针对单因子变异数分析中达到显著性水平的绩效指标,通过多重比较以鉴定哪种进入模式在该项指标上具有显著性差异及对其绩效差异进行排序。

(三)资料收集

本文以总部设在浙江赴其他省份投资经营的中小企业为研究对象,所选择的样本主要从各地浙商协会所提供的当地浙商名录中,通过分层随机抽样选取。本次调查时间较长,从 2011 年 7 月至 2012 年 12 月,前后持续近一年半左右。在调查过程中,笔者以座谈会的方式来告知调查目的和辅导问卷填写。本次调查先后召开 22 次座谈会,共发放问卷 348 份,回收了 267 份问卷,剔除 22 份填答不完全的问卷,有效问卷 245 份,实际有效样本回收率为 70.4%。

在回收的样本问卷中,就职务而言,90% 以上都是企业负责人;就教育程度分析,大多数受访者属高中以下文化程度,大专以上文化程度仅占 22.7%;就异地经营年限分析,受访企业在当地经营年限超过 3 年的占 71%。在所回收的 245 份样本中,独资方式最多,共 110 家;其次依序为多数股权控股 72 家;少数股权 37 家;等额股权 19 家、无股权形式 7 家。由于本文的进入模式主要包括独资、多数控股、等额股权,以及少数股权四种,因而剔除了无股权形式的 7 家,实际有效问卷只有 238 份。

四、实证分析

(一)研究变量的主成分分析

本文对主观绩效、客观绩效、研发密集度、供应链比较优势、营销密集度、成本比较优势、企业规模、营销能力、控制能力、进入时机等相关指标变量分别进行了主成分分析,结果见表 1。由于这些变量的第一主成分的解释变异量大于 50%,且因素负荷量大多大于 0.7,因此。可知它们具有良好的建构信度和效度。

表 1　本研究问卷中各变量的信度及效度

衡量变数	变量代号	建构效度（因素负荷量）	第一主成分特征值（解释变异量）	Cronbach's α	准则效度
客观绩效	W1	0.861 02	1.617 4(78.04%)	0.863 112	≤0.924 056
	W2	0.870 42			

衡量变数	变量代号	建构效度（因素负荷量）	第一主成分特征值（解释变异量）	Cronbach's α	准则效度
主观绩效	W3	0.798 10	2.715 6(86.63%)	0.910 748	≤0.952 64
	W4	0.903 56			
研发密集度(Y1)	Y11	0.837 10	1.601 7(59.17%)	0.834 207	≤0.800 425
	Y12	0.754 52			
供应链比较优势(Y2)	Y21	0.748 10	1.811 3(61.04%)	0.871 211	≤0.831 521
	Y22	0.803 72			
营销密集度(Y3)	Y31	0.741 07	1.577 7(56.43%)	0.792 548	≤0.742 106
	Y32	0.801 41			
	Y33	0.718 64			
成本比较优势(Y4)	Y41	0.877 03	1.921 46(74.31%)	0.870 01	≤0.861 73
	Y42	0.862 15			
	Y43	0.928 94			
企业规模(Z1)	Z11	0.904 50	2.417 8(83.31%)	0.930 24	≤0.853 61
	Z12	0.920 41			
	Z13	0.858 10			
控制能力(Z2)	Z21	0.766 01	1.591 7(58.56%)	0.812 517	≤0.802 024
	Z22	0.643 56			
	Z23	0.694 21			
技术能力(Z3)	Z31	0.710 50	1.628 48(67.63%)	0.796 812	≤0.782 120
	Z32	0.640 15			
营销能力(Z4)	Z41	0.651 18	1.804 10(65.31%)	0.808 147	≤0.822 671
	Z42	0.601 01			
进入时机(Z5)	Z51	0.881 20	2.691 5(76.96%)	0.891 424	≤0.897 505
	Z52	0.838 60			

（二）进入模式与经营绩效的关系分析

经由多变量变异数分析，发现 Box's M＝62.312，P 值（＝0.472）大于 0.1，显示经营绩效指标通过多变量变异数同质性检验,因而具有良好的可信度;再经由单因子 MANOVA 的检定分析发现,统计量(Wilksl Lambda)为 0.684 1,P 值(＝0.015)达 0.05 显著水平,故各进入模式之间在整体绩效四项指标上具有显著性差异。

因各进入模式在四项经营绩效指标上均存在显著性差异,故而可进一步做 Scheffe's 与 Bonferroni 多重比较,以验证两两模式间在各项经营绩效指标上的差异程度,具体比较结果如表 2 所示。同时,本文运用主成分分析来建构经营绩效的总指标,通过计算各进入模式的平均主成分分数,找出它们在绩效上的整体表现,进而对它们进行总体排名,排名结果如表 2 所示。

表 2　不同进入模式对经营绩效指标变异数分析及多重比较检定

	各进入模式在各绩效指标上平均分数				F 值	P 值	Scfeffe's 多重比较	Bonferroni 多重比较
	独资	多数股权控股	等额股权	少数股权				
利润率	3.816	4.257	3.524	2.441	3.69	0.008***	1－4**;2－4*	1－4*;2－4*
成长率	4.121	3.775	3.109	2.218	6.42	0.006***	1－4**	1－4**
目标达成度	3.604	3.738	3.328	2.414	3.82	0.024**	1－4**;2－4*	1－4**;2－4*
满意度	3.821	4.004	3.317	2.857	3.12	0.019**	1－4**;2－4*	2－4*
总绩效分数	0.017	0.246	−0.104	−1.066				2－4*
总排名	2	1	3	4				

注:＊表示达 0.1 显著水平,＊＊表示达 0.05 显著水平,＊＊＊表示达 0.01 显著水平。

表 2 数据显示:(1)就利润率指标而言,多数股权控股表现最佳、独资次之,而少数股权最差。若以多重比较结果来看,多数股权控股和独资的利润率显著地优于少数股权;(2)就成长率指标而言,独资表现最好,而少数股权最差。若以多重比较结果来看,独资的成长性显著优于少数股权。

(三)区域产业环境对经营绩效的影响分析

首先,对区域产业环境与经营绩效进行典型相关性分析,统计量(Wilks' Lambda)为 0.743 1,F 值为 3.147,P 值(＝0.024 6)达到 0.05 的显著性水平,显示区域产业环境与经营绩效间存有显著相关性。然后,将区域产业环境变量分别对经营绩效四项指标进行 GLM 回归分析,结果显示,利润率、成长率、目标达成度、满意度的 P 值分别为 0.047,0.019,0.063,0.079。可以看出,区域产业环境对四项经营绩效指标的影响至少皆达 0.1 的显著水平,故检定结果支持假设 2。最后,将区域产业环境各指标变量对四项经营绩效指标做 GLM 回归分析,结果如表 3 所示。

表 3　区域产业环境对经营绩效的 GLM 回归分析

	回归系数				F 值				Pr>F			
	W1	W2	W3	W4	W1	W2	W3	W4	W1	W2	W3	W4
Y1	0.21	0.09	0.14	0.16	2.90	0.28	0.64	0.89	0.178	0.413	0.549	0.695
Y2	0.33	0.25	0.13	0.27	5.79	4.20	0.45	4.12	0.014**	0.031**	0.354	0.081*
Y3	0.16	0.31	0.29	0.13	0.66	7.10	5.37	0.72	0.427	0.024**	0.082*	0.727
Y4	0.36	0.12	0.27	0.14	7.65	0.56	4.88	0.76	0.004***	0.617	0.022**	0.543

注：* 表示达 0.1 显著水平，** 表示达 0.05 显著水平，*** 表示达 0.01 显著水平；W1,W2,W3 和 W4 分别表示利润率、成长率、目标达成度和满意度；Y1,Y2,Y3 和 Y4 分别表示研发密集度、供应链比较优势、营销密集度和成本比较优势。

从表 3 中可以看出：

(1)研发密集度对各项经营绩效指标均无显著性影响。从理论上讲,研发密集度高的区域应该具有更好的技术溢出效应,但笔者调查发现,区域产业研发优势主要集中在少数大中企业中,其技术溢出主要通过技术人员流动来实现。这一流动过程又可分为两个阶段:第一阶段是优势企业向少数普通企业流动;第二阶段是少数普通企业的技术员工向更多同类企业流动。而大多数进入异地的企业往往处于第二阶段,由于在这一阶段,优势技术被更多企业所掌握,其优势也就不复存在了,因而最终无法体现于绩效之中。

(2)营销密集度对成长率和目标达成度存在显著性影响,而对利润率和满意度则不存在显著性影响。笔者认为,在营销密集度高的区域,客户集中度比较高,企业拓展客户的难度相对较小,因而容易出现销售增长;但营销密集度高的区域容易吸引更多同类企业,使得价格竞争更加激烈,结果导致企业的利润率下降。

(四)经营特性与经营绩效的关系

对经营特性与经营绩效进行典型相关性分析,统计量(Wilks' Lambda)为 0.6343,F 值为 2.078,P 值(=0.0761)达到 0.1 的显著性水平,显示经营特性与经营绩效间存有显著相关性。将经营特性变量分别与经营绩效四项指标进行 GLM 回归分析,结果显示,利润率、成长率、目标达成度、满意度的 P 值分别为 0.047,0.019,0.063,0.079。可以看出,经营特性对四项经营绩效指标的影响至少皆达 0.1 的显著水平,因此,可知经营特性对于经营绩效确实具有显著影响,故检定结果支持假设 3。

将经营特性各指标变量对四项经营绩效指标进一步做 GLM 回归分析,结果如表 4 所示。

表 4　经营特性对经营绩效的 GLM 回归分析

	回归系数				F 值				Pr>F			
	W1	W2	W3	W4	W1	W2	W3	W4	W1	W2	W3	W4
Z1	0.11	0.31	0.27	0.13	0.76	7.14	6.01	1.86	0.514	0.013**	0.059*	0.395
Z2	0.47	0.36	0.24	0.25	11.59	6.20	5.01	5.33	0.014**	0.026**	0.069*	0.087*
Z3	0.27	0.13	0.09	0.15	6.18	1.71	1.03	0.92	0.071*	0.219	0.261	0.378
Z4	0.17	0.43	0.32	0.27	1.35	8.31	7.88	6.54	0.203	0.057*	0.076*	0.088*
Z5	0.29	0.41	0.16	0.37	9.19	9.43	1.46	0.77	0.318	0.075*	0.392	0.094*

注：* 表示达 0.1 显著水平，** 表示达 0.05 显著水平，*** 表示达 0.01 显著水平；W1,W2,W3 和 W4 分别表示利润率、成长率、目标达成度和满意度；Z1,Z2,Z3,Z4 和 Z5 分别表示企业规模、控制能力、技术能力、营销能力、进入时机。

从表 4 中可以看出：

(1)企业规模对成长率和目标达成度存在显著性影响，而对其他指标均无显著性影响。笔者认为，进入异地市场的企业规模愈大，就愈有能力在当地进行扩张，同时也越容易受到当地政府的重视，获取各种政策补贴的机会也越多，故在成长率和目标达成度上有更佳的表现；但是，企业规模越大，结构设置可能越齐全，原来一些复合型职能部门可能被众多单一型职能部门所替代，从而使得管理成本与经营规模之比上升，结果导致利润率和满意度下降。

(2)企业控制能力对各项经营绩效指标均存在显著性影响。企业控制能力所反映的是母公司对异地经营的子公司在风险、成本及质量等方面的控制力度。梁松(2010)认为，一般情况下，母公司对子公司控制能力越强，子公司就越能秉承母公司的经营或管理模式，就愈能发挥母公司所具有的各种优势。由此可说明控制能力对各项绩效指标均存在显著性影响的缘由。

(3)技术能力仅对利润率存在显著性影响，而对其他指标均无显著性影响。黄宇驰(2010)认为，我国大多数中小企业的技术能力主要是工艺创新能力而不是新产品开发能力，而进入异地市场的子公司的技术能力主要依赖于母公司。通常情况下，工艺创新的结果所带来的主要是成本降低，故而仅在利润率上有着较佳的表现。

五、结论与建议

本文旨在探讨中小企业在异地投资经营过程中，进入模式、区域产业环境和经营特性对跨区域经营绩效的影响，研究所得结论与建议如下：

(1)中小企业进入异地市场时，以多数股权控股的综合绩效表现最好、独资次之、等额股权第三、少数股权最差。产生这种结果的主要原因在于,企业在异地经营的绩效除了与自身的资产和能力有关外,还与当地关系资源有关。因此,对于那些进入异地投资经营的中小企业来说,如果缺乏当地关系资源,应尽可能选择多数股权控股进入模式,通过合作企业的关系嵌入来获取必要的社会资源,从而获取适当的关系"租金"或"非法制性保护"价值。

（2）区域产业环境对中小企业在异地的整体经营绩效存在显著性影响。在具有供应链比较优势、成本比较优势或营销密集度优势的地区,企业容易获得更佳的绩效表现,而在高研发密集度的地区,经营绩效则呈现无差异。因此,对于从事那些传统行业的中小企业来说,在异地市场的产业环境选择上,应重点考虑那些具有供应链比较优势、成本比较优势或营销比较优势的区域,而不应该追求区域的研发密集度。

（3）企业的经营特性对其在异地的整体经营绩效存在显著性影响。保持适度经营规模是在异地市场获取良好绩效的必要条件,加强控制能力和营销能力建设则是获取更佳绩效的关键。此外,企业应根据所经营产品的新颖度及自身财务状况选择进入时机。如果是新型或创新型产品,且自身财力有限,不应该过早地进入异地市场,否则,可能因为过高的市场开拓成本而使经营绩效受到不利的影响。

参考文献

[1] 张伟. 资源型产业链中中小企业成长机制研究[J]. 商业经济与管理, 2009（3）:68—73.

[2] 夏立军,陆铭,余为政. 政企纽带与跨省投资——来自中国上市公司的经验证据[J]. 管理世界, 2011（7）:128—140.

[3] ANDERSON E, GATIGNON H. Modes of Foreign Entry:A Transaction Cost Analysis and Propositions[J]. Journal of International Business Studies,1986: 1—26.

[4] HILL C W L, HWANG P, CHAN KIM W. An Eclectic Theory of The Choice of International Entry Mode[J]. Strategic Management Journal, 1990, 11(2):117—128.

[5] WILSON B D. Disinvestment of Foreign Subsidiaries[M]. UMI Research Press,1980.

[6] SHAVER J M. Accounting for Endogeneity When Assessing Strategy Performance:Does Entry Mode Choice Affect FDI Survival[J]. Management Science,1998, 4:571—585.

[7] 陆铭,陈钊. 分割市场的经济增长——为什么经济开放可能加剧地方保护? [J]. 经济研究, 2009,（3）:42—52.

[8] 黄宇驰. 区域市场进入模式选择研究:基于浙江制造企业的考察[M]. 杭州:浙江大学出版社,2010.

[9] 何云,李新春. 企业跨地域扩张战略的初步研究——以广东工业类上市公司为例[J]. 管理世界, 2000(6):106—114.

[10] SAMIEE S, WALTERS P G P. Influence of Firm Size on Export Planning and Performance

[J]. Journal of Business Research, 1990, 20:235—248.

[11] MINOR M, WU W Y, CHOI M K. A Proposition-Based Approach to International Entry Strategy Contingencies[J]. Journal of Global Marketing, 1991,(4):69—88.

[12] CONTRACTOR F J, KUNDU S K. Modal Choice in A World of Alliances: Analyzing Organizational Forms in the International Hotel Sector[J]. Journal of International Business Studies, 1998 (2): 325—357.

[13] LUO Y. Timing of Investment and International Expansion Performance in China[J]. Journal of International Business Studies, 1998:391—407.

战略篇 ZHAN LUE PIAN

阿里巴巴企业社会责任实践初探
——基于利益相关者视角①

范　钧[1]，沈东强[1]，姜　水[1]

（1 浙江工商大学工商管理学院，浙江杭州，310018）

摘　要：企业对社会责任的履行越来越多地成为社会公众关注的焦点，但是国内很多企业还未意识到企业社会责任的重要性，忽视了其对企业形象、绩效的影响。本文透过利益相关者视角对阿里巴巴履行企业社会责任的研究发现，企业首先应该履行对客户、员工和股东的最基本责任。同时，在责任履行过程中将各个利益相关者有机联系起来，使企业社会责任履行效果更显著，也更有意义。

关键字：企业社会责任　利益相关者　阿里巴巴　生态系统

一、引言

从多年前"三鹿奶粉"事件到最近的"上海福喜"事件，无一不暴露出我国当下的社会环境中企业社会责任严重缺失这一现象。企业作为社会的经济细胞，在其自身不断发展的过程中必定应当承担越来越多的企业社会责任。尤其在政府、大众、媒体等群体对企业社会责任履行好坏分外关注的状态下，企业如何履行自己的社会责任已成为生死攸关的问题。作为 21 世纪的企业也不应只以利润最大化为目的，在维护客户关系，保障员工、股东权益的同时还应当考虑自身发展对社会大众、经济环境、自然环境的影响。在这样的大环境下，浙商这个在改革开放之初，就以超凡的胆魄，驰骋南北的商帮群体，在社会责任的履行方面，也是"敢为天下先"，不断创新理念尝试各种模式。近年来，甚至有人提出"哪里需要有人承担社会责任，哪里就有浙商的身影"的美句，这不仅是人们对浙商精神名闻天下的又一个新的赞誉，更是对浙商新的期望。

---

①　基金项目：本研究受浙江工商大学研究生科研创新基金(1010XJ1513009,1010XJ1513014)的资助。

但是,企业社会责任的履行并非喊出口号就能大获成功。一家企业要将社会整体效益的最大化作为企业最终目标,要以"开放、分享、责任、全球化"的特质引领新商业文明的发展,显然不是一件易事。但近年来在浙商企业群体中有一家企业,它将企业的社会责任与自身的商业模式有机地融为一体,并获得了巨大的成功,它就是刚刚在美国上市的互联网巨头阿里巴巴。本文将探讨阿里巴巴在社会责任实践中如何与企业自身优势、特点相结合,在完成对客户、员工和股东责任的同时也高效地履行对其他利益相关者的责任。

二、企业社会责任理论

(一)企业社会责任概述

对企业社会责任的系统研究始于 20 世纪 70 年代。[1] 回顾 40 多年来对企业社会责任的研究理论可以发现,使用最为频繁、影响最大的理论包括:利益相关者理论、股东价值最大化理论和可持续发展理论。

利益相关者理论强调企业社会责任就是对企业利益相关者的责任,包括股东、债权人、消费者、员工、供应商、政府部门、社区和特殊利益群体等等。股东价值最大化理论则认为企业为了长远的经济利益把社会责任当作战略管理的工具,对利益相关者承担社会责任只是企业实现股东价值最大化的工具。可持续发展理论则认为企业应当通过遵守道德规范,改善员工及其社区、生活质量,为经济、社会的可持续发展做出贡献。

这些理论都从不同的角度解释企业社会责任,各有特点和缺陷。利益相关者理论给企业社会责任提供了容易理解的解释基础,对企业社会责任行为的对象和重点做了准确的定位,但其分析逻辑过于笼统,也不够严谨。股东价值最大化理论把社会责任纳入西方主流经济学分析框架中,逻辑严密,但在西方学者的研究中往往采用计量模型和数理推导来解释企业社会责任,过程极其复杂。可持续发展理论同样是较为宽泛的分析框架,在逻辑上不够严谨。综合分析各理论优缺点,同时结合阿里巴巴对企业社会责任的实践,笔者最终选择利益相关者理论作为本文的分析框架。

(二)利益相关者理论

利益相关者理论是管理学最常用于解释企业社会责任的理论。1984 年,Freeman 提出了一个被广泛接受的利益相关者概念,他认为利益相关者是能够影响组织目标过程和结果的群体,包括股东、债权人、消费者、员工、供应商、政府部门、社区和特殊利益团体等。[2] 其后,Frederikc 对利益相关者也进行了分类,将其分为直接利益相关者和间接利益相关者。[3] 直接利益相关者主要包括股东、员工、供应商、消费者等与企业有直接利益关系的主体;间接利益相关者主要包括特殊的社会利益团体、社会公众、政府、社区等与企业有间接利益关系的主体。Clarkson 则从利益的重要程度对利益相关者进行了分类,将其分为主要利益相关者和次要利益相关者,前者包括股东、员工、消费者、供应商等能对企业持续发展产生决定性影响的利益主体;后者包括环保主义者、特殊利益集团等对企业存续不产生决定性影响的利益主体。[4]

将利益相关者理论用于分析企业社会责任的过程中,契约理论和产权理论是其理论基础。Freeman,Caroll 和 Wood 等都从社会契约角度论述了利益相关者理论和企业社会责任的关系[2][5-7]。他们认为企业是股东、债权人、员工、供应商和社区等利益相关者通过显性和隐性的社会契约构成联合体,在这一契约框架下,企业必须对这些利益相关者承担责任,即社会责任。Donaldson,Preston 和 Shankman 等从产权角度论述了利益相关者和企业社会责任的关系,他们认为,利益相关者通过契约对企业进行了专用性投资,因此股东与其他利益相关者共同享有对企业的控制权、所有权、财产权和处置权,所以企业必须对这些利益相关者承担社会责任。[8][9]

综合而言,利益相关者理论用于分析企业社会责任时将责任履行的对象指向各个利益相关者。即企业的经营应该维护股东的权益,保障员工的利益,同时还要对其他直接利益相关者或间接利益相关者负责。

三、阿里巴巴的社会责任履行

阿里巴巴于 1999 年创立于杭州,经过 10 多年的发展已成为以 B2B 贸易、网上零售为主,兼有搜索引擎、第三方支付和云计算服务等功能的多元化集团企业。公司先后获得"中国最佳雇主奖""中国最受尊敬企业十年成就奖""爱心捐赠企业奖"等荣誉。公司管理者也是新崛起浙商的代表。

从 2007 年开始,阿里巴巴公司每年更新自己的社会责任报告,高度关注利益相关者的利益,强调维护员工、客户、股东的利益,保持与行业伙伴、社区、环境和经济的协调发展。在阿里巴巴的社会责任书中有这样一段话,"只有内生于企业商业模式的企业社会责任实践,才能实现可持续发展"。这是其对于社会责任履行的信念和指导思想,正是因为有了这样的信念,阿里巴巴在履行社会责任时,往往将企业自身需求、优势与责任实践结合起来。根据利益相关者理论和阿里巴巴社会责任的实践特点,笔者将阿里巴巴社会责任履行按重视程度分为四层:第一层是对客户的责任。与许多企业将股东利益放在第一位不同,阿里巴巴自始至终就将客户的利益放在首位。创业以来从未变过的口号"让天下没有难做的生意"正是对"客户第一"最好的诠释。第二层是对员工的责任。第三层是对股东的责任。第四层是对合作伙伴、社会公众及自然环境的责任。

虽然在阿里巴巴的宣传中以将社会责任的各个利益相关者排之以序,但是在其社会责任实践过程中并没有将各个利益相关者独立起来,相反,各个利益相关者是紧密相连、密不可分的。在社会责任的履行及延伸实践中,各个利益相关者之间相互影响、相互促进,最终使阿里巴巴的社会责任实践取得了非凡的效果。

(一)客户责任

早在 1979 年,Carroll 提出的企业社会责任四层次模型中,就将"用户至上"的维度放于首要位置。[10]之后的许多学者在研究时都认为产品或服务质量、产品使用安全性等都是客户责任的重要构成部分。[11]阿里巴巴自创业开始就将服务中小企业作为自己的使命,致力于帮助中小企业通过最低的成本获得最高的价值。如同阿里巴巴社会责任报告中所写,"阿里巴巴通过服务于平台的上下游客户(卖家和买家),聚合起电子商务平台上的两大核心主体,成就了阿里巴巴的事业"。如果没有几百万卖家和上亿买家的参与,阿里巴巴不可能成为世界级的公司。

在履行卖家责任上,阿里巴巴根据中国中小企业的实际需求,量身定制了网商培训服务,通过各种课程培训,帮助卖家掌握网络贸易技巧,实现快速成长。而在中小企业最难解决的融资问题上,阿里巴巴也尽力推出了"金额小、期限短、随借随还"的纯信用贷款服务。此外,阿里巴巴还为卖家提供大量市场资料及统计数据,帮助他们分析市场发展状况,扩展业务。在履行买家责任上,阿里巴巴从保障消费者权益入手,全面优化网购环境。对卖家要求签署《消费者保障协议》,同时对其进行分层评价,督促卖家对产品和服务的重视,从而提高产品和服务质量。为了能够受理各种投诉,完善对卖家的监督,阿里巴巴建立了完善的售后服务体系,例如淘宝网拥有超过 2 000 人的维权团队等。

目前,网购在我国还处于高速扩张阶段,因此,阿里巴巴也非常注重对客户的引导与教育。在这个过程中,阿里巴巴教育卖家保护自然环境,引导卖家承担对环境的治理责任;同时,还鼓励买家积极参与公益活动等。在公益领域,公司则积极创新,开发出如"公益宝贝"等商品让买家购买,收入所得用于相关公益事业。在这个社会责任履行过程中,阿里巴巴根据自身条件和优势,将其客户责任扩展至对社会自然的责任。而"顾客至上"与"社会慈善"责任正是 Carroll 所提出的社会责任的重要组成部分。[10]由此可以看出,阿里巴巴在对客户责任履行的过程中,依靠公司业务特色,有效延伸了责任涉及的群体,自然地履行了对社会、对自然保护的责任。这样的责任履行不仅仅有助于推进公司自身业务,同样对社会自然的保护起到显著的作用。

(二)员工责任

Carroll 的研究认为,经济收入稳定、身心健康、技能发展及平等晋升机会都是员工责任的核心内容，[11]而阿里巴巴对员工责任的实践完全达到这些要求，且在实践过程中更具自身的特色。

与大多数公司不一样，阿里巴巴将员工利益放于股东利益之上。阿里巴巴在社会责任报告中这样描述员工的重要性，"阿里巴巴将阿里人（员工）视为最重要的资源，员工既是企业社会责任之道的载体，也是企业践行社会责任的第一内核"。正因为这样重视，公司在对员工利益保障上也是十分到位的。公司拥有完善的薪酬福利体系，根据岗位职责和工作绩效的不同确定差异化的员工报酬，拥有五险一金，给每位员工购买商业人身保险和补充医疗保险，且十分重视员工的身心健康。在职业生涯管理方面，阿里巴巴也提供完善的培养体系：新员工有入职培训，例如具有"阿里味"的新老员工交流"导师计划"；在职员工不仅有岗位技能培训，还有"3/5/8 年员工学习奖励计划"，等等；管理人员有管理技能培训，还有机会在本职能岗位上继续深造或申请到其他部门发展，等等。这些制度都是阿里巴巴履行员工责任的最基础部分。同时，阿里巴巴还根据自身能力及行业特点，推出了股权激励计划、"蒲公英互助计划"等等。

其中股权激励（Stockholder's rights drive），是一种使经营者获得公司一定的股权，让其能够享受股权带来的经济效益与权利，能够以股东的身份参与企业决策、分享利润、承担风险，从而激励其勤勉尽责地为公司长期发展服务的激励方法。阿里巴巴在公司员工中广泛地推行了股权激励计划，使员工共享公司利润，也使员工有机会参与公司决策。更为重要的是，在给员工进行股权激励后，员工拥有了股东的身份。因此，阿里巴巴保障员工利益，即是保护部分股东的利益，也使部分员工利益得到了保障。股权激励计划将员工与股东联系了起来。

此外，阿里巴巴还实施了"蒲公英互助计划"。所谓"蒲公英互助计划"是针对公司员工及其配偶和子女，以救"病"为重点，采取自愿参与原则，员工缴纳 80 元，公司补贴 160 元形成互助基金。该计划是对公司员工医疗保障的有效扩充，同时公司在该计划中有意识地将受益对象扩大至员工家属。而由利益相关者理论可知，员工的家属应当归入社会大众的范畴，是公司社会责任的第四层次。阿里巴巴在履行社会责任时敏锐地发现了员工与社会大众关系中最为深刻的一种，即血缘关系。通过"蒲公英互助计划"，员工的利益不仅有了进一步的保障，公司也根据自身能力履行了更高层次的社会责任。在阿里巴巴，如"蒲公英互助计划"之类的项目还有很多，例如"彩虹计划""I home 置业计划"等。这些计划的最基本目的都是保障员工的利益，但无一例外，受益群体都不限于员工。

（三）股东责任

对股东责任的研究是所有社会责任研究中最为丰富的，许多学者都认同为股东创造利润、信息透明、防止交易腐败、保护中小股东利益及完善公司治理结构是股东责任的主要构成[12—14]。虽然阿里巴巴始终坚持"客户第一,员工第二,股东第三"的经营理念,但其目的是想建立一个可持续发展的业务模式。从这个角度来说,阿里巴巴并非不重视股东利益,而是将股东利益看得更为长远。因为阿里巴巴深知股东的利益是建立在公司生存、发展基础之上的,而公司的生存与发展则取决于公司客户的多少及参与程度,取决于员工的才能与努力。

为了使股东权益最大化,公司极力维护企业形象,同时提升盈利能力。近年来,阿里巴巴以 B2B"欺诈门"为整顿契机,对高层管理人员、公司业务等进行了重组优化,及时防止企业形象受损事件的再次发生。同时,借助整顿契机,对公司的客户也进行了筛选,清除了一大批害群之马,有效地维护企业形象。同样,阿里巴巴一直以来都是高收益的公司,2014 年 9 月 20 日在美国成功上市更为无数投资者带来了巨额回报。

(四)其他利益相关者责任

除去客户、员工和股东,阿里巴巴对于其他利益相关者也相当地关注。在其每年的社会责任报告中都会提及对行业伙伴、社区、环境和经济发展的责任。在履行这些责任的过程中,部分责任已在对员工责任或客户责任的延伸中有所涉及,但公司在这些方面也有其他作为。

在对行业伙伴责任中,最为典型的例子还是与客户责任相关。前文提及阿里巴巴对客户提供的小额贷款服务,便是与银行合作的例子。因为金融服务是阿里巴巴电子商务平台的一项衍生性服务,提供小额贷款是为了给中小企业提供更多的融资渠道。但仅有阿里巴巴是不能为企业提供贷款的,因此阿里巴巴旗下的支付宝、阿里金融和银行建立战略合作伙伴关系,一起开拓了金融领域的服务。这一次合作很好地诠释了阿里巴巴社会责任履行时的特点,多个利益相关者相互协作式的责任履行。这不仅使企业经济效益最大化,同时客户与行业伙伴也受益良多。

在社区、经济、环境等方面,阿里巴巴也有颇多作为。例如在行业内建立了淘宝大学,校企合作成立阿里巴巴商学院,通过淘宝促进社会就业与经济发展,鼓励员工参与公益活动,等等。这些社会责任的履行或是为了巩固自身的行业地位,或是为了丰富员工生活,但在这些责任的践行过程中,都透露出阿里巴巴对自身社会责任实践的信念。阿里巴巴相信,"社会责任对企业不是负担,在每一家企业的商业模式中,都可以找到自身与社会责任的结合点"。

(五)结论

通过对阿里巴巴社会责任的实践过程的分析可以看出,阿里巴巴始终将履行社会责任与公司商业模式结合起来。马云先生在对阿里巴巴商业模式概括时不止一次提起公司要打造电子商务生态系统的理念,而在阿里巴巴履行企业社会责任时也同样体现了其"生态系统"的思想。在服务客户时,不仅积极对客户进行培养、引导和教育,同时也与行业伙伴合作,推出针对客户的金融服务;在保障员工利益时,巧妙地将受益群体延伸至社会大众;在保护股东权益时,尽力维护公司形象,完善行业规范;等等。根据阿里巴巴社会责任的生态系统理念,笔者将其对利益相关者责任履行关系绘制成图1。

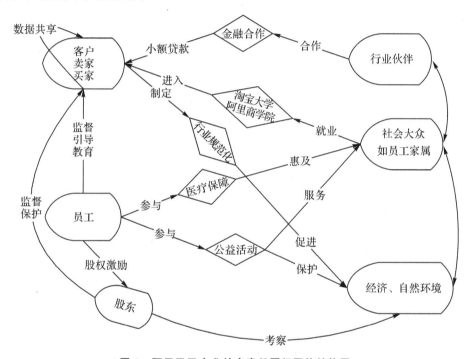

图1 阿里巴巴企业社会责任履行网络结构图

四、研究结论与局限

(一)研究结论与贡献

企业社会责任在我国还没有被社会成员普遍接受和认同,其概念体系的不完备更使整个社会对企业社会责任认识不清。因此,很多企业对自身的社会责任知之甚少,只是简单地认为企业社会责任就是遵纪守法、保护环境。通过阿里巴巴企业社会责任的履行可知,企业社会责任包括企业利益相关者的方方面面,除去遵纪守法、保护环境等最低层次的要求外,还有对客户、员工、股东等群体的责任。阿里巴巴对社会责任全面的理解与践行,给浙商企业、甚至全国的企业在履行企业社会责任时如何与企业自身、与所处行业相结合带来了很多启发。总结阿里巴巴企业社会责任的实践,得到以下 3 个特点:

其一,全面而深刻地认识企业社会责任。作为世界级的互联网企业,阿里巴巴在其社会责任报告中清晰而明确地阐述了自身的社会责任。将公司设定的社会责任信念与拟采取的执行方式有效地传递给公司成员,使得整个公司上下对社会责任有统一的认识,为社会责任的履行奠定了思想基础。很多企业,尤其是民营企业并非不想履行企业社会责任,而是在思想上认识不清,在行动上更不知何为。[15]而对于那些已经认识到企业社会责任重要性的企业,应当尽快确定自己企业社会责任的施行计划,尽快行动。因为随着企业竞争日趋激烈、公众意识不断增强,承担社会责任不仅意味着付出,它对于建立可持续的经营环境,树立良好的品牌声誉和消费者信心也至关重要,企业必须实现由追求短期利益到可持续发展的转变,主动承担应尽的社会责任。

其二,不折不扣地履行最基本的企业社会责任。在认识企业社会责任重要性之后,企业要根据社会责任涵盖的方方面面来履行自己的社会责任。规模不如阿里巴巴那么庞大、资源也没有那么丰富的企业,应当根据自身实际能力与优势,优先履行社会责任中最基础的部分。例如企业还未全面保障员工利益时,切勿为了"出风头""博眼球"而在社会公众上投入大笔资源。而有实力与能力的企业应当在完善企业对员工、客户、股东责任的基础上,积极探索和履行对其他利益相关者的社会责任。

其三,寻找企业社会责任与自身商业模式的结合点,提高社会责任履行效果。在社会责任履行的过程中,企业切勿盲目地投钱。社会责任的履行是一项长久的事业,而非一朝一夕的功绩。只有将社会责任的信念融入企业文化当中,将对社会责任的履行和企业的商业模式结合起来,才能够使企业在履行社会责任时不仅使客户、员工、股东、社会公众等群体受益,也能使企业自身受益。阿里巴巴在履行自己社会责任的同时,也是在完善公司发展所需的环境与资源。其中,将企业社会责任的各个利益相关者视为有联系的整体是指导思想,而在实践过程中也不再将各个利益相关者独立起来,而是想方设法将各个利益群体组合成一个网络,构建成一个属于企业、属于行业,甚至属于社会的社会责任生态系统,这才是阿里巴巴企业社会责任履行的成功之道。其他企业因自身规模与资源差异,可以从上下游客户、供应商或企业周边环境入手,逐渐构建属于自己的社会责任履行网络。

(二)研究局限与未来展望

本文还存在以下几方面的局限:第一,本文只是根据阿里巴巴公开的资料,初步地分析了其对各个利益相关者责任履行的情况,对其企业内部的具体操作过程未做深入分析。第二,本文只选取了一家企业的实践进行分析,其社会责任实践行为的有效性和普遍性有待进一步验证。以上的局限也为未来的研究提供了可能的方向。

参考文献

[1] GALLO M A. The Family Business and Its Social Responsibilities[J]. Family Business Review, 2004(6).

[2] FREEMAN R E. Strategic Management: A Stakeholder Approach[M]. Pitman Publishing Inc,1984.

[3] FREDERICK W C. Business and Society, Corporate Strategy, Public Policy, Ethics [M]. 6th ed. McGrawHill Book Co,1988.

[4] CLARKSON M. A Stakeholder Framework for Analyzing and Evaluating Corporate Social Performance [J]. Academy of Management Review, 1995,20(1):92—117.

[5] FREEMAN R E. The Politics of Stakeholder Theory: Some Future Directions[J]. Business Ethics Quarterly, 1994,4(4):409—421.

[6] WOOD, DONNA J. Corporate Social Performance Revisited[J]. Academy of Management Review, 1991,16(4):691—718.

[7] DONALDSON, THOMAS, PRESTON L E. The Stakeholder Theory of the Corporation: Concepts, Evidence, and Implications[J]. Academy of Management Review, 1995,20(1): 65—91.

[8] SHANKMAN, NEIL A. Refraining the Debate Between Agency and Stakehold theories of the Firm[J]. Journal of Business Ethnics,1999,19(3), 19—334.

[9] CARROLL A B A. Three Dimensional Conceptual Model of Corporate Performance[J]. The Academy of Management Review, 1979 (4).

[10] ISABELLE M, DAVID A R. Corporate Social Responsibility in Europe and the U. S. [J]. Journal of International Business Studies, 2002(9).

[11] CARROLL A B. The Pyramid of Corporate Social Responsibility:Toward the Moral Management of Organizational Stakeholders[J]. Business Horizons,1991(7—8):39—48.

[12] DAVID. An Approach to Corporate Social Responsibility[J]. Stanford Law Review, 1979. (1).

[13] SETHI S P. Dimensions of Corporate Social Responsibility[J]. California Management Review, 1975(3).

[14] MCGUIRE J B,SUNDGREN A, SCHNEEWEIS. Corporate Social Responsibility and Firm Financial Performance[J]. Academy of Management Journal,1988(12).

[15] 徐尚昆,杨汝岱. 企业社会责任概念范畴的归纳性分析[J]. 中国工业经济,2007(5): 71—79.

海盐县非公有制经济传承
与发展的案例分析

夏红平　华　民　张其芬

(海盐县工商业联合会,浙江海盐,314300)

摘　要:代际传承一直是家族企业理论界和实践界关注的核心话题。在介绍海盐县非公有制经济传承与发展现状的基础上,本文重点对海盐县非公有制经济代际传承与发展中的九个案例进行系统剖析,分析了传承与发展的主要模式,积累了代际传承研究的第一手资料。

关键词:代际传承　海盐县　传承模式

至 2014 年 6 月底,海盐县私营企业有 7 204 户(其中分支机构 639 户),个体工商户有 17 953 户,分别占海盐所有市场主体的 27.1% 和 67.5%。非公有制经济个体总数占海盐所有企业数的 94.6%,对海盐经济起着举足轻重的作用。非公有制经济发展 30 多年以来,很多第一代创业者都已经将近退休年龄,企业面临传承与发展问题,为了摸清海盐非公有制经济传承与发展面临的现状,海盐县工商联组成课题组挑选了部分企业进行实地访谈。

一、海盐县非公有制经济传承与发展现状

(一)非公有制经济传承与发展的概况

在调查的 413 户规上企业中,本地企业 362 户,县外投资企业 51 户,其中县外企业大多未涉及接班传承问题。在本地企业中,已经或即将传承的企业共有 106 户,占 29.3%,其中已经接班的有 28 人,即将接班的有 51 人,进入企业 3 年以内,尚在学习培养中的有 27 人;子女已经工作,不愿意或不可能接班的共有 19 户,占 5%,其中不愿意传承的有 15 人,不可能传承的有 4 人。究其原因,主要是对父辈

们的传统产业兴趣不足,或钟情于虚拟经济,或在国内外有更好的、更适合自己的发展空间;另外,有 4 家企业因子女经营不善等原因,造成企业关停或倒闭。

(二)非公有制经济传承与发展现状

1. 传承与发展面临挑战

海盐作为非公有制经济较为发达的地区,第一代创业者大多为"50 后""60 后",改革开放的初期,他们正是年富力强之时。进入 21 世纪的第二个年代后,"50 后"相继步入耳顺之年,相应地,"70 后""80 后"逐步成为接班的主力,"90 后"也逐渐崭露头角,海盐的非公企业逐步迎来接班换代的高峰。与此同时,2008 年全球金融危机改变了世界商业格局,整个国家层面面临转型升级,海盐的转型升级也毋庸置疑。在经济发展新常态下,新生代企业家们肩负着企业传承与产业转型的双重使命。时代需要他们尽快面目清晰地成为这个城市的历史推动者,成为推动产业转型的新生力量,时代也需要海盐尽快走出制造业升级换代之路,为产业转型提供新样本。

2. 子承父业仍是主流方式

海盐的非公企业有着浙商的普遍特点,绝大多数是家族制企业。而老一辈的大多家族制企业掌权者在接班人的选择上,更多地倾向于"父业子承",父辈们打下的基业总希望子辈们去发扬光大。大部分的新生代也有意愿接班,在专业选择上,都考虑了未来接掌企业的因素。新生代多受过良好的教育,但他们要迎接的是与父辈完全不同的挑战。部分新生代心理压力大,往往不接班,父辈们认为是不忠不孝,社会认为是没出息;接班了,压力大、风险大、责任大,接不好就可能倾家荡产,是败家子,即使接好了,也不全是你的功劳,那是父辈们的基础打得好。

3. 经营理念差异大

大部分新生代企业家表示在人生观、价值观上认同父辈,但是对父辈的经营理念基本不赞同或有异议,表示在接班过程中,两代人在经营理念上时常会发生冲突。父辈们的经验和稳健,以及吃苦耐劳的精神,都是新生代亟须的财富,而接受过高等教育,或有着国外留学背景的新生代,则不断带来新的想法和创新的经营模式,也更多地涉足传统制造业以外的行业。

(三)工商联助推经济传承与发展的举措

1. 成立新生代企业家联谊会

在县委、县政府的重视和关怀下,在县委统战部的精心指导下,海盐县工商联于 2010 年 12 月正式成立了新生代创业联谊会,现有会员 45 名。联谊会以搭建会员成长平台,提升会员创业创新意识和能力为宗旨,引导会员企业加快成长为振兴海盐工业经济的中坚力量。联谊会以沙龙聚会、组团考察、座谈咨询活动为载体,开展形式多样的学习、交流和培训活动,积极打造一支具有坚定政治立场、开拓创新精神的新生代创业队伍,同时引导"创二代"学习掌握现代企业经营管理制度,强化其社会责任意识。

2.组织学习培训

县工商联及其他有关部门通过邀请知名专家学者进行专题讲座或依托高等院校、社院等分期分批对"创二代"进行轮训。自2011年以来,每年赴清华大学、香港理工大学、中央社会主义学院等高等院校接受短期培训学习,使他们对国际金融形势、国家大政方针、金融危机时期民营企业应对策略、转型升级创新发展模式等方面有更全面深入的了解。通过学习,拓宽了企业家们的视野,丰富了知识,提升了素质。此外,还与专业企业管理咨询机构合作,组织企业管理知识讲座,提升了大家的专业管理水平。

3.搭建与政府部门交流沟通的平台

县工商联及其他有关部门多次邀请县政府领导及经信、地税、法院、人力社保等部门领导及相关科室负责人参加座谈会,就当下全球全国金融形势、工业经济转型升级、税务等情况进行分析探讨,为新生代企业家们送政策、送信息。帮助其解读县委、县政府的重大决策。同时,县委统战部、县工商联积极搭建参政议政平台,在县工商联换届选举过程中,积极鼓励新生代企业家进入执委班子,担任副主席与常委,推举新生代企业家为县党代表、县人大代表与县政协委员。

4.组织开展各类参观交流活动

县工商联组织海盐新生代企业家之间互相参观交流,先后参观了浙江繁荣电器有限公司、艾能聚光伏科技有限公司、亚威朗光电(中国)有限公司等企业,为他们提供了互相借鉴学习的机会。同时,组织新生代企业家到市外、省外相关优秀企业参观学习,听取对方企业在发展模式、科技创新、全球化战略等方面的经验介绍。组织双方在转型升级、团队建设、企业管理、市场信息、国际国内经济发展趋势等方面进行广泛而有意义的交流。这些交流活动的开展,进一步扩大了新生代企业家们的视野,增进了对县内外经济发展形势的了解,促进企业走上更好更快的发展道路。

5.搭建宣传平台

县工商联牵头在县电视台开设《对话海盐发展》大型谈话类节目,邀请企业家就创新、诚信、和谐、传承、责任等话题进行探讨。姚华、朱冬伟、陈一佳等一批新生代企业家担任嘉宾参加节目,并就传承等话题与观众进行了互动交流。

二、海盐县非公有制经济传承与发展的相关实践

(一)案例基本信息

课题组本次共走访了九家不同规模、行业、传承阶段的企业,对企业继承人进行了访谈,案例基本信息见表1。

表 1 案例样本的基本信息

序号	行业及规模	性别	年龄	传承阶段	简介
1	机械制造,文化传媒,100—500人,规上企业	男	33 岁	基本完成,儿子总经理,父亲董事长,平稳经营	1990 年,国有转制企业;继承人工商企业管理专业出身,独子。2003年进入企业,2011 年负责公司经营管理,2013 年创办其他行业企业
2	纺织业,100—500 人,规上企业	男	39 岁	完成,父亲完全退出,平稳经营	2002 年集体企业转制;继承人退伍到事业单位,有编制,独子。2003年进入公司,2010 年全面接手
3	五金,100 人以下,规上企业	男	35 岁	在父亲的支持与帮助下独自创业	2003 年,继承人留学归国,2004 年底,在父亲的资助下成立公司,独自创业
4	能源,100—5 000人,亿元以上企业	男	35 岁	进行中,儿子轮着负责各分公司	1994 年国有企业转制,继承人 2000年大学毕业;2003 年进入公司,负责家居公司;2008 年负责太阳能公司
5	五金,100 人以下,规上企业	男	37 岁	完成,父亲完全退出,平稳经营	1996 年村办企业转制,继承人1995 年高中毕业后进到厂里,2012 年负责公司经营管理
6	管件,100 人以下,规上企业	男	28 岁	基本完成,儿子总经理,父亲董事长,平稳经营	1994 年公司成立;继承人留学澳大利亚,学习金融;2011 年进入公司
7	纸业,五金,100—500 人,2亿元以上企业	男	42 岁	完成,挂靠国有全退出,平稳经营	企业的私营企业;继承人 17 岁进入公司,2003 年继承企业后,自己又创办了其他行业的企业
8	制造业,2 000 人以上,20 亿元以上企业	女	31 岁	女儿任董事会秘书,继承人未定,培养中	1999 年乡镇企业转制,公司转制后走兼并重组的路线。继承人2008 年英国留学归国后到审计师事务所工作,2012 年进入公司担任董事会办公室主任
9	服装,能源,500—1 000 人,亿元以上企业	男	40 岁	完成,父亲完全退出,发展良好	1995 年,羊毛衫厂由集体企业转为私营企业。继承人 1992 年高中毕业后进入公司,1999 年完全接管公司,2010 年自己又创办了其他行业的企业

(二)企业接班人培养模式

在走访的九家海盐县民营企业当中,除了中达这个非家族企业外,其他企业都选择了子承父业这种途径,这是受中国传统文化、成本及社会信任环境等综合因素影响的结果。一般来说,接班人的培养模式分为内部培养和外部培养两种。内部培养强调接班人对企业情况的熟悉和掌握,通过在企业内部的实际工作经历获得有益的知识和经验积累;外部培养更强调全面知识技能的掌握与培育,并且鼓励接班人开阔视野,接触不同的复杂环境,以便未来回到企业中能更好地管理企业。在实际中,海盐企业也对不同的培养模式进行了实践。

1. 内部培养模式

内部培养的方式主要是通过参与管理工作来完成。这是目前国内大部分家族企业培养接班人所采用的方式,也是最为直接的方式。按照接班人在企业内的职业生涯设计,一般可分为以下几种情况:

(1)基层晋升模式。在这种培养方式下,继任者与企业内的其他基层成员并无差别,按照岗位要求开展工作,先让其在车间熟悉生产流程和基层情况,后到生产调度或营销部门工作,然后提拔到管理岗位,由此使新生代能对企业内多种业务岗位有所了解与熟悉。新生代从基层做起并逐步晋升的工作经历对传承后的绩效有积极的影响。而且内部职业发展可以提高继承人对企业文化的认同,并帮助他们建立各种良好的内部关系。

案例:新创制衣有限公司

1996年转制的新创制衣有限公司,现已成功传承给第二代,并进行了企业的转型。现任接班人从1992年开始到厂里从基层做起,从修机器、熨衣服、包装、送货到销售,每个都做了,了解基层的各个生产环节。这种方式的传承,使接班人与企业原有经营团队无论在理念上还是管理思路上都没有什么矛盾,对企业文化的认同感很强,传承的过程一般会很顺利。

(2)轮岗培育模式。通过岗位轮换与锻炼、领导反馈、自我修正和重复实践来提升领导力,让接班人不断走出"舒适区",全面增强领导能力,帮助接班人"从干中学",并且快速成长。明确每个岗位所能带来的价值,并且确保在掌握必备的领导技能之后,才能迈向下一个新的领导岗位。因此,这一模型能帮助有潜质的领导人才在短时间内提高核心领导能力。

案例:嘉兴繁荣电器有限公司

1983年创立的嘉兴繁荣电器有限公司,已经开始传承。其的传承是有计划、有步骤地展开的。沈舜尧从2003年日本求学归国开始到集团旗下的各个分公司轮岗,从繁荣家居到华锦太阳能再到繁荣电器。沈舜尧进入公司后开始停止快速扩张,转而主攻优势区域,兼顾其他区域,加快产品研发和企业结构调整速度。虽然公司尚未完成交接班,但是新生代的能力在轮岗的过程中得到了充分的锻炼与发挥。

(3)"传帮带"模式。通过带、帮、扶的方法,逐步交权直至全面交权。让新生代在公司主要负责人周围学习,熟悉业务流程、企业管理,然后由新生代主抓几项重点工作,或产品研发,或技改项目,或市场营销等。在取得成功后,再负责企业经营管理,最后彻底完成交接班。

案例:嘉兴迈思特管件制造有限公司

陶凯,迈思特管件制造有限公司的接班人,2011年留学澳大利亚归国后进入公司任公司副总助理,用一年左右的时间学习技术,熟悉公司生产工艺流程和组织架构。2012年开始接触管理,主要负责外贸与公司中层管理,并开始积极推进公司机器换人工作,这不仅降低了人力成本,而且由于机器人的操作更为精准,不会发生人为因素造成的误差,使得公司的产品质量再一次提升,更利于扩大国内市场,拓展国外市场。公司目前已经可以生产出符合德国DIN标准的产品。

(4)择优录取。即从子女、家族内部、朋友或者公司内部员工中择优录取。经营企业能者居先,一方面可以平息子女对企业权力的争夺,避免诸子析产制导致的权力均分;另一方面,可以保证继任者在企业中拥有崇高威信,增强企业的凝聚力和向心力,保证企业经营发展的连续性。

案例:中达集团

中达集团不同于海盐一般的家族企业,由于自成立之初就开始走兼并重组之路,因此它的股本结构相对复杂,企业制度更趋近于现代企业制度。因此,它的接班人的选择更多的是能者居之。它要求的是潜在接班人进入企业以后,根据所在行业发展状况、企业发展阶段等实际情况,释放企业生产力,证明自己的才干,只有能力得到董事会认可才能成为接班人。中达集团董事长金惠明的长女金王琴在访谈中提到,这样有助于选拔优秀的公司领导人,而且作为预备候选人的她表示即使未被选中,也可以凭借优秀的能力辅助集团公司下一代接班人,一切以企业发展为优先考虑。

2. 外部培养模式

与内部培养模式不同，外部培养模式更强调新生代综合性技能的提升，尤其是对企业外复杂动态环境的掌握。越来越多的家族企业开始采用这种方法，以提升自身的竞争力。外部培养模式根据新生代的培养内容与形式，可分为两种：

(1)独立式培养。在原有企业之外，给新生代搭建一个平台，给予一定的资金，由他们全权负责。父辈作为支持者和指导者的角色，不直接干预，注重于新生代企业家的成长。这种过程就是一个指导过程、历练过程和传承过程。

案例：浙江博远机械设备有限公司

作为浙江博远机械设备有限公司的接班人，陈一佳从 2006—2009 年，独自带着 1 000 多万元资金到河北承德投资铁矿石的生产线，所有的一切包括人际关系都要自己打理。虽然后来投资失败，但是却也让他收获颇丰，不仅让他在北方市场设备这一块打出了一个品牌、一个市场，也为 2013 年嘉兴博远将军文化传媒有限公司的成立打下了基础。

(2)职业化培训。这类型的培养模式更加专业化，将企业的所有者这一角色提升到职业化的高度上来，更加有利于接班人理解高层职位的意义。此外，职业化培训可能并不仅仅涵盖一个家族或家族企业，也可能将不同家族企业的资源整合起来，将有传承需要的家族企业主及其接班人聚集起来一同培训，从而降低培训成本。更大的意义在于，通过培训为这些家族企业接班人提供一个互动平台，建立关系网络。目前看来，这种模式在海盐算是辅助模式，很多企业家都会送子女到相关的专业培训学校，但是不作为主要的培育模式。

三、海盐县非公有制经济传承与发展遇到的难点与问题

(一)企业传承与产业转型的双重使命

在新常态下的中国，海盐非公企业面临重重挑战，大部分服装、紧固件等行业的企业同质化严重、低端竞争激烈、产能过剩，处于微利生存状态，转型升级已经势在必行。再加上家族企业内部复杂的人际关系，看似低水平的管理制度，强势的父辈权威，使得很多新生代企业家望而却步，面对"干得不好，不如老子；干得好，是平台好"这样的舆论，他们感到苦恼与无奈，也备感压力。他们希望比第一代干得好，从而实现最大的价值追求，得到来自父辈与社会的认同。如果从父辈那里接班，就要面临传承与转型的双重挑战，其难度不亚于二次创业。

(二)"子承父业"与职业经理人的两难抉择

在这次调研中,笔者发现家族的创业者或接班人,对于职业经理人并没有想象中的那么排斥,很多都认为职业经理人是未来可以选择的方式,但是目前多不予考虑。"我把企业交给儿子,他败十年还不至于败光,但是如果交给一个不适当的经理人,可能三年以后这个企业就不知道是谁的了。"这是海盐企业家的普遍忧虑。何以在美、日司空见惯的职业经理人制度在中国会让人"不敢选择",究其原因,不外乎是制度与诚信的双重缺失。中国的职业经理人机制尚未达到能够支撑中国家族企业"所有权"与"经营权"分离的要求,尽管中国已经有了《企业法》等相应法规,但是系统的法律规范、法律约束和法律保护都还有所欠缺,职业经理人的法律意识和诚信意识从整体上尚有欠缺。所以,在一个法律缺位、诚信缺失的环境下很难建立完善的职业经理人体系,民营企业的接班自然更多地考虑家族的血缘纽带,因此家族中人力资源的储备和条件就会严重影响企业的可持续发展。

(三)企业文化与经营团队的双重磨合

第一代创业者通过艰苦奋斗、言传身教形成的一种企业文化,使员工有自然的信任与认同感。但是,新生代们大多从小家庭条件优越,接触的新生事物多,视野开阔,没有受过苦难和挫折,其思维方式与行为方式肯定与第一代创业者有所不同。再加上没有和公司原有经验团队一起创过业、吃过苦,在工作作风、工作价值观、工作能力方面不一定能得到企业原有经营团队的认可,可能会导致认同障碍和信任危机。如果他们的关系得不到及时妥善的处理,势必影响今后企业的发展。

四、海盐县非公有制经济传承与发展的路径探讨

(一)制定传承计划

所谓"凡事预则立,不预则废",非公有制经济接班人的选择和培养宜早不宜迟,特别是家族企业,周期更长。首先,家族企业的新生代多为"70 后""80 后",生活相对优越,世界观、价值观与创业者有很大差距,因此如果把接班人寄托在自己的子女身上,就要积极加强与子女间的相互沟通,熟悉子女的胜任能力,提早准备培养计划。其次,现有的家族企业接班人除了要具备较多的市场经验外,还要对企业的生产经营、现场管理等有综合的管理能力,因此相应的培养锻炼时间要更长一些。最后,新生代与现有经营团队要有一段时间的磨合期,才能保证接班的顺利进行。

(二)改变传承理念

就目前而言,不到万不得已,很多企业主仍然希望由子女来继承家业。方太公

司董事长茅理翔曾这样说过:"在中国信用缺失的经济环境中,要让那些创业者把经过多年拼搏创造出来的财富交给别人去打理,没有几个人放心得下也就在情理之中了。况且目前国内职业经理人制度尚未形成,相关的法律法规也不健全,外聘经理难度较大,还是觉得儿子比较放心。"因此,对于家族企业主来说,首先要进行自身观念上的创新,即应认识到家族企业≠家族管理。对于家族企业接班人,具备现代化的管理能力的,可视为接班人备选对象,如中国香港李嘉诚的企业等,它们跳出家族框框的现代公司制,才使李氏家族能够不断提高产业层次、扩大产业规模,并实现跳跃式的发展。优先考虑家族成员继承是对的,但如果家族企业自身亲人的能力无法满足企业生存和发展需要时,可考虑企业内的非家族成员接班或从外部选择职业经理人。

(三)循序渐进培养

培育接班人并非朝夕之事,而是一个阶段性的过程。第一,见习从基层锻炼开始。接班人在上任前,应安排在基层各个岗位进行相应的学习和培训,这样做不只是提高接班人各方面的专业能力,更重要的是能够得到全面的岗位体验,同时,也能和基层员工打下良好的群众基础。第二,边放边带慢慢分权。接班人上任后先要考虑稳定,然后才是求发展。因此培养接班人要有一定的步骤,作为非公有制经济的企业主要需懂得学会慢慢授权,边放边带,可以准备最优秀的专家顾问当老师,用固定的时间进行严格的培训,也可以挑选公司的一批骨干,使他们协助接班人的工作,与接班人形成良好的默契,一旦接班人主政后就可以得到有力的支持和辅佐。第三,充分授权后正式接班。家族式企业的亲情文化,能够充分发挥亲缘伦理的功能,企业成员能自觉服从家长(老板)的权威。

(四)健全现代企业制度

西方有些家族企业基业长青,其基本的态势为资本是家族的,经营管理方式是现代管理制度。按照市场发展规律,企业随着规模的扩大和法规的完善,其规章和管理必然走向现代化,发展和壮大民营企业的重要举措就是打破封闭的"家族制"结构,健全"现代化职业经理人制度"。虽说大多数父辈会把企业传给子女,但还是应依靠现代企业管理制度去管理企业。通过完善和优化法人治理结构,形成科学的决策、激励和约束机制,以组织制度创新带动管理制度创新,加快信息技术与生产经营的融合,实现经营管理的更加科学化,全面提升运营效率和管理现代化水平,向管理要质量,要效益,要竞争力。要注意,管理初期,在颁布新制度前,应详细论证制度的可行性,成文后要由上而下造势,组织学习,并由有资历的管理者严格执行,避免出现不明新法而"法难责众"的现象,即通过规范制度,为未来接班人接任时铺垫良好的管理轨道。政府要致力于培育完善的市场体系,规范经营环境;立法建立和完善超越血缘的契约法制制度,促进职业经理人市场的发展;对职业经理人加强培养和监督,制定并完善对职业经理人的考核标准,加强对社会信用体系和监督体系的建设。

(五)营造健康环境

营造民营企业"事业传承"的良好舆论氛围,促进经济社会健康发展。完善宣传服务机制,优化经济社会健康发展的外部环境,客观、公正地宣传和评价企业接班人参与企业管理和社会事务的活动,科学、正确地对待他们成长中的缺陷和不足,积极为其融入整个经济社会创造良好的环境。在舆论宣传导向上,要客观、公正地宣传企业接班人的正面形象,提升社会对企业接班人的认可度;对企业接班人中少数"富二代"的负面个案,不宜过分夸大宣传,对个别错误看待企业接班人的舆论应予必要的澄清。在政企交流沟通上,政府有关部门要关心企业传承中遇到的难题,认真倾听企业接班人代表的呼声和建议,并将其作为政府决策的重要参考依据。政府有关部门要加强对企业动态的了解和把握,特别是企业传承之际,要广泛听取当事企业及整个相关行业的意见,有意识地加强引导与培育。在工商联常委和政协委员的推荐安排上,适当向符合条件的优秀企业接班人倾斜,积极引导新生代企业家参政议政、参与社会事务。

企业社会资本与浙商企业发展：
一个单案例研究[①]

韦 影 王 昀

（浙江工商大学工商管理学院，浙江杭州，310018）

摘 要：解读浙商发展具有现实意义。本文通过对典型浙商企业的单案例研究，分析了企业内外部社会资本对企业绩效的作用机制，主要得出如下结论：（1）企业内外部社会资本显著影响企业绩效；（2）企业外部社会资本结构维、关系维和认知维正向影响知识转移进而影响企业绩效；（3）企业内部社会资本结构维、关系维和认知维正向影响知识转移和跨部门协作进而影响企业绩效。基于研究结论，本文将对浙商企业的发展提供实践启示。

关键词：浙商　企业社会资本　多层次

一、引言

浙商是中国改革开放以来兴起的人数最多、分布最广和影响很大的民商群体，为浙江省的经济发展做出了巨大贡献。"没有浙商就没有今天发达的浙江经济"[1]，浙商群体已经成为人们解读浙江经济，认识浙江现象，学习浙江精神的重要缩影[2]，所以解读浙商发展具有现实意义。企业社会资本理论为笔者探讨浙商发展提供了良好的理论视角。企业社会资本不仅能在一定程度和范围内降低内部管理成本，还能促成外部交易与合作，是浙商崛起过程中的重要资源。[3]

社会资本引入管理学已 10 余年，其成果日益丰富，其中笔者注意到了多层次企业社会资本的相关研究。有学者从个人、群体、企业三个层次[4-5]及内外部两个层次[6-7]对多层次的企业社会资本进行了探讨。本文研究认为，个人、群体和企业

① 基金项目：国家自然科学基金青年项目（71102171）；浙江省社科规划"之江青年课题研究"成果（11ZJQN057YB）；杭州市软科学研究项目（20130834M18）；浙江工商大学研究生创新基金项目（1010XJ1513015）。

三个层次在本质上涵盖于企业内外部两个层次之中，通过对企业内外部社会资本的探讨能够较好地解释浙商在内部管理和外部合作过程中的行动。故，本文遵循Adler和Kwon[6]及韦影[7]等学者的研究思路，将企业社会资本划分为企业外部社会资本和企业内部社会资本，在此基础上通过对一家典型浙商企业的单案例研究，探讨浙商发展的原因。

二、理论基础

(一)企业社会资本

从Bourdieu(1985)提出社会资本概念以来，各学科的学者分别从资源观、能力观、结构观等角度对社会资本进行界定。其中，较为经典的属Nahapiet和Ghoshal对社会资本的定义及其结构、关系和认知三个维度的划分，他们将社会资本定义为嵌入于、可利用的并源于个体或社会单元拥有的关系网络中实际的和潜在的资源。[8]

本质上，企业社会资本是一个多层次的概念。在研究企业社会资本时，应重视其多层次特性，尤其是应综合考虑企业内外部社会资本两个层次。但是现有研究较少从内外部两个层次考察企业社会资本。Adler和Kwon[6]分别从内部角度、外部角度及内外部结合的角度对社会资本的定义进行了梳理。韦影[7]将企业社会资本分为内外部两个层次，实证研究了其和吸收能力、技术创新绩效之间的关系。

这里借鉴Nahapiet和Ghoshal对企业社会资本的定义及其结构、认知和关系三维度的划分。[8]其中，企业外部社会资本包括企业与供应商及其他企业的联系、与科研院所及技术中介组织的联系及与政府部门、行业协会的联系；企业内部社会资本包括企业内生产部门与研发部门的联系、生产部门与营销部门的联系及研发部门与营销部门的联系。

(二)企业内外部社会资本与企业绩效

发展和运用企业外部社会资本是企业改善绩效、增强创新的有效途径之一，[9-11]在此过程中知识转移常常起着中介作用[12]。拥有丰富社会资本的企业可与外部实体建立良好关系，加强沟通与交流，通过多种方式促进外部知识的流入从而改善企业绩效。[13-14]Malik指出企业在其社会网络中拥有更多数量的合作者及更多的关系时，将会有更多的知识流入及更高的企业绩效产生。[10]张方华等指出只有拥有良好的社会资本，企业之间才会形成有效的沟通和交流，隐性知识才得以产生和转移。[14]Van和Jansen运用元分析方法提出，知识转移在社会资本和企业财务绩效的关系中起中介作用，结构资本和关系资本能够有效地促进知识转移。[15]

关于企业内部社会资本的研究也指出了企业内部社会资本通过积极影响知识转移及跨部门协作从而获得较高的企业绩效。[16-17]Tsai 和 Ghoshal 指出社会资本的三个维度对知识转移有直接或间接的显著影响,且知识转移的程度与产品创新绩效正相关。[16]通过整合内部资源,有助于企业获取社会资本和利用知识,从而提高企业知识创造和技术创新的水平。[18-19]李靖华和毛丽娜指出了企业内部社会资本正向影响知识转移机会、能力及动机,进而显著促进企业服务绩效的提升的观点。[20]此外笔者还注意到,企业内部社会资本能够弱化跨部门冲突对企业绩效的影响。[21]Adler 和 Kwon 指出企业内部社会资本的好处之一即是团结一致,[6]也就是说,企业内部社会资本可以促进合作并产生相互利益,[22]缓解如 R&D、营销和制造部门之间的界面障碍,促进跨部门协作的达成。[3][23]

综上所述,本文构建如图 1 所示的理论模型。这里,本文将知识转移定义为知识以不同的方式在企业之间、部门之间的转移或传播。[16]将跨部门协作定义为组织内具有职能联系的不同部门,为达成组织共同目标而与其他相关部门一致努力的行动。[24]

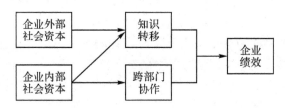

图 1　浙商企业内外部社会资本对企业绩效作用机制的初始理论模型

三、研究方法

本文采用整体式单案例研究方法,[25]选择典型的浙商企业 A 公司,研究浙商企业内外部社会资本影响浙商企业绩效的作用机制。为了增加数据可信性,所有受访对象为企业中层管理者,这些受访对象掌握着丰富的一手数据。同时,获取公开与非公开资料,并在研究推进的过程中以电话和邮件的形式进行追踪,形成三角验证。[25-26]

本文对选取的 A 公司进行半结构化访谈,访谈时间持续 2.5 小时,在征得受访者同意后对访谈进行录音,并在 24 小时内进行文字转录。同时,团队成员又对获得的数据进行交叉检验。表 1 列出了访谈的信息,其中包括时间、地点和受访对象等。为了保护受访者和受访企业,笔者对相关信息进行了匿名处理。

表1 访谈基本信息

时 间	地 点	受访者	受访者职位
2014.05.13 10:00—12:30	A公司 会议室	A主任	技术中心主任
		B经理	行政部经理
		C经理	行政部副经理
		D专员	行政部职员

四、案例分析

(一)案例背景及企业绩效

A公司创建于1979年,以品牌服装为主业,是一家拥有员工5万余人的大型跨国集团公司。品牌服装是A公司的基础产业,目前已形成了以品牌服装为龙头的纺织服装垂直产业链。2013年,A公司进一步整合产业联盟提升研发设计能力。A公司拥有国家认可的企业技术中心,下设多个技术研发中心。表2对A公司的主要特征进行了整理。

表2 A公司的主要特征

特 征	A公司
成立年份	1979年
所属行业	服装制造业
所有制性质	民营
主营业务	以品牌服装为主业,涉足地产开发、金融投资领域
经营区域	服装板块以内销为主,在全国拥有各品牌商业网点2 600多家

2013年,集团实现销售收入532亿元,利润30.18亿元,进出口总额24亿美元,完成税收38.42亿元,同比增长58%,位列2013年中国企业五百强第235位。此外,主打产品衬衫连续19年获得市场综合占有率第一位,西服连续14年保持市场综合占有率第一位。并且还取得了多项具有自主知识产权的核心技术和高新技术成果。表3列示了A公司近5年的财务状况。多项数据表明,A公司的企业绩效包括财务绩效、技术创新绩效等表现良好,总体上呈上升趋势[①]。

---

① 近5年净利润率下降的原因之一在于实际税负,近5年的实际税率(%)分别为36.18,25.21,21.46,19.84,14.73。

表 3　A 公司近 5 年主要财务指标

指标 ＼ 年份	2013	2012	2011	2010	2009
营业收入(亿元)	152	107	115	145	123
毛利润(亿元)	55.3	47.2	42.1	39.1	43.7
毛利率(%)	46.58	49.24	39.60	33.62	38.41
净利率(%)	8.96	15.45	17.84	20.22	28.46

(二)企业外部社会资本与企业绩效

在 A 公司创业至今的 30 余年里,对外合作一直贯穿于其发展历程,对外合作的联系对于 A 公司至关重要。本部分内容就 A 公司企业外部社会资本进行分析,主要包括 A 公司与同行企业、政府、高校及科研院所、检测机构的联系。表 4 对 A 公司各外部合作者的企业外部社会资本的程度及知识转移的情况进行了整理。

表 4　A 公司企业外部社会资本与知识转移

	项　目	同行企业	政　府	高校、科研院所	检测机构
企业外部社会资本	互动强度	+++	++	+++	++
	信任	++	++	+++	+++
	共同语言、目标	+++	+	+++	++
知识转移	知识种类	制衣、纺织等技术	政策、专利信息	标准、项目申报	纺织技术、品牌发展知识
	知识转移绩效	+++	++	+++	+++

注:"+"数量表示程度高低,下同。

(1)对同行企业的企业社会资本的利用,A 公司已与国内 KK 衬衫厂、澳门 NG 公司及日本 W-GAME、美国陶氏 Dow 公司、意大利玛佐多公司等数个同行企业形成了长期的国际经济技术合作关系,充分调动社会资源参与企业的技术创新工作并形成整体合力,通过消化、吸收再创新,为研发提供了有力支撑。企业发展早期,A 公司前身与 KK 衬衫厂开展横向联营,利用 KK 衬衫厂有偿提供的商标及相关技术、信息卓有成效地开展生产销售。后又与澳门 NG 公司合作,学习它的管理经验,拥有了它投入的资金后,诞生了 A 公司现在的品牌。随着国内行业地位不断提升,A 公司建立了与世界一流纺织企业的联系。例如加强与意大利玛佐多公司的合作,在成功开发第一代高支抗皱精纺呢绒的基础上,利用高新纤维材料,改进现有的紧密纺技术和纺纱工艺,在高档功能性毛纺面料、差异化多组份面料及高支高品质产品的研发与产业化研究方面取得新的突破。

（2）对政府的企业社会资本的利用。集团上下有专职知识产权管理人员30人，集团技术中心还专门指定3位同志从事这项工作，加强与政府及专利事务所等知识产权管理和保护部门的工作联系，不定期地组织各相关部门有关人员进行专利法律法规及申报管理等方面的业务知识培训，积极推进知识产权产业化工作，努力争取各级政府对专利产业化的奖励政策。集团技术中心还加强与市科技信息研究院的合作，建立较完善的A公司专利数据库，方便科技人员随时掌握行业内专利信息，建立专利预警机制。

（3）对高校及科研院所的企业社会资本的利用。就目前而言，A公司开展的产学研合作项目数量相对较少，主要分为技术类的产学研合作项目和管理培训类的产学研合作项目。前者的合作对象主要为解放军总后勤部研究所及东华大学；后者的合作对象主要为浙江工商大学、浙江服装纺织学院、东华大学等。典型的产学研合作项目如与解放军总后勤部军需装备研究所联合攻关，双方技术专家共同整合国际先进的纺织原料纤维产业化的工艺技术，创造性地发明了该纺织原料的多项高新技术，解决了该纺织原料纤维软化应用的关键性技术难题，建成世界上首条机械化生产线。目前已有多项科研成果达到世界领先水平，15项技术成果申请了国家发明专利，制订产品标准10项。此外，集团投入几百万元，与东华大学合作成立中国男装研究中心，该中心是目前全国第一家系统研究国内外男装发展潮流、品牌经营、产品设计、销售流通及人才队伍建设等内容的专业机构，已成立5个品牌设计工作室。

（4）对检测机构的企业社会资本的利用。在访谈的过程中，受访者尤其强调了与检测机构之间联系的重要性。A公司欲申请某纺织原料的国家标准时，企业缺乏相关的人才，所以A公司找到该方面最具话语权的检测机构。在此之前，A公司已经多次请检测机构商检专家对其其他产品标准申请工作进行指导，与检测机构建立了良好的联系。2008年，A公司投资检测机构，检测机构在业务能力提升的同时也帮助A公司申报该纺织原料的行业乃至国家标准。通过一系列紧密的合作后，检测机构也会主动为A公司提供相关信息，如得知A公司获得市科技进步一等奖后，主动告知一个申报项目的信息。

（三）企业内部社会资本与企业绩效

企业内部社会资本涉及各部门之间的联系，主要体现在A公司的"产业链协同"与生产委员会上。表5对A公司各外部合作者的企业外部社会资本的程度、跨部门协作与知识转移的情况进行了整理。

（1）"产业链协同"。在获得上市资金之后，A公司开始着力建设产业链，即从产业链下游单纯地制作成衣和销售向产业链上游的原料种植、纺纱及面料研发等环节进军,形成一条纺织业完整的产业链。所有的研发、设计、生产、销售等产业环节均位于这个协同的产业链之中。最前端的销售部门收集并整理实时的销售情况与客户反馈,然后向前端反映设计与面料需求;在面料研发的过程中如果对棉纱有特别要求,就可以向纺织厂提出要求;纺织厂在研发棉纱时需要什么样的棉花又可以对棉花种植基地提出日晒等方面的要求。通过这样一环扣一环的"产业链协同",A公司内研发、销售和生产等各个部门之间相互协作传递必需的信息,从而能够对市场有一个快速的反应。

表5 A公司企业内部社会资本、跨部门协作与知识转移

项	目	产业链	生产委员会
企业内部社会资本	互动强度	++	+++
	信 任	+++	+++
	共同价值观、目标	++	+++
跨部门协作		+++	+++
知识转移	知识种类	产品需求	管理问题、生产与研发需求
	知识转移绩效	+++	+++

(2)生产委员会。生产委员会由集团的常务副总牵头,各个生产企业的总经理参加。生产委员会定期召开例会,在会上讨论日常经营、生产包括研发过程中出现的问题与需求。作为一个协调平台,各部门之间各有分工:技术中心负责技术研发方面工作,实务操作由工厂实施,行政部负责对外联络和材料的撰写。在委员会组织架构下,行政部协助技术中心推进技术申报材料等工作的开展,让研发团队的工程师全身心投入纯技术研发的工作中,极大地促进绩效增长。并且,通过委员会管理的方式,有任何问题均可在会上协调解决,然后各个部门布置任务,这样能够有效防止部门间因"扯皮"而降低企业绩效。

(四)讨论

通过对浙商企业A公司各项活动之中企业外部社会资本、企业内部社会资本与企业绩效之间关系的探讨,可以得出:

(1)企业在对外合作的过程中,企业外部社会资本能够显著提升企业绩效,包括财务绩效和技术创新绩效。在这个过程之中,与检测机构长期交流、外国专家常驻A公司等与外部合作者频繁的互动,帮助企业有效获取申报项目渠道和解决技术难题等信息和知识,即企业外部社会资本结构维正向影响知识转移进而影响企

业绩效；A 公司与学研机构如东华大学、解放军总后勤部研究所等建立起来的信任
关系，帮助 A 公司学习和获取最新的前沿技术，尤其是与解放军总后勤部开展的
产学研合作项目，其作为 A 公司新的业绩增长点具有重要意义，即企业外部社会资
本关系维正向影响知识转移进而影响企业绩效；A 公司自身建有国家级技术中心，研
发实力属业内领先，其知识结构在一定程度上能够与合作者同步，双方开展交流的过
程障碍小。此外，双方开展合作多为解决市场当下的需求，目标明确，即企业外部社
会资本认知维正向影响知识转移进而影响企业绩效。

（2）在企业内部管理过程中，企业内部社会资本能够显著提升企业绩效，包括
财务绩效和技术创新绩效。在这个过程之中，生产委员会定期召开例会讨论经营
过程中的各项问题和需求，促进各部门之间的合作并获得更多的信息，即企业内部
社会资本结构维正向影响知识转移和跨部门协作进而影响企业绩效；在"产业链协
同"和生产委员会管理规范下，各部门明晰各自工作，不存在相互"扯皮"的行为，部
门之间这种信任感反过来也会促进各部门之间更高质量合作的开展，即企业内部
社会资本关系维正向影响知识转移和跨部门协作进而影响企业绩效；A 公司的核
心价值观之一"和谐"源于责任，从宽容、合作、共济做起，成员遵循这一共同价值观
的引导，愿意也做到知识转移，并且部门间能够携程合作，即企业内部社会资本认
知维正向影响知识转移和跨部门协作进而影响企业绩效。

表 6 对企业内外部社会资本、知识转移、跨部门协作与企业绩效之间的关系进
行了整理。综上所述，企业外部社会资本正向影响知识转移进而影响企业绩效；企
业内部社会资本正向影响知识转移与跨部门协作进而影响企业绩效。企业内外部
社会资本影响企业绩效的影响机制见图 2，其证实了笔者在理论基础部分构建的
理论模型。

表 6　A 公司企业内外部社会资本、知识转移、跨部门协作以及企业绩效关系总览

变　量		知识转移	跨部门协作	企业绩效
企业外部社会资本	互动强度、网络密度	＋＋＋	/	＋＋＋
	信任	＋＋＋	/	＋＋＋
	共同语言、目标	＋＋	/	＋＋
企业内部社会资本	互动强度	＋＋＋	＋＋	＋＋＋
	信任、规范	＋＋＋	＋＋＋	＋＋＋
	共同价值观、目标	＋＋	＋＋＋	＋＋
	企业绩效	＋＋＋	＋＋＋	/

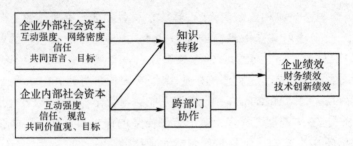

图 2 浙商企业内外部社会资本对企业绩效作用机制的修正理论模型

五、结论与展望

本文通过对典型浙商企业 A 公司进行整体式单案例研究,得出如下结论:(1)企业内外部社会资本显著影响企业绩效;(2)企业外部社会资本结构维、关系维和认知维正向影响知识转移进而影响企业绩效;(3)企业内部社会资本结构维、关系维和认知维正向影响知识转移和跨部门协作进而影响企业绩效。笔者的结论说明浙商在发展过程中,应该注意两点。(1)加强与外部各类合作者之间的合作,无论是同行企业,抑或是学研机构,此外要进入浙商群落并且力图建立长期的战略合作伙伴关系,[27]这样企业能够获取最新信息和先进知识,对于提升企业绩效来说至关重要。(2)加强企业内部各部门间的管理,建立长效科学的管理机制、规范防止部门间"扯皮"现象。浙商企业中家族企业占据了相当大的比例,过度依赖泛家族信任的关系信任,[28]其组织、管理方式也具有典型家族制管理特点,应注重企业内部社会资本的发展。[3]

鉴于研究条件的限制,本文存在以下不足之处有待改进:(1)尽管笔者在方法和数据来源上力求客观、科学,但是受围于时间及调研资源的不足,本文的访谈还显粗糙;(2)本文仅进行单案例研究,在一定程度上影响研究结论的普适程度;(3)A 公司获得如今的企业绩效不仅仅取决于企业社会资本,还受到宏观环境、国家政策等因素影响,文中并没对其进行研究。今后的研究可以从以下几个方面开展:(1)开展多案例研究,选择不同类型的浙商企业进行对比研究,增加研究结论的普适性;(2)更加全面地考虑影响浙商发展的因素,使研究结论更加全面。

参考文献

[1] 张仁寿,杨轶清. 浙商:成长背景,群体特征及其未来走向[J]. 商业经济与管理,2006,176(6):3—7.

[2] 吕福新. 浙商的崛起与挑战——"个众"与公共的展开,冲突和协调[J]. 管理世界,2009(1):162—167.

[3] 范钧.基于企业信任网络构建的浙商社会资本创新研究[J].浙商创新——从模仿到自主, 2008:137—148.

[4] 魏江,王铜安.个体、群组、组织间知识转移影响因素的实证研究[J].科学学研究,2006(1): 91—97.

[5] WEI J, ZHENG W, ZHANG M. Social Capital and Knowledge Transfer: A Multi-Level Analysis[J]. Human Relations, 2012,64(11):1401—1423.

[6] ADLER P S, KWON S. Social Capital: Prospects for A New Concept[J]. The Academy of Management Review, 2002,27(1):17—40.

[7] 韦影.企业社会资本与技术创新:基于吸收能力的实证研究[J].中国工业经济,2007(9): 119—127.

[8] NAHAPIET J, GHOSHAL S. Social Capital, Intellectual Capital, and the Organizational Advantage[J]. The Academy of Management Review, 1998,23(2):242—266.

[9] LOPACIUK-GONCZARYK B. Corporate Social Capital: Results of Empirical Research in A Financial Institution[J]. Procedia-Social and Behavioral Sciences, 2011,10: 62—67.

[10] MALIK T. Disparate Association Between Alliance Social Capital and The Global Pharmaceutical Firm'S Performance[J]. International Business Review, 2012,21(6):1017—1028.

[11] HUGGINS R, JOHNSTON A, THOMPSON P. Network Capital, Social Capital and Knowledge Flow: How the Nature of Inter-organizational Networks Impacts on Innovation [J]. Industry & Innovation, 2012,19(3):203—232.

[12] MARTINEZ-CANAS R, SAEZ-MARTINEZ F J, RUIZ-PALOMINO P. Knowledge Acquisition's Mediation of Social Capital-Firm Innovation [J]. Journal of Knowledge Management, 2012,16(1):61—76.

[13] 边燕杰,丘海雄.企业的社会资本及其功效[J].中国社会科学,2000(2):87—99.

[14] 张方华,林仁方,陈劲.企业的社会资本与隐性知识[J].研究与发展管理,2003(6): 67—72.

[15] VAN W R,JANSEN J. Social Capital,Knowledge Transfer and Outcomes:Mta-Analysis of A Moerated Mediation Model[J]. Academy of Management Proceedings, 2009:1—6.

[16] TSAI W, GHOSHAL S. Social Capital and Value Creation: The Role of Intrafirm Networks[J]. The Academy of Management Journal, 1998,41(4):464—476.

[17] 戴万亮,张慧颖,金彦龙.内部社会资本对产品创新的影响——知识螺旋的中介效应[J]. 科学学研究, 2012, 30(8):1263—1271.

[18] ANAND V, GLICK W H, MANZ C C. Thriving on The Knowledge of Outsiders: Tapping Organizational Social Capital[J]. The Academy of Management Executive, 2002,16(1): 87—101.

[19] 李志远,赵树宽.跨部门整合,研发强度对新产品开发成功的影响——基于生物医药企业 的实证研究[J].科学学研究,2011,29(1): 49—55.

[20] 李靖华,毛丽娜.呼叫中心与后台服务部门间的知识转移——社会资本理论视角[J].科学

学研究，2013，31(8)：1231—1241.

[21] 孙平. 社会资本调节下跨部门冲突管理与创新绩效关系研究——基于高科技企业的实证分析[J]. 山东大学学报：哲学社会科学版，2014 (1)：121—130.

[22] PUTNAM R. The Prosperous Community：Social Capital And Public Life [J]. The American Prospect，1993，13(4)：35—42.

[23] 郭斌，陈劲，许庆瑞. 界面管理：企业创新管理的新趋向[J]. 科学学研究，1998，16(1)：60—67.

[24] KAHN K B. Interdepartmental Integration：A Definition with Implications for Product Development Performance[J]. Journal of Product Innovation Management，1996，13(2)：137—151.

[25] 罗伯特·K. 殷. 案例研究设计与方法[M]. 周海涛，李永贤，张蘅，译. 重庆：重庆大学出版社，2004.

[26] EISENHARDT K M. Building Theories from Case Study Research[J]. Academy of Management Review，1989，14(4)：532—550.

[27] 俞荣建."浙商"群落生态演化的社会资本逻辑[C]. 浙商创新，2010：247—254.

[28] 范钧. 区域经济发展环境与浙商战略转型：基于 IMD 对浙江的评价[J]. 商业经济与管理，2008 (8)：35—40.

关系质量、知识共享与创新绩效的关系

——基于节能服务公司的实证研究

瞿　焱,姚云雷

（浙江工商大学工商管理学院,浙江杭州,310018）

摘　要:本文以节能服务公司为例研究了关系质量、知识共享和创新绩效之间的关系。研究发现:关系质量能显著正向影响知识共享;关系质量的信任与承诺维度对显性知识共享和隐性知识共享有显著的正向影响;关系质量能显著影响创新绩效,关系质量的信任维度对创新绩效没有显著影响,关系质量的承诺维度对创新绩效有显著的正向影响;知识共享能显著正向影响创新绩效,显性知识共享不能显著影响创新绩效,隐性知识共享能显著正向影响创新绩效;知识共享在关系质量与创新绩效的关系中起部分中介作用,隐性知识共享在关系质量与创新绩效的关系中起部分中介作用。本文的研究结论为节能服务公司改善关系质量、提高创新绩效提供了理论参考。

关键词:节能服务公司　关系质量　知识共享　创新绩效

一、引言

节能服务公司是指提供用能状况诊断、节能项目设计、融资、改造（施工、设备安装、调试）、运行管理等相关节能服务的专业化公司。[1]缺乏持续的创新能力是当前我国节能服务产业大而不强的关键因素,节能服务公司应当通过技术创新来打造企业的核心竞争力。近年来,很多学者研究了关系质量与知识共享之间的关系,如 Hooff 等[2]、陈劲等[3],也有很多学者研究了知识共享与创新绩效的关系,如Tsai[4]、谢永平等[5];但是对这三个变量同时进行研究的学者还比较少。本文则着重分析关系质量对知识共享及创新绩效的影响路径,以期揭示关系质量对创新绩效的作用机制,为节能服务公司提高创新绩效提供理论参考。

二、研究假设与概念模型

(一)信任与承诺

关系质量是指关系主体根据一定标准对合作中的人际关系、关系氛围及产品和服务等满足各自需求的感知与评价。[6]信任、承诺是关系质量的两个关键维度。Morgan 等认为承诺和信任是影响关系成败的决定因素。[7]承诺是指关系双方建立或维持该关系的强烈愿望及做出的含蓄或明确的保证。[8]

Hennig、Garbarino 等学者的研究都表明,关系信任对承诺有显著影响。[9][10]Morgan 以承诺和信任构建了关系营销 KMV 模型,在该模型中信任是关系承诺的前置因素。[7]庄贵军等通过多案例研究得出具有合作关系的企业之间,信任和承诺二者互为因果、相互转换。[11]张旭梅等采用结构方程模型对 256 家供应链上下游企业的实证研究表明,供应链企业间的信任对关系承诺有显著的积极作用。[12]总的来说,学者们普遍认同信任是承诺的基础,因此本文提出以下假设:

H1:信任对承诺有显著的正向影响。

(二)关系质量与知识共享

知识共享是组织员工或内外部团队在组织内部或跨组织之间通过各种渠道进行的知识交换和讨论,目的在于通过知识交流来扩大知识价值并产生知识的效应。[13]知识共享可以分为显性知识共享和隐性知识共享。[14]

信任关系的建立是知识共享的前提条件,[15]信任能够提高彼此知识共享的意愿。[16]Hooff 等人的研究结果表明,有效的承诺能够显著影响知识贡献行为,积极的关系沟通氛围则对知识贡献行为、知识获取都有显著作用。[2]Higgs 等认为信任能够降低相互之间心理的不确定感,进而增进彼此的心理承诺,最终促进知识共享。[17]Kotabe 等研究发现,合作关系的持续时间越长,越有利于高技术知识的转移。[18]

在实际市场交易中,知识交易更多依赖知识供给方的声誉或者双方在互动过程中产生的信任度来调节。[19]企业外部社会资本(纵向关系资本、横向关系资本、社会关系资本)会促进企业的外部知识获取。[20]翁莉认为企业间知识共享行为与信任关系互为因果,合作关系又促使双方牺牲自己的部分利益来传授知识。[21]于桂兰等研究发现,员工的情感承诺会促进隐性知识共享和显性知识共享。[22]因此,本文提出如下假设:

H2:关系质量对知识共享有显著的正向影响;

H2a:信任对显性知识共享有显著的正向影响;

H2b:承诺对显性知识共享有显著的正向影响;

H2c：信任对隐性知识共享有显著的正向影响；

H2d：承诺对隐性知识共享有显著的正向影响。

(三)关系质量与创新绩效

创新绩效是对企业创新活动的效率、效果的评价，亦是对产品创新和工艺创新两种最具代表性的创新表现类型的测量。[23]

Hagedoorn 等通过案例研究发现，高技术产业中同有市场吸引力的客户企业建立的信任、承诺和忠诚的长期关系对企业持续不断的创新至关重要。[24]Atua-hene 发现，那些与客户直接接触的雇员与客户的密切联系和潜在的长期关系使得这些员工成为企业服务开发过程中新思路的重要来源，这种与客户的关系也最终决定了企业新服务开发的成功或失败。[25]Hung 等实证研究表明，良好的关系能促进彼此知识分享和学习、合作，加快组织知识资产的积累，进而改善组织的创新绩效。[26]

李随成等研究认为，制造企业通过加强与供应商的关系质量，即双方互信、合作、关系依赖程度能促进供应商参与新产品的开发程度和提升双方的信息沟通质量，能够提高制造企业的技术创新能力、市场分析能力、规划能力和 R&D 能力。[27]王辉等认为，企业与供应商之间的关系质量既能直接提高企业的创新绩效，也能通过潜在吸收能力间接对企业创新绩效发挥作用。[28]在以上理论研究的基础上，本文提出如下假设：

H3：关系质量对创新绩效有显著的正向影响；

H3a：信任对创新绩效有显著的正向影响；

H3b：承诺对创新绩效有显著的正向影响。

(四)知识共享与创新绩效

Tsai 研究证实了组织的内部学习能力能够显著影响企业的创新绩效。[4]Han-sen(2002)对一家拥有 41 个事业部的大型电子企业的 120 个新产品开发项目的研究发现，协同和横向知识网络更有利于知识共享，那些通过与其他部门联系来获取相关知识的团队能更明显缩短新产品开发项目完成的时间。Dyer 等对丰田汽车的研究发现，为了减少发现和获取多种类型知识的成本，丰田汽车通过召开供应商委员会议和供应商全体会议来加强对市场趋势、产量等显性知识在知识网络的扩散，通过建立研修工作站来促进更具有重要意义的隐性知识的多边转移。这些措施促进丰田生产系统在供应链的拓展应用，持续改进供应链的生产流程。[29]Spen-cer(2003)发现，在全球企业网络中进行知识共享的企业同样也会获得更好的创新系统和创新绩效。Lin 认为，创新包含一个广泛的知识共享过程，在这种过程中使得新思想、新工艺、新产品或服务得以实施，积极的知识共享文化有助于改善企业的创新能力。[30]Wang(2012)研究表明,隐性知识共享和显性知识共享都能显著影响企业的创新速度和创新质量,知识共享既能直接作用于企业运营和财务绩效,也能通过创新间接对企业运营和财务绩效产生作用。

李纲等认为,企业内部知识共享和外部知识共享都能够促进企业的产品创新;企业内部知识共享能够调节企业外部知识共享对产品创新的促进作用。[20]谢永平等研究发现,组织间的知识共享能够提高企业新产品和新工艺的开发速度。[5]陈元山(2012)实证研究发现,客户知识获取、知识整合、共享活动对技术创新绩效存在显著的积极影响。张旭梅(2012)实证研究认为,供应链伙伴关系促进成员之间的知识交易,从而推动知识的流动,实现企业间的知识共享,进而提高创新绩效。王晓娟研究发现,企业间越频繁地通过知识交流与其他企业进行知识合作越能提高其创新绩效。[31]总的来说,知识共享能够减少企业的新知识获取成本,促进企业新的产品和工艺的研发与推广,因此,本文提出以下假设:

H4:知识共享对创新绩效有显著的正向影响;

H4a:显性知识共享对创新绩效有显著的正向影响;

H4b:隐性知识共享对创新绩效有显著的正向影响。

(五)知识共享的中介作用

合作双方的信任与承诺给予人们安全感,(Willem,2007)合作时应降低双方之间心理的不确定程度,在这种氛围中人们才愿意沟通,进行知识共享。(Janz,2003)组织通过内部学习来吸收从外部获取的知识,(Tsai,2001)进一步通过知识的逐步积累和运用来提高企业的创新绩效。王端旭等人的研究表明,情感承诺能正向影响知识共享行为,并进而影响创造力,知识共享具有显著的中介效应。[32]简兆权等对珠三角地区116家企业的实证研究表明,在信任对创新绩效的影响及网络关系对创新绩效的影响两条路径中,知识共享都是关键的中介变量。[33]谢永平等(2011)研究发现,组织间信任、网络结构、知识存量通过知识共享来影响组织的创新绩效。张旭梅(2011)实证研究发现,供应链企业间的信任关系通过知识交易来影响合作绩效。王莉等对虚拟社区的研究发现,企业与消费者在虚拟社区中的沟通、交流等互动活动能显著提高知识共享的数量和质量,进一步提高消费者群体的创造力,其中知识共享是一个关键的中介变量。[34]因此,本文提出以下假设:

H5:知识共享在关系质量与创新绩效的关系中起中介作用;

H5a:显性知识共享在关系质量与创新绩效的关系中起中介作用;

H5b:隐性知识共享在关系质量与创新绩效的关系中起中介作用。

(六)概念模型

在前人的研究和本文理论假设的基础上,本文建立如图1所示的概念模型:

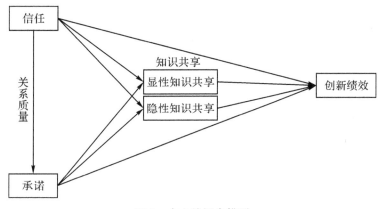

图1 本文的概念模型

三、实证研究

(一)变量定义与测量

本文借鉴了国内外学者对相关变量的定义和测量方法设计了量表。采用Likert五点尺度来设计各题项,从1到5分别表示完全不同意、不同意、中立、同意、完全同意。在完成问卷初稿之后,本文首先对杭州市的几家节能服务公司进行了小样本测试,根据信度分析和探索性因子分析的结果对问卷题项进行删减,最终的问卷共有31个题项,其中4个题项用来了解被调查对象的基本资料,6个题项用来测量信任,6个题项用来测量承诺,3个题项用来测量显性知识共享,5个题项用来测量隐性知识共享,7个题项用来测量创新绩效。

(二)数据收集

笔者采用实地走访和邮件调查两种方式进行大样本调查。对于杭州市的节能服务公司,以实地走访、发放调查问卷为主;而对于一些其他地区的企业,笔者向部分节能产业委员会的会员单位逐一通过邮件告知其研究意图并附上问卷。最终本次调查共发放问卷335份,回收247份,其中无效问卷63份,回收问卷有效率为54.9%。

(三)信度、效度分析

本文首先采用SPSS19.0对样本数据做信度分析和探索性因子分析,之后采用AMOS16.0做验证性因子分析。表1给出了信度分析和探索性因子分析的结果,本文量表总体的Cronbach's α值为0.900,各分量表的Cronbach's α值都在0.700以上,因此笔者认为,量表的信度分析结果符合研究要求。且各个题项的因子载荷系数都在0.500以上,问卷的区分效度较好。

表 1 信度与探索性因子分析结果

变 量	测量题项	因子载荷系数	Cronbach's α	
信 任	XR1	0.551	0.714	0.865
	XR2	0.668		
	XR3	0.797		
	XR4	0.537		
	XR5	0.624		
	XR6	0.643		
承 诺	CN1	0.726	0.856	
	CN2	0.798		
	CN3	0.821		
	CN4	0.851		
	CN5	0.618		
	CN6	0.794		
显性知识共享	XXZSGX1	0.560	0.772	0.791
	XXZSGX2	0.758		
	XXZSGX3	0.839		
隐性知识共享	YXZSGX1	0.659	0.761	
	YXZSGX2	0.664		
	YXZSGX3	0.670		
	YXZSGX4	0.716		
	YXZSGX5	0.787		
创新绩效	CXJX1	0.734	0.829	0.829
	CXJX2	0.594		
	CXJX3	0.666		
	CXJX4	0.804		
	CXJX5	0.635		
	CXJX6	0.703		
	CXJX7	0.774		

为进一步检验问卷结构效度，笔者采用 AMOS16.0 对变量做验证性因子分析，结果见表 2。一般认为各指标的理想取值为：GFI 大于 0.900；CFI 大于 0.900；χ^2/df 小于 5 且小于 3 更佳；RMR 小于 0.050；RMSEA 小于 0.100 且小于 0.080 更佳。表 2 中各变量所对应的各指标大部分符合理想取值，因此笔者认为，本文所用问卷具有良好的结构效度。

表 2 验证性因子分析结果

拟合指标	GFI	CFI	χ^2/df	RMR	RMSEA
关系质量	0.872	0.858	3.163	0.046	0.089
知识共享	0.933	0.915	2.724	0.043	0.097
创新绩效	0.924	0.894	4.136	0.045	0.093

(四)相关与回归分析

本文对各个变量做相关分析之后，结果显示变量之间都具有显著的相关关系，之后对各自变量与因变量的回归分析结果如表 3 所示。另外笔者把企业类型和企业规模作为控制变量纳入所有的回归模型中，但限于篇幅，表 3 中并未显示控制变量的回归分析结果。

表 3 回归分析结果

自变量	因变量	回归系数	t	Sig.	VIF	F	R^2	D-W
信任	承诺	0.680	8.502	0.000	1.083	25.327	0.298	1.819
关系质量	知识共享	0.752	13.97	0.000	1.044	66.192	0.526	1.905
信任	显性知识共享	0.327	4.290	0.000	1.520	1.520	0.407	2.161
承诺		0.386	6.429	0.000	1.424			
信任	隐性知识共享	0.407	4.757	0.000	1.520	29.139	0.396	1.943
承诺		0.369	5.468	0.000	1.424			
关系质量	创新绩效	0.365	4.636	0.000	1.044	15.150	0.202	1.985
信任	创新绩效	0.134	1.439	0.152	1.520	11.403	0.204	2.002
承诺		0.218	2.971	0.003	1.424			
知识共享	创新绩效	0.344	4.531	0.000	1.009	14.791	0.199	2.025
显性知识共享	创新绩效	−0.002	−0.02	0.983	1.306	11.998	0.212	2.005
隐性知识共享		0.311	4.310	0.000	1.307			

表 3 中列出了变量之间关系的回归分析结果,从中可以得出信任对承诺有显著正向影响(β=0.680,P<0.01),假设 1 得到验证;关系质量对知识共享有显著的正向影响(β=0.752,P<0.01),假设 2 得到验证;信任对显性知识共享有显著正向影响(β=0.327,P<0.01),假设 2a 得到验证;承诺对显性知识共享有显著正向影响(β=0.386,P<0.01),假设 2b 得到验证;信任对隐性知识共享有显著正向影响(β=0.407,P<0.01),假设 2c 得到验证;承诺对隐性知识共享有显著正向影响(β=0.369,P<0.01),假设 2d 得到验证;关系质量对创新绩效有显著的正向影响(β=0.365,P<0.01),假设 3 得到验证;信任对创新绩效没有显著的正向影响(β=0.134,P>0.05),假设 3a 未得到验证;承诺对创新绩效有显著的正向影响(β=0.218,P<0.01),假设 3b 得到验证;知识共享对创新绩效有显著的正向影响(β=0.344,P<0.01),假设 4 得到验证;显性知识共享对创新绩效没有显著的正向影响(β=-0.002,P>0.05),假设 4a 未得到验证;隐性知识共享对创新绩效有显著的正向影响(β=0.311,P<0.01),假设 4b 得到验证。

基于表 3 回归分析的结果,笔者得出显性知识共享对创新绩效的作用关系不显著,因此显性知识共享不满足作为中介变量的条件,假设 5a 未得到验证。对于假设 5,笔者将关系质量和知识共享同时放入回归模型,同时控制企业规模和企业类型,以创新绩效为因变量,回归结果如表 4 所示。此时,关系质量的回归系数依旧显著(β=0.223,P<0.05),知识共享的回归系数显著(β=0.189,P<0.05),但此时关系质量的回归系数比原来只以关系变量作为自变量时的回归系数(β=0.365,P<0.01)明显减弱了,因此笔者认为,知识共享在关系质量和创新绩效的关系中有显著的中介作用,但是部分中介作用,假设 5 得到验证。对于假设 5b,笔者同时将关系质量和隐性知识共享放入回归模型,并控制企业类型和企业规模,回归分析的结果如表 4 所示。此时关系质量的回归系数依旧显著(β=0.207,P<0.05),隐性知识共享的回归系数也显著(β=0.206,P<0.05),但此时关系质量的回归系数明显小于原来只以关系质量为自变量时的回归系数(β=0.365,P<0.01),因此笔者认为,隐性知识共享在关系质量与创新绩效的关系中起中介作用,但是部分中介作用,假设 5b 得到验证。

表 4 中介变量作用回归分析结果

自变量	因变量	回归系数	t	Sig.	VIF	F	R²	D-W
关系质量	创新绩效	0.223	1.971	0.049	2.183	12.243	0.216	2.027
知识共享		0.189	1.735	0.034	2.109			
关系质量	创新绩效	0.207	2.082	0.039	1.706	13.373	0.231	2.029
隐性知识共享		0.206	2.572	0.011	1.654			

四、结论与展望

本文通过文献回顾建立概念模型,以节能服务公司为例研究了关系质量、知识共享和创新绩效的关系,得出以下结论。

首先,信任对承诺有显著的正向影响。对节能服务公司与客户关系的研究表明,双方的信任是建立和维持长久合作关系的基础。自发从事建设性行为并有意识地避免机会主义行为,主动承担风险和责任,企业之间的这种信任会使得双方自愿增加关系投入,使合作关系得以巩固、持续,关系质量越来越好。

其次,关系质量对知识共享有显著的正向影响,并且关系质量的信任与承诺两个维度对知识共享的两个维度都具有显著的正向影响。信任关系是知识共享的前提条件,能够促进人与人之间的沟通,创造具有安全感的合作氛围,而积极的关系沟通氛围能显著促进知识分享和获取。彼此的信任能够降低相互之间心理的不确定感,增进彼此的心理承诺,促进双方的知识共享。

第三,关系质量及其承诺维度能够显著影响创新绩效,但关系质量的信任维度对创新绩效没有显著的正向影响。对于节能服务公司来说,更要强调其对那些与客户直接接触的雇员的选择、开发和管理。

第四,节能服务公司与客户的知识共享能显著影响其创新绩效,隐性知识共享能显著作用于创新绩效,但显性知识共享对创新绩效的作用不显著。本文的研究结论则认为那些物化在机器设备上的知识或者体现在说明书、资料、报告、书本上的编码后的显性知识对于创新没有十分明显的作用,而那些存在于企业员工头脑中的经验、技术或诀窍等隐性知识则能显著影响企业的创新绩效。

第五,知识共享及其隐性知识共享维度在关系质量与创新绩效的关系中起部分中介作用,显性知识共享不能起到中介作用。本文对节能服务公司与客户关系的研究发现,具有良好客户关系的节能服务公司更易于获取客户角度对于产品、流程的改进建议,而这些建议则更有助于节能服务公司新产品的研发和新工艺的改进,同时这些新的产品和工艺由于更贴近客户需求而更易于销售和推广,从而提高企业的创新绩效。在企业与客户的长期关系中,企业从外部获取的隐性知识对企业的创新发挥了关键作用,因此企业应特别关注那些彼此之间的隐性知识共享活动。

本文重点剖析了关系质量、知识共享和创新绩效的关系,对于以往的研究是一个有益补充,但本文也有一些局限性。首先,样本选择上,本文只选了部分节能服务公司作为研究样本,研究结论能否推广到节能服务行业整体及其他行业还有待验证。其次,本文对于知识共享及其各个维度与创新绩效的关系并未做进一步探讨,其中显性知识共享与创新绩效的关系与某些学者的研究不一致,对此仍需进一步研究；信任与创新绩效的关系与部分其他学者的研究也是不一致的，并且在这一点上，不同学者还有争论，本文认为未来应当对此做进一步的研究。

参考文献

[1] 国家质量监督检验检疫总局，国家标准化管理委员会. 合同能源管理技术通则[S]. 2010.

[2] HOOFF B V D, DE R J A. Knowledge Sharing in Context: The Influence of Organizational Commitment, Communication Climate and CMC Use on Knowledge Sharing[J]. Journal of Knowledge Management，2004,8(6): 117—130.

[3] 宋建元，陈劲. 企业隐性知识共享的效率分析[J]. 科学学与科学技术管理，2005,26(2): 58—61.

[4] TSAI W. Knowledge Transfer in Intraorganizational Networks: Effects of Network Position and Absorptive Capacity on Business Unit Innovation and Performance[J]. Academy of Management Journal,2001, 44(5):996—1004.

[5] 谢永平，毛雁征，张浩淼. 组织间信任，网络结构和知识存量哭网络创新绩效的影响分析——以知识共享为中介[J]. 科技进步与对策，2011, 28(24): 172—176.

[6] 刘人怀，姚作为. 关系质量研究述评[J]. 外国经济与管理，2005, 27(1):27—33.

[7] HUNT S D, MORGAN R M. The Comparative Advantage Theory of Competition[J]. The Journal of Marketing,1995: 1—15.

[8] GWINNER K P, GREMLER D D, BITNER M J. Relational Benefits in Services Industries: The Customer's Perspective[J]. Journal of The Academy of Marketing Science,1998,26(2): 101—114.

[9] HENNIG-THURAU T. Relationship Quality and Customer Retention Through Strategic Communication of Customer Skills[J]. Journal of Marketing Management，2000,16(1—3): 55—79.

[10] GARBARINO E, JOHNSON M S. The Different Roles of Satisfaction, Trust, and Commitment in Customer Relationships[J]. The Journal of Marketing，1999;70—87.

[11] 庄贵军，杜甲. 合作关系中企业间信任与承诺因果互动的多案例研究[J]. 西安交通大学学报：社会科学版，2013, 33(5): 29—37.

[12] 张旭梅，陈伟. 基于知识交易视角的供应链伙伴关系与创新绩效实证研究[J]. 商业经济与管理，2012 (2):34—43.

[13] 林东清，李东. 知识管理理论与实践[J]. 2005.

[14] POLANYI M. The Tacit Dimension[J]. 1967.

[15] NONAKA I, TOYAMA R, KONNO N. SECI Ba and Leadership: A Unified Model of Dynamic Knowledge Creation[J]. Long Range Planning, 2000, 33(1): 5—34.

[16] JANZ B D, PRASARNPHANICH P. Understanding the Antecedents of Effective Knowledge Management: The Importance of a Knowledge-Centered Culture[J]. Decision sciences, 2003, 34(2): 351—384.

[17] HIGGS M，PLEWNIA U，PLOCH J. Influence of Team Composition and Task Complexity on Team Performance[J]. Team Performance Management，2005，11(7/8)：227—250.

[18] KOTABE M，MARTIN X，DOMOTO H. Gaining from Vertical Partnerships：Knowledge Transfer，Relationship Duration，and Supplier Performance Improvement in The US and Japanese Automotive Industries[J]. Strategic Management Journal，2003，24(4)：293—316.

[19] 严浩仁,贾生华.试论知识特性与企业知识共享机制[J].研究与发展管理，2002,14(3)：16—20.

[20] 李纲,刘益.知识共享,知识获取与产品创新的关系模型[J].科学学与科学技术管理，2007,28(7)：103—107.

[21] 翁莉.基于 Logistics 模型的供应链知识共享过程及主要影响因素研究[J].科学学与科学技术管理，2012,33(11)：79—87.

[22] 于桂兰,孟秀石.信任与知识分享：情感承诺的中介作用[J]. 管理学家:学术版，2010 (9)：3—17.

[23] DRUCKER P F，DRUCKER P F. Post-Capitalist Society[M]. Routledge，1993.

[24] HAGEDOORN J，SCHAKENRAAD J. The Effect of Strategic Technology Alliances on Company Performance[J]. Strategic Management Journal，1994，15(4)：291—309.

[25] ATUAHENE-GIMA K. Differential Potency of Factors Affecting Innovation Performance in Manufacturing and Services Firms in Australia [J]. Journal of Product Innovation Management，1996，13(1)：35—52.

[26] HUNG-WEN L，CHING-FANG Y. Effect of Relationship Style on Innovation Performance [J]. African Journal of Business Management，2010，4(9)：1703—1708.

[27] 李随成,孟书魁,谷珊珊.供应商参与新产品开发对制造企业技术创新能力的影响研究[J].研究与发展管理，2009，21(5)：1—10.

[28] 王辉，张慧颖，吴红翠.供应链间关系质量对知识吸收能力和企业合作创新绩效的影响研究[J].统计与信息论坛，2012，27(11)：99—105.

[29] DYER J，NOBEOKA K. Creating and Managing A High Performance Knowledge-Sharing Network：The Toyota Case[J]. 2002.

[30] LIN H F. Knowledge Sharing and Firm Innovation Capability：An Empirical Study[J]. International Journal of Manpower，2007，28(3/4)：315—332.

[31] 王晓娟.知识网络与集群企业创新绩效——浙江黄岩模具产业集群的实证研究[J].科学学研究，2008，26(4)：874—879.

[32] 王端旭,朱晓婧,王紫薇.团队承诺影响研发人员创造力的实证研究：知识共享为中介变量[J].科学学与科学技术管理，2009,30(12)：184—187.

[33] 简兆权,刘荣,招丽珠.网络关系，信任与知识共享对技术创新绩效的影响研究[J].研究与发展管理，2010，22(2)：64—71.

[34] 王莉,任浩.虚拟创新社区中消费者互动和群体创造力——知识共享的中介作用研究[J].科学学研究，2013，31(5)：702—710.

家族企业资本结构对企业经营绩效的影响

——基于浙江省企业的研究

王丽丹　范　钧

(浙江工商大学工商管理学院,浙江杭州,310018)

摘　要:家族企业在国内经济体中占据着重要而不可替代的作用。然而,上市家族企业资本结构与企业经营绩效之间存在着多种相对复杂的关系。本文通过收集浙江省上市家族企业相关数据,通过建立模型,并运用回归分析法,论证两者之间的相关关系。研究得出各对变量之间正相关或者负相关关系,并运用回归分析法得出与之相对应的回归方程。最后,通过提出完善我国金融体系、规范融资合法性等建议促进企业绩效的提高。

关键词:家族企业　资本结构　经营绩效

一、引言

家族企业在经济社会中起着举足轻重的作用。20 世纪 90 年代后,家族企业成为一个独立学术研究领域,(Bird & Welsch,2002)其中一个基本命题是家族与非家族企业的绩效比较。尔多研究结果普遍认为,家族企业绩效主要是其所处产业、企业特征、治理结构、管理特征和初创企业企业主个人特征决定的。其中,家族企业治理结构是公司治理理论在家族企业研究领域中的延伸。由于传统公司治理理论集中于股权高度分散的公众企业,而家族企业特殊之处恰恰在于其所有权结构的相对或绝对集中、参与对象的多重角色与利他主义行为。(Sehulze,2003)鉴于此,Khan(1999)认为,家族企业还存在着与英美模式和德日模式所不同并各有利弊的第三种公司治理模式,那就是以家族控制为基础的企业治理结构(Family-based system of corporate governance)。这一治理模式使得家族企业的治理与传统的公司治理存在较大差异,导致家族企业经营的其他方面都发生相应变化,并形成独特的管理体系,最终影响企业绩效。

我国家族企业起步时间稍晚,至今才 30 余年。因此,制约我国家族企业发展和企业价值提高的因素较多,如信息不对称所形成的融资难问题、产权问题、公司治理问题、企业经营绩效问题等,而这一切问题都与家族企业资本结构密切相关。[1]资本结构是公司治理的基础,而公司治理水平的高低又在很大程度上影响着公司的经营绩效。上市公司要想有一个良好的经营绩效水平,首先就应当有一个合理的资本结构基础。资本过度分散或者过度集中都不利于形成有效的公司治理结构。一方面,如果资本过度分散,表示股东对公司经营参与不够,往往容易出现内部人控制现象;另一方面,如果资本过度集中,一股独大,往往会出现控股股东侵害中小股东利益的行为。

二、文献回顾

国内学者在各个领域对国内资本结构与绩效进行了实证研究,但以家族企业为独立研究对象的实证研究文献却不多。这与我国家族企业的快速发展及其在我国国民经济中的地位非常不相称。因此,研究家族企业资本结构与绩效的内在关系,寻求企业绩效最大化的资本结构和优化家族企业资本结构有效途径具有重要意义。

(一)国外研究成果

Berle 和 Means 研究认为,股权集中度与企业业绩之间存在正线性关系,原因在于,股权的一定程度集中有利于激励外部股东对管理者实施监督,而股权分散会导致“搭便车”难题,从而造成对管理者监督困难。[2]Shleifer 和 Vishny 认为,当股权集中在机构投资者手中时,大股东会更好监督管理者,公司从而获得更好的业绩。[3]Demsetz 等却认为,公司绩效与股权结构之间不应存在系统性的相关关系,原因在于股权结构是在股票市场上参与交易而内生形成的,是股东基于自身利益最大化的结果。[4]Claessens 通过对捷克上市公司的研究认为,股权集中度和公司的盈利能力在二级市场上的表现存在正相关性。[5]Jensen 和 Meckling 通过把股东分为内部股东和外部股东两大类进行研究,指出公司价值会随内部股东持股比例的增加而增加。[6]Jaskiewicz 和 Klein 对 55 篇关于家族企业绩效研究的文章的分析表明,其中 46% 的研究认为家族企业绩效高于非家族企业,20% 的研究认为两者之间的绩效没有差别,只有 8% 的研究认为家族企业低于非家族企业,另有 26% 的研究认为是外部因素决定了企业绩效。[7]Suhulize 等研究发现,当家族持股比例在 1/3 之内时,企业经营绩效表现为上升;超过 1/3 之后,企业经营绩效表现为下降。[8]

对于用实证研究方法研究家族企业的治理结构与绩效的关系,并且选择的研究对象主要是家族控股的上市公司的研究有两种结果,一种认为家族控股上市公司的公司绩效高于公众股份公司的公司绩效;一种认为家族控股上市公司的公司绩效低于公众股份公司的公司绩效。这表明,家族控股上市公司治理结构对绩效的影响因国家和地区的不同,表现出很大差异。

(二)国内研究成果

许小年等以十大股东的持股比例和赫菲达尔指数作为股权集中度指标,以托宾 Q 值来衡量公司绩效,研究认为,股权集中度与托宾 Q 值之间具有显著的正相关关系。[9]孙永祥等以 1998 年底上市的 503 家公司为样本,研究公司价值与第一大股东持股比例的关系,在对公司股权结构与托宾 Q 值进行了回归分析后认为,随着第一大股东持股比例的上升,托宾 Q 值先是提高,该比例到 50% 左右时,托宾 Q 值开始下降。[10]申尊焕等通过对我国家族上市公司经营业绩的回归分析,认为家族持股比例与主营业务利润和净利润显著正相关,同时企业总资产也与每股净资产显著正相关。[11]唐睿明通过对家族上市公司股权集中度与绩效的关系研究,发现家族上市公司并不存在预期的倒 U 形结构。[12]张红军研究认为,公司业绩与法人股的比例呈现高度正相关关系,国家股比例则与公司业绩呈现负相关关系。[13]陆正飞等认为,行业不同,资本结构会存在显著差异;获利能力与资本结构(长期负债比率)之间有显著的负相关关系;规模、资产担保价值、成长性等因素对资本结构的影响不甚显著。[14]韦德洪等通过在同一组样本中选取包括每股收益、加权平均净资产收益率、主营业务利润率和总资产利润率在内的多个业绩指标,同时对上市公司资本结构与业绩的相关性进行双向回归分析,得出"资本结构与多个业绩指标之间的双向相关关系均为负相关关系"的结论。[15]胡敏健等研究发现,医药和生物制品行业上市公司非债务税盾和盈利能力与资本结构显著负相关关系,企业规模、资产担保价值、实际税率和增长机会与资本结构呈正相关关系。[16]牛建高等实证研究了河北省民营企业资本结构与企业绩效之间的关系,认为民营企业负债与企业绩效呈正相关关系,理论上存在一个使企业绩效最大化的合理负债区间。[17]

肖坤等在研究财务治理效率时,通过对债务期限结构和工具结构进行理论分析和实证检验的过程中发现,流动负债能够抑制控股股东的"掏空"行为和提升公司价值,但在约束经营者的有效性及提高公司会计业绩方面作用不明显。[18]褚宝萍认为,在软约束问题方面,银行存款是首先要考虑的要素,银行存款在抑制股权代理成本上效用不显著,提高公司业绩的作用也不明显。[19]刘婷等在对 2001—2010 年的在中国 A 股上市的 9 860 家公司的研究过程中发现,在负债小于 20% 的情况下,银行借款不利于公司绩效的增长,甚至银行借款的存在还会对公司价值的提升造成不利的影响。对于除 ST 外的青海省 5 家上市公司,资本结构对公司业绩的影响呈正相关的,即公司资产负债率增加时,公司业绩也会以一定的幅度上升;公司业绩对资本结构的影响也是正相关的,即公司业绩上升时,公司资产负债率也会有一定比例的增加。[20]

国内学者对家族企业资本结构与企业绩效关系的实证研究很多,但是没有更全面及更深入探讨中国在上市公司中家族企业与经营绩效的关系。本文在已有文献的基础上,根据家族企业的特点,从每股收益、摊薄净资产收益率和每股经营活动现金净流量等多角度选取变量,通过建模,并进行回归分析以期更全面深刻地阐释中国上市家族企业的资本结构与经营绩效的关系。

三、研究设计

本文从浙江省上市家族企业中选出规模大、效益好、社会知名度高的企业,通过其公布的财务数据,研究浙江省家族上市企业资本结构是否对公司的经营绩效有影响,以及如何影响公司绩效。

(一)研究方法选择

本文为了更好地研究浙江省上市家族企业资本结构的变化对经营绩效产生的影响,先对各因素进行相关性分析,再采用线性回归模型进行模拟,得出结论并提出建设性建议。

(二)研究样本选择

本文选取的皆是在社会上有知名度、规模较大、企业效益排名靠前的企业。因此,从浙江省选取了六家企业作为本文研究对象。这几家上市家族企业股权结构分别为:大华股份大股东控股 21.48%;荣盛石化大股东控股 34.18%;迪安诊断大股东控股 40.71%;开尔新林大股东控股 30.15%;华策影视大股东控股 46.95%;东方日升大股东控股 51.31%。可以看出,相对一般家族企业而言,虽然上市家族企业的股权受到一定程度的稀释,但家族仍掌握着绝对控股权,并且这几家公司所在行业基本上不相同。

(三)变量选择

描述企业资本结构有多种指标,这里主要通过资产负债率这个指标来衡量企业的资本结构情况。另外,通过流动负债比率衡量企业负债内部结构,以便更好地掌握企业负债融资的偏好。在以往的相关研究中,大部分以托宾 Q 值作为评价企业经营绩效的指标(托宾 Q 值是公司资产的市场价值与重置成本的比值),但是公司资产重置成本难以估算,且事实上,公司总资产账面价值与重置成本相差很大。在我国,绝大多数上市公司并没有发行债券,所以根本无法计算公司债务市场价值,而且资本市场的完善使得上市公司股票价格远远偏离其价值,更何况真正交易股票只占整个股票市场的一部分。所以说,托宾 Q 值并不能真正反映公司的经营绩效。因此,本文选择报表指标来衡量经营绩效。鉴于篇幅有限和资料获取的难易程度及信息的可靠性,本文采用每股收益、摊薄净资产收益率和每股经营活动现金净流量三个指标来评价企业的经营绩效。

四、实证结果分析

(一)变量的描述性统计

通过以上对研究方法、研究样本及变量选取的说明,对分别来自浙江省两市的原始数据进行整理、归纳,得出结论如表 1、表 2 所示:

(1)浙江省家族企业资本结构状况。在这里笔者只做资产负载率、流动负债率说明。从表 1 中数据可以看到,除荣盛石化公司外,其他公司资产负债率都呈下降趋势,且大华股份公司比率最低。在 2011 年,平均资产负债率大都低于 30%,这说明除了荣盛石化公司,其他公司资产负债率都在安全警戒线以下。流动负债率,除了荣盛石化公司之外,其他公司普遍很高,不利于企业日常安全经营的稳定性。这些企业应该在日后降低流动负债率,提高企业短期内经营安全性与自主性,避免企业不利经营。从表 2 差异方差看出,各公司的流动负债率差异在拉大,主要是由于荣盛石化药业公司。这些上市家族企业的资金来源,主要是家族的直接投资或内部融资形成,通过借入资金或融资租赁等方式筹集资金较少,这也较符合家族企业特性。

(2)从经营绩效指标可以看出(表 1),这六家企业每股收益平均值从 2008—2011 年逐年增加,这也导致方差数再扩大。表 2 表明在 4 年间,有些家族企业经营绩效相对在降低,因为从总线来看,最大值与最小值都是在增加,只是最大值增长幅度大于最小值幅度较多。这导致均值差异扩大,也使得数据波动较大。而从摊薄净资产收益率来看,最大值、平均值及方差都呈现逐年下降趋势(除 2008 年外),可以得出这六家企业在净资产收益方面的差距在降低。从每股经营现金流看,最小值出现了零值,这是迪安诊断公司在 2009 年度出现零值所致。从均值来看,总体呈上升趋势,只是在 2009 年和 2010 年 2 年之间波动较大,应该是由于这 2 年内有些企业经营绩效较好、有些经营绩效较差所致。

(二)家族企业资本结构现状对经营绩效产生影响

本文通过对各因素相关性分析后,再进行线性回归分析,这样能够更好地研究这六家上市家族企业资本结构变化对经营绩效带来的影响。所以本文模型为:$Yi = ai + bi\,X + e$ 其中,$i = 1, 2, 3$。$Y1, Y2, Y3$ 分别表示每股收益、摊薄净资产收益率和每股经营活动现金净流量，X 表示资产负债率，$a1,a2,a3$ 分别表示各个方程常数项，$b1,b2,b3$ 为自变量系数，e 为随机误差项。那么先进行相关性分析，在检验模型之前，本文先通过 SPSS 19.0 软件对模型自变量与因变量进行相关性分析，结果见表 3，其中每股收益与资产负债率 Pearson 系数为 -0.805，因此两者是相关关系，但系数为负数，那么两者呈现所谓负相关；资产负债率与摊薄净资产收益率 Pearson 系数为 0.967，两者之前是高度相关，而且是高度正相关性；资产负债率与每股经营活动现金净流量 Pearson 系数为 -0.373，也就是两者存在着相关性，但是相关性不是很强，属于一般负相关关系；每股收益与摊薄净资产收益率 Pearson 系数为 -0.668，表明这两者相关性也比较大，存在负相关性；每股收益与每股经营活动现金净流量 Pearson 系数为 0.796，表明这两者之间也是存在着高度正相关关系。

表 1　浙江省六家上市家族企业 2008—2011 年资本结构及经营绩效表

公司	年份	资产负债率(%)	流动负债率(%)	每股收益(元)	摊薄净资产收益率(%)	每股经营现金流(元)
大华股份	2008	32.89	1.00	0.48	32.16	0.17
	2009	42.97	0.95	0.86	50.11	0.62
	2010	35.66	1.00	1.38	44.48	0.92
	2011	8.39	0.98	2.34	13.31	1.18
荣盛石化	2008	30.66	1.00	0.17	7.76	0.17
	2009	68.45	0.63	0.36	21.49	1.86
	2010	71.42	0.69	0.27	19.33	-0.49
	2011	71.06	0.49	0.33	18.99	0.61
迪安诊断	2008	31.12	1.00	0.06	34.92	-0.04
	2009	24.16	1.00	0.12	40.54	0.00
	2010	24.16	1.00	0.49	26.13	0.77
	2011	8.76	1.00	0.55	24.16	0.59
康美	2008	45.94	0.97	0.40	23.40	0.22
	2009	48.82	0.98	—	—	—
	2010	25.30	0.97	0.60	17.18	0.41
	2011	32.22	0.98	0.68	21.61	0.64

续 表

公司	年份	资产负债率(%)	流动负债率(%)	每股收益(元)	摊薄净资产收益率(%)	每股经营现金流(元)
华策影视	2008	52.04	1.00	0.25	32.09	0.11
	2009	45.17	1.00	0.53	40.47	0.54
	2010	40.57	1.00	0.76	36.79	1.01
	2011	15.99	0.93	0.94	8.80	1.04
东方日升	2008	58.48	1.00	0.38	19.38	0.25
	2009	60.15	0.87	0.44	21.34	0.60
	2010	56.29	0.99	0.47	18.64	0.88
	2011	24.22	0.99	0.94	8.72	0.96

表 2 经营绩效指标的描述性统计

指标	年份	最大值	最小值	平均值	方差
每股收益(元)	2008	0.48	0.06	0.29	0.03
	2009	0.86	0.12	0.46	0.07
	2010	1.38	0.27	0.66	0.15
	2011	2.34	0.33	0.96	0.51
摊薄净资产收益率(%)	2008	34.92	7.76	24.95	106.26
	2009	50.11	21.34	34.79	164.45
	2010	44.48	17.18	27.09	125.45
	2011	24.16	8.72	15.93	43.81
每股经营现金流(元)	2008	0.25	−0.04	0.15	0.01
	2009	1.86	0.00	0.72	0.47
	2010	1.01	−0.49	0.58	0.32
	2011	1.18	0.59	0.84	0.07

表3　各变量间的相关性分析

相关系数		资产负债率	每股收益	摊薄净资产收益率	每股经营活动现金净流量
资产负债率	Pearson 相关性	1	−0.805	0.967	−0.373
	显著性（双侧）	0.195	0.033	0.627	—
每股收益	Pearson 相关性	−0.805	1	−0.668	0.796
	显著性（双侧）	0.195	0.032	0.204	—
摊薄净资产收益率	Pearson 相关性	0.9673	−0.668	1	−0.135
	显著性（双侧）	0.033	0.332	0.865	—
每股经营活动现金净流量	Pearson 相关性	−0.373	0.796	−0.135	1
	显著性（双侧）	0.627	0.204	0.865	—

　　回归分析中,数据整理后如表4所示,从表4可知方程的常数项为1.604,自变量系数为−0.025,故可得到模型1的回归方程为:$Y1 = 1.604 − 0.025X$,如果方程成立,当资产负债率增加1个单位时,每股收益将降低0.025个单位。由回归统计可知,修正自由度的决定系数为0.470,说明模型可以解释约47%的变量变化,方程的拟合效果一般。由表4还可看出,资产负债率对每股净资产收益率回归分析结果中,R^2仅为0.647,模型不能模拟出二者的关系。此外,方程的常数项为−6.889,自变量系数为0.819,故可得到模型3的回归方程为:$Y3 = −0.6889 + 0.819X$,即方程成立,当资产负债率增加1个单位时,每股经营活动现金净流量将增加0.819个单位。由表4还可知,修正自由度的决定系数达0.903,说明模型可以解释约90.3%的变量变化。另外,F为0.033,小于0.05,说明总体通过检验。

表4　资产负债率对相关指标回归估计结果

变量名称每股	每股收益	摊薄净资产收益率	每股经营活动现金净流量
Intercept（a）	1.604	1.047	−6.889
资产负债率	−0.025	−0.012	0.819
F	0.196	0.639	0.033
R^2	0.647	0.131	0.935
Adjusted R^2	0.470	−0.304	0.903
D-W	0.211	0.345	2.415

(三)研究小结

研究显示,这几家上市家族企业资本结构与每股收益之间存在负相关关系,即当资产负债率上升时,每股收益会降低。其实,负债率在一定安全警戒线内,更有利于企业发展,使得企业能够扩展生产规模,到达规模报酬效果。但是这与先前结论有一定出入:第一,这六家企业资产负债率普遍偏高,超出一般正常水准;第二,我国金融制度不完善,使得企业在融资时成本较高,其资本成本远高于银行同期贷款,这也将导致资产负债率提高,使每股收益下降。

综上所述,笔者提出以下几点建议。第一,完善现阶段我国的金融体系,改变单层次、单一所有制形式的金融市场现状。这样有利于降低家族企业融资成本,降低由于融资给企业带来的风险,而不用过分依赖于民间借贷资本,也有利于政府规范化金融市场。第二,融资方式不同也会影响企业健康发展,企业应该充分考虑,不要过多依赖外部融资,也就是有权性融资。内部融资有利于企业降低成本,提高融资安全性。第三,测算合理的负债区间,实现企业收益最大化。

五、结论

从上述家族企业资本结构对企业经营绩效的现状分析可知,家族企业资本结构现存状况对于经营绩效不存在绝对有利或者不利的影响。例如,一些家族企业的盈利能力相当强,理应负债融资扩大投资规模,但是银行却不敢给予贷款,发行公司债券更是难上加难,导致了负债率很低的不合理现象。这种资本结构不合理的现象,使得社会资金并没有得到有效合理的分配,所以针对此类现象必须优化家族企业资本结构。通过股权融资,家族股可以在一定程度上得到稀释,外部力量的引入有助于中小型家族企业治理结构的优化。

第一,实行股权集中制。家族控股股东拥有绝对控制权,就会从各方面支持企业的发展,使家族和企业利益保持一致,有利于企业的经营,同时便于对上市家族企业的管理人员进行监督和激励。

第二,构建适度规模的董事会。董事会规模过大会出现机能障碍,易使家族企业董事会成员产生"搭便车"动机,但也不意味着规模越小越好,适宜的董事会规模应以现行规模对企业经营绩效产生的利弊来衡量。

第三,家族企业自身应合理利益财务杠杆,优化股权结构。充分运用正确的财务杠杆效应,限制甚至消除负财务杠杆效应,企业应通过合理配置资产、加速资金周转、改进产品质量和结构等提高企业盈利能力。适时实现所有权与经营权的分离,扩大非家族法人持股比例,使家族股东股权适当分散化和外部化,从组织结构上为家族长远发展创造条件。

第四,政府应拓宽负债融资渠道,完善相关法律法规。政府部门应深化金融体制改革,拓宽家族企业负债融资的渠道,为家族企业资本结构的调整和优化创造条件。同时,政府还要从法律上赋予中小股东对公司重大事项的发言权和表决权,赋予他们参与公司决策的能力和动力。

参考文献

[1] SHLEIFER A, VISHNY. R W. Large Shareholders and Corporate Control [J]. Journal of Political Economy,1986,94(5):461—488.

[2] BERLE, A, MEANS G. The Modern Corporation and Private Property[M]. New York : Macmillan,1982.

[3] SHLEIFER A,ROBERT V W. A Survey of Corporate Governance[J]. Journal of inance, 1997,52(2). 737—783.

[4] DEMSETZ H. The Structure of Ownership and The Theory of The Firm[J]. Journal of Law and Economics. 1983,26(2): 375—390.

[5] STIJIN C, SINEON D. Who Controls East Asian Corporations Word Bank. Working Paper 1999(3).

[6] JENSEN. M C,WILLIAM H M. Theory of Firm: Managerial Behavior. Agency Costs and Ownership Structure[J]. Journal of Financial Economics,1976, 3(4): 305—360.

[7] 鲁莉劼,陈凌. 国外家族企业治理结构研究新进展[J]. 郑州大学学报:哲学社会科学版, 2009(3):85—89.

[8] SCHULZE W S,LUBATKIN M H,RICHARD N D,et al. Agency Relationships in Family Firms: Theory and Evidence[J]. Organization Science,2001(12).

[9] 许小年,王燕. 中国上市公司的所有权结构与公司治理. 公司治理结构——中国的实践与美国的经验[M].北京:中国人民大学出版社,2000.

[10] 孙永祥,黄祖辉. 上市公司的股权结构与绩效[J].经济研究,2000(11):15—20.

[11] 申尊焕,郑秋亚. 我国家族上市公司经营业绩的实证分析[J].企业经济,2004(4): 188—191.

[12] 熊鹏. 我国家族上市公司"一股独大"的利益分析[J].武汉科技大学学报:社会科学版, 2005(1): 20—23.

[13] 张红军.中国上市公司股权结构与公司绩效的理论与实证分析[J].经济科学,2000(4): 34—44.

[14] 陆正飞,辛宇. 上市公司资本结构主要影响因素之实证研究[J]. 会计研究,1998(8): 34—37.

[15] 韦德洪,吴娜.上市公司资本结构与业绩相关性的实证研究[J].财会通讯:学术版,2005, (8):11—16.

[16] 胡敏健,朱清贞.医药和生物制品行业上市公司资本结构影响因素的实证分析[J].财会月刊:综合版(中),2011(7):10—11.

[17] 牛建高,曹敏,邹必颖.民营企业资本结构与企业绩效:基于河北省的实证分析[J].上海交通大学学报:哲学社会科学版,2009(4):52—58.

[18] 肖坤,秦彬.我国上市公司债务结构对财务治理效率的影响[J].经济管理,2011(2).

[19] 褚宝萍.上市公司资本结构与公司业绩相关性分析——基于青海省上市公司的实证分析[J].财会通讯:综合版,2012(3):24—26.

[20] 刘婷,杨有红.负债制度阈值下债务结构对公司成长性的影响[J].当代经济,2012(9):102—112.

认知学习理论下家族企业
隐性知识传承研究①

王小龙

（浙江工商大学工商管理学院,浙江杭州,310018）

摘　要:家族企业传承一直是学者研究的重点,以往单纯的"一维观"已难以满足现今的传承要求,家族企业传承研究应当增加新视角进而深入探索。本文以知识观为基础,从认知学习理论角度出发,剖析家族企业传承中隐性知识传递机理,据此为家族企业代际传承提供意见建议。

关键词:企业传承　隐性知识　认知学习　传承建议

一、引言

改革开放 30 余年,我国民营经济经历了从无到有、从弱到强的发展历程,作为民营经济最主要存在形式的家族企业在其中起着举足轻重的作用。新时期,老一辈家族企业创始人逐渐老去,家族企业的接力棒陆续传到第二代人手中。家族企业交接表面上看似风平浪静,实则暗藏凶险,据估计,美国只有 30％的家族企业能成功地传递给第二代,12％的家族企业能成功地传递给第三代,只有 3％的家族企业能成功地传递给第四代,往往家族企业权力交替之际就是企业灭亡之时。如何降低家族企业传承风险、保证家族企业平稳过渡是当前学者研究的重中之重。

家族企业传承并非管理权、所有权的简单交接,而是关键知识要素的留存,[1]这些要素是构筑初代企业家卓越能力和坚强品质的基础,家族企业继承人完成关键要素的内化才能够真正驾驭企业。[2]本文从认知学习理论角度出发,试图解析家族企业隐性知识传递机理,为家族企业代际传承提供建议。

---

① 　基金项目:浙江省社会科学重点研究项目基金课题(12JDZS03YB)。

二、家族企业传承与认知学习理论

家族企业传承研究由来已久,以往的研究局限于"一维观"思维,即所有权与管理权的接替。随着越来越多的企业传承步入困境直至企业破产,学者开始意识到传承并不是被继承人将企业所有权和管理权简单地交给继承人,而是应教授继承人如何经营企业。

(一)隐性知识与企业代际传承

20世纪90年代,Hurgon 等提出家族企业"二维观"观点,将管理秘诀提升至与企业所有权和管理权同等重要位置。[3] Drozdow 将"二维观"要素划分为战略、所有权/治理权、领导权、家族凝聚力、企业文化、价值观体系、使命七类,[1] 自此"二维观"内容基本稳定下来,隐性知识作为影响家族企业代际传承新的决定性因素进入学者视野。

Cabrera 等在企业资源观(RBV)和企业知识观(KBV)的基础上对企业家知识在代际传承中的作用做出了新的分析,他们认为,嵌入组织惯例中的企业家隐性知识构成了企业竞争优势,因而企业传承效果很大程度上取决于继承人对这些隐性知识的吸收转化程度,所以说,家族企业传承实质上是隐性知识的学习转化过程。[4]

(二)影响知识传递效果因素

Dixon 指出,知识传递行为的产生首先要有合作和传递知识的意愿和能力。[5] 知识源传递知识的动机是传递成功与否的关键因素。[6] 传递知识的动机可能包括获得其他知识或者建立良好的关系,Andreessen 等通过实证研究证明了意愿和投入度很大程度上直接决定拥有知识共享的数量和质量。[7]

另一方面,是否具有传递知识和吸收知识的能力对最终知识传递效果也具有重要影响。为了学习新的技术知识,主体本身就必须拥有学习的能力,而这种能力则是通过长期不断从外界吸取高质量的信息而积累起来的。

国内学者张莉与等认为,隐性知识传递是通过两种路径显性化的转换过程,一种是直接显性化,它的主要影响因素有:能力因素,即隐性知识拥有者的语言表达能力和编码能力等各方面的综合素质;心理因素,即隐性知识拥有者对知识转化的意愿;环境因素,即隐性知识拥有者所处的组织环境,包括文化环境和制度环境等。另一种是间接显性化,它的主要影响因素有:知识势差因素,即个体间的知识差距;人际关系因素,即个体间的沟通程度和信任程度等;知识接收者的能力素质因素,主要是指知识接收者的文化素养、知识背景、认知模式和编码能力等。[8]

综合前人研究结果,笔者将影响知识传递的因素划分为两类:(1)意愿、信任、关系。该类因素影响主体对事物和人的认可程度,认可程度越高,个体主观能动性也越高,为实现目标付出的努力也越多。(2)知识能力。知识能力包含个体对知识的重组、吸收、转化利用能力,是指个体接收知识信息后对信息的处理能力,这类能力越高,个体对知识的利用率也越高。

(三)认知学习理论下家族企业隐性知识传递

1.认知学习理论

认知学习理论认为,学习不是在外部环境的支配下被动地形成刺激—反应(S-R)联结,而是主动地在头脑内部构造认知结构;学习不是通过练习与强化形成反应习惯,而是通过顿悟与理解获得期待;有机体当前的学习依赖于他原有的认知结构和当前的刺激情境,学习受主体的预期所引导,而不受习惯所支配。[9]所以说,学习应是刺激—重组—反应(S-O-R)的过程,影响因素(I)决定了学习过程效果如何。影响因素越有利,学习效果越好;反之,效果越差。图1为认知学习理论基本模型。

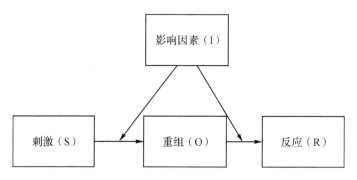

图1 认知学习理论基本模型

刺激:指学习者从环境中接受刺激从而激活感受器,增强自身记忆。接受刺激包含肢体动作、语言沟通、行为示范等,刺激的目的是激活学习者模仿感受,形成相同的认知感受,增加经验。

重组:指学习者将接收到的信息片段内化处理、吸收的过程,它是学习过程中最为重要和困难的一步,决定了学习过程的最终效果。

反应:指学习者对外部刺激自我处理后,对相似情景做出的反应。它是衡量和检验学习者学习效果的标准,学习越有效,对相似情景反应效果越好。

影响因素:指影响学习者接受信息刺激和信息自我处理的内在与外在因素的总和,影响因素的正向作用越明显,学习者学习的积极性越高,学习效果也就越好。

2.认知学习理论下的家族企业隐性知识传递

家族企业传递过程也是继承人学习经营企业知识的过程,继承人不仅从父辈,也从学校、培训机构中获得经验。因而,不论是正规的义务教育、培训课程,父辈的言传身教或是自身工作中的所见所感,都是接受刺激的过程,然后加以思

考,最终做出反应。结合上述有关家族企业知识传递和认知学习理论,得到图 2
所示模型。

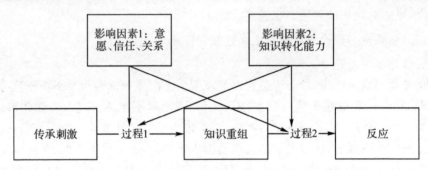

图 2 认知学习理论下家族企业隐性知识传递模型

传承刺激:指为使继承人获得更高的经营企业能力所进行的有意识和无意识
的知识教授行为。这里的刺激行为包含有意识刺激和无意识刺激两种:(1)有意识
刺激:指家族成员有意识让继承人接受正规教育、培训、工作历练、口述指导,使其
通过自身感受获得经营企业的经验,这些举措都是在家族企业有意识安排下对继
承人进行的刺激,目的是提升继承人的见识、阅历。此外,制订接班计划,带领继承
人熟络内外部关系等都属于此类刺激行为。(2)无意识刺激:指被继承人在日常生
活和工作中无意识表现出来的行为被继承人察觉并加以揣摩学习,最后总结归纳
出提升自身能力的经验。

知识重组:指继承人将习得的各方面知识加以吸收、内化的过程,是整个学习
过程中信息发生质变的关键环节,决定了继承人最终能力的高低。家族企业传承
中,知识重组指继承人将以前习得的知识内化升级,有自己的想法并将其付诸实
施。笔者认为,达到知识重组阶段的继承人必须是位于企业中层,只有这样,才能
拥有足够的权力去实施改造家族企业的想法。

过程 1:指继承人开始接受传承刺激行为到知识重组的过程,即知识量的积累
过程。继承人从接受教育、培训到最后进入家族企业内部轮岗,实质上是信息收集
的过程,这些信息刺激了继承人关于家族企业的基本认知,为继承人提供了经验。
获取的信息越多,继承人经营基础也就越夯实,对家族企业认识越全面,能力提升
的空间也就越大。所以说过程 1 本质上是继承人获取信息、收集素材的过程,它对
应着继承人自接受正规教育到进入家族企业基层轮岗这一阶段。

影响因素 1:指影响继承人收集信息积极性和收集信息量多少的因素。继承
人从外部和传承者那里学习知识和经验,意愿是影响继承人主动性的首要因素,只
有具备充足的接班意愿,继承人才会主动汲取企业经营方面的知识。传承者一继

承人之间的关系质量、信任程度决定了两者交流的频率和层次,关系质量越高,交流越频繁,越有利传承者向继承人传授经验。

反应:指继承人接受并自我重组知识后对相似情景的反应,这里情景是指与先前收集信息情景相仿的场景,如果继承人能够很好地处理情景中的问题,说明知识学习效果较好。反之,则较差。继承人学习效果反应可以表现在三个方面:(1)自身工作状态。接手家族企业后,如果工作起来得心应手,则反应效果较好;反之,则较差。(2)企业内部关系。如果接管企业后,家族企业内部凝聚力不变甚至变强,员工关系和谐,人员不流失,说明反应效果较好,继承人完全接收了父辈的内部关系;(3)企业绩效。接管企业后,如果企业营业额增长,市场份额扩大,说明继承人学习结果是卓有成效的。

过程2:指继承人自中层领导到完全接管家族企业的过程。这一过程的起点是知识重组,继承人接管一个部门,有独立将自身想法融入工作中的权力。这一阶段,继承人通过总结以往自己的经验和专业知识,对家族企业开始改造,从一个部门延伸到另一个部门,一个领域延伸到另一个领域,直至接管整个企业,使公司状况基本符合自己预期要求。

影响因素2:指影响继承人改造企业的因素,继承人继承家族企业一方面要了解企业状况,另一方面要使企业状况维持在自己期望的状态中,如何由局部到整体地改造企业就是过程2中须要解决的问题。然而,过程进行的效果如何,很大程度取决于继承人自身知识能力的高低,能力越高,越能依据以往习得的经验、技巧,结合实际情况,实现成功改造;能力越低,则改造效果欠佳,传承效果也不显著。

(四)学习理论下家族企业知识传承的重点与现实传承中存在的问题

1. 知识传承的重点

结合上述模型可知家族企业代际传承中隐性知识传承至关重要,而影响知识传承效果最重要的两个方面:(1)知识获取过程,即过程1;(2)知识应用过程,即过程2。

知识获取过程:继承人应接受外部刺激,收集信息,学习足够的基本知识,这些是基础,也是决定未来自身能力高低的关键。而影响继承人接受知识的因素包含:意愿、关系、信任,只有当继承人具备足够的意愿和良好的信任关系时,才会主动学习。所以首先应增强继承人继承意愿、改善传承者与继承人之间的关系,为学习基础知识创造良好条件。

知识应用过程:对收集的信息进行重组内化,形成自身的认知模式,再将这种认知想法付诸实施就是知识应用的过程。继承人在家族企业应用知识的过程实质上也是建立自身地位的过程,继承人工作越有成效、驾驭能力越强,越有利于接手企业。而影响这一过程的因素主要是继承人自身知识转化的能力,所以继承人在过程1中应不断增强对基础知识的学习,提升知识转化、管理沟通的能力,这样才能真正接管企业。

2. 现实存在的问题

家族企业代际传承中存在诸多问题,以往研究表明,影响传承效果的最直接因素依然是传承当事人。传承者与继承人自身能力、意愿及两者关系是决定代际传承能否实现的关键。

(1)继承意愿缺失。

缺乏继承意愿的原因主要来自继承人对家族企业没兴趣。由于继承人家庭物质状况优越,难以接受父母早期创业、守业过程的艰辛,因此减弱甚至丧失了继承意愿。此外,他们受教育程度相对较高,现有的手工作坊式制造企业,投入产出比例低,生产方式落后,难以吸引他们。较低的继承意愿致使继承人不愿了解家族企业,更不愿意向父辈学习经营家族企业的经验和诀窍。

(2)沟通不足。

传承者与继承人之间缺乏沟通,表现为沟通频率较低及有效沟通不足。企业传承者事务繁忙,与子女的相处时间不多,沟通时耐心不足,有"家长式"思维,局限于父母对孩子的单向沟通。作为继承人,接受高等教育和社会环境历练之后,有独立的人格和思想,与父辈思想价值观层面的冲突导致双方关系冷淡,各自倾向于保留自己的想法,使得有效沟通更为缺乏。

(3)双方关系质量有待改进。

传承双方在传承的过程中会形成矛盾,传承者认为自己不可或缺,具有强烈的支配欲望;而继承者有超越父母的冲动或无法超越父母的失落感,这两方面的矛盾在缺乏沟通的情况下使双方关系紧张,甚至产生冲突。关系质量决定了两者交流的频率与深度,关系越融洽,持续交流的时间越长,创始人越有机会将有价值的经验和心得传递给继承人,继承人也越有机会阐明自己的想法,从而有助于双方关系的改善;反之,则不利。

(4)能力不足。

作为有血缘关系的传承双方,在思想上虽信任有加,但能力差异却十分巨大,传承者自创业初始,积累了大量的实践经验和管理技巧,但是所受正规教育程度普遍偏低,理论基础知识较差。相对应,继承人接受过良好的教育,具备良好的专业基础知识,但是实践经验缺乏。在传承过程中,继承人学习到的知识须在父辈的指导下才能更有效地吸收、转化,而父辈的理论知识和与继承人的沟通频率、质量普遍不高,造成了继承人对实践学习到的知识产生"营养不良"的状况。因而,不仅要提升继承人自身知识转化的能力,还应增强父辈的指导能力,这样才能更有效地促进隐性知识的吸收和转化。

(五)家族企业代际传承建议

结合家族企业代际传承中存在的现实问题和认知学习理论的重点,应当加强以下几点:

1.制订传承计划

传承计划的制订与实施对家族企业的成功延续至关重要。家族企业对传承者的关系网络和关键技术诀窍依赖很强,缺乏计划的传承很可能会导致这些关键资源的丧失。引入外部独立董事的董事会监督传承计划的启动与执行,邀请相关研究机构、研究所专家共同制订传承计划,定期对传承计划执行情况进行监督和反馈,有利于对继承人知识学习状况进行阶段性审核。传承计划实施是一个长期过程,它不仅包含如何提升继承人的传承能力,也包含传承双方角色的阶段性调整,越早将传承人计划提到日程上越有利于家族企业传承。

2.提升意愿

意愿既包含继承人继承家族企业的意愿,也包含传承者放手企业的意愿。继承人具备较高的意愿才会主动学习知识,虚心求教经验。要想提升继承意愿,传承者与继承人应增进交流,阐述各自的想法,传承者应尊重继承人关于构建新企业的观点。在工作交流时,传承者应转换思维,以平等的角色探讨问题和交流思想,适度放手培养继承人独当一面的能力。继承人应理解父辈的观念,认识到自己与生俱来肩负着的家族企业延续和发展重任,勇于承担这个使命和主动接受这份责任。

3.改善关系质量,提升信任程度

传承者与继承人应增加沟通频率和沟通深度,彼此坦诚相见,交流看法。传承者应摒弃对继承人"饭来张口,衣来伸手""能力不足"的观点,正确评估子女能力和态度,为子女继承企业做好导师角色。继承人作为子辈,应更主动地与父辈沟通,让父辈了解自身兴趣、观点、能力,同时树立开放和接纳的心态,尊重父辈,从积极正面的角度聆听父辈的经验教诲,找寻双方的共同点,并以此为基点相互接纳和融合,提升关系质量。

4.增强知识转化能力

知识能力包含两个方面,一方面是继承人应提升知识吸收转化能力,不仅要尽可能地学习更多的经验知识,还要做到活学活用,举一反三。代际传承过程中继承人应结合企业实际状况,合理做出反应,使自己和企业相互适应、相互匹配,主动学习企业管理知识,向父辈虚心求教学习经验,参加外部培训,增强知识转化能力。另一方面是传承人应当适应新趋势、新状况,积极学习新理论知识,了解新生代理念,结合自身经验对继承人工作给予指导。

三、结论

家族企业代际传承是复杂且长期的知识传递过程,不仅需要长期的接班人计划作为基础,还须适时调整个体和家族因素以推进接班计划。只有长期与短期、宏观与微观同时着手,才能完成家族企业代际传承这个任重而道远的任务。

参考文献

[1] DROZDOW N. What Is Continuity[J]. Family Business Review,1998,11 (4):337—347.

[2] 窦军生,贾生华. 家业何以长青?——企业家个体层面家族企业代际传承要素的识别[J]. 管理世界.2008 (9):105—117.

[3] HURGRON M,EVANS R E. The Impact of Timing and Mode of Entry on Successor Development and Successful Succession[J]. Family Business Review,1991 (3):221—236.

[4] CABRERA-SUÁREZ K, DESAA-PEREZ P, GARELRA-ALMEIDA D. The Succession Process from A Resource and Knowledge-Based View of The Family Firm [J]. Family Business Review,2001,14(1):37—47.

[5] DIXON N M. Common Knowledge:How Companies Thrive by Sharing What They Know [M]. Boston:Harvard Business School Press,2000.

[6] SZULANSKI G. Exploring Internal Stickiness:Impediments to The Transfer of Best Practice Within The Firm [J]. Strategic Management Journal,1996,17 (1):27—43.

[7] ANDRESON J C,NARUS J A. Model of Distributor Firm and Manufacturer Firm Working Partnerships[J]. Journal of Marketing,1990,54(1):42—58.

[8] 张莉,和金生,隐性知识显性化研究[J]. 中国农机化,2009(6):98—100.

[9] MARY P D. Psychology of Learning for Instruction:A Pearson Education Company[J]. 2000 (5):767—769.

社会资本、动态能力与代工企业成长的关系研究综述

何桂芳

（浙江工商大学工商管理学院，浙江杭州，310018）

摘　要： 我国代工企业凭借劳动力、成本等自身要素禀赋在全球生产网络中占据一席之地，并通过嵌入全球价值链获得企业的成长。世界经济形势的转变对本土代工企业提出了更高的挑战，本土代工企业须改变传统的发展模式，培育自身的竞争优势。企业外部社会网络的社会资本有助于企业获取资源，推动代工企业成长。本文从社会资本和动态能力角度研究代工企业社会资本对企业成长的作用机制，梳理文献为进一步研究打下基础。

关键词： 代工企业　社会资本　动态能力　企业成长

一、引言

改革开放以来，我国政府在比较优势理论的指导下，充分发挥中国的劳动力优势、政策优势、区位优势和成本优势，为外商在国内投资创造了良好的政策环境，这也为我国中小制造企业积极参与国际分工、承接国际品牌代工制造业务提供了发展机遇，并通过一系列成本优势奠定了"世界加工厂"的地位。然而金融危机后，欧美发达国家重新认识到制造业的价值，提出了"再工业化"战略，纷纷在国内建立全新的工业体系，发展现代制造业，这对于长期依赖跨国公司转移订单为主营业务的代工企业有着极大的冲击。同时，国内劳动力及原材料价格持续攀升，使得代工企业逐渐丧失低成本优势。国内外经济形势的变化让代工企业的经营环境更加复杂和不确定。面对愈加激烈的外部竞争，代工企业仅仅依靠内部资金、技术、人才等资源是远远不够的，还须不断提高快速应对环境变化的能力，这样才能实现企业的持续成长。

二、代工企业成长的研究

对于代工的概念界定，Walkeer 等认为，代工是介于市场和企业之间的契约安排，受托企业依据品牌所有企业的规格、品质等要求代为品牌所有企业制造产品。[1]邱震忠进一步拓展了代工的定义，将设计领域纳入代工的范畴，认为原厂商和受托厂商在互惠互利的基础上，受托方根据合同提供包括研发、设计开发、生产制造、产品组装、配销、维修等一整套的解决方案，以增进合作整体的附加值并达到彼此的营利目标。[2]卢锋认为，代工是指制造企业承接发达国家品牌商的订单，按照其在产品设计上的要求自行生产，或者将生产过程分解为不同环节，再分包给不同企业，待产品完成后加贴企业品牌出售。[3]代工企业通过承接品牌商制造外包业务进行加工制造，品牌企业是发包商，代工企业是接包商。

学界关于代工企业升级成长有两种主流观点。一是，Amsden 认为，代工企业升级的最佳路径是由简单的加工制造到研发设计，最终实现建立自主品牌的目的，以自有品牌直接出售。[4]代工企业成长的过程是代工企业建立自主品牌的过程。二是，Humphrey 等则认为，代工企业存在四个依次发生的升级过程，通过流程升级、产品升级、功能升级和链升级实现企业能力由低级向高级转变的过程，在不同的成长阶段，代工企业的活动内容也有所不同。[5]一般情况下，代工企业会从流程升级开始，逐次向产品升级、功能升级、链升级发展，但也有学者研究认为，中国代工企业升级中出现了多重锁定效应，代工企业参与全球垂直化分工虽然有助于产品升级或工艺流程升级，但是对功能升级产生了"锁定"效应。[6]陶锋从全球价值链知识溢出角度研究了电子信息代工制造企业成长的机会，并指出价值链创新示范、信息管理效率和价值链知识交融对代工企业升级的影响。[7]马海燕等认为，企业升级在企业规模扩大的基础上更加强调了企业技术水平从简单到复杂和产品附加值从低到高的转变。[8]代工企业成长是代工企业在协调内外部环境过程中，企业规模由小到大、组织结构由不完善到完善、业务模式由低端趋向高端的动态过程，这一过程当中不但包括量的扩张还蕴含了质的提高。

三、社会资本的研究

法国社会学家布尔迪厄认为，社会资本是个人或群体累积形成的实际或虚拟的社会资源的总和，源于网络的建立、维持和资源交换（如从事社交活动，寻找、维持共同的嗜好等），以便于某种形式的地位提升，[9]这也是学界最早对社会资本概念进行的系统阐述。学者们对于企业社会资本概念的界定主要基于三种：资源观、能力观和网络观。从资源观的角度看，企业社会资本是从个体或组织层面所拥有的关系网络中产生的能为企业带来实际或潜在收益的资源。这种资源内嵌于企业各种社会关系网络中,通过社会结构不断扩展网络成员的数量与关系,有利于实现企业的经营目标。[10−13]从能力观的角度看,企业社会资本是指为实现组织目标,组织内部成员之间及组织之间基于信任和规范基础建立的各种社会关系网络,通过社会关系网络获取企业所需资源的能力。[14−16]从网络观的角度看,企业社会资本是由企业内外部各种规范、价值、偏好等特性构成的社会网络,是企业与外界各种组织构成的为企业带来实际或潜在收益的各种关系网络的总和,是企业拥有的能为其带来有价值的资源的内外部所有非正式关系的综合。[17]

关于社会资本对企业成长的研究主要集中在社会资本对技术创新及绩效等问题上。Kaasa研究社会资本与区域创新时发现,不同维度的社会资本对区域创新的影响也有所不同,其中公民参与维度对创新绩效的影响最为显著,其次是制度信任、一般信任和网络作用,而互助、准则和实际社会参与对创新绩效的影响不显著。[18]Kuo结合社会资本理论、知识观和创新理论构建了企业间联系和突破性创新间关系的研究框架,并通过实证研究证明了企业间的强联系对企业突破性创新没有显著的作用,而社会资本与隐性知识的交互作用对企业突破性创新的作用显著。[19]韦影从知识吸收能力出发分析了企业的社会资本对技术创新的影响,研究表明,企业社会资本的结构、认知和关系维度对企业技术创新绩效都有着显著的影响。[20]陈金波对企业不同类型的关系资本与企业技术创新的关系进行了研究,结果表明,企业产学研合作、供应链上下游社会资本及知识产权中介机构这三类关系资本对企业技术创新有显著的影响,而企业与政府及与金融机构的关系资本则对企业的技术创新没有显著的促进作用。[21]吕淑丽实证研究了企业内部社会资本与企业技术创新绩效的关系,并得到结论,不同维度企业家的社会资本对企业技术创新绩效的作用也有所不同,其影响程度依次是企业家社会资本的认知维、结构维和关系维。[22]林筠等实证研究了制造业社会资本对企业技术创新绩效的影响机制,研究表明,结构社会资本对企业自主创新能力有显著直接的正向影响,且结构社会资本通过企业间合作对企业的合作创新能力发挥作用,认知社会资本则对企业自主创新能力起间接影响。[23]范钧对企业的社会资本与中小企业创新绩效的关系进行了研究,结果表明,社会资本不直接作用于中小企业创新绩效,其结构维、关系维及认知维通过知识获取对中小企业的创新绩效起作用。[24]

四、动态能力研究综述

动态能力的概念最初由Teece等在文献中提出,[25]1997年Teece再次撰文对动态能力理论做了进一步阐述,认为动态能力是在外部环境快速变化的情况下整合和重新配置企业内外部资源的能力,其揭示了企业处于给定的市场定位和路径依赖的情况下获得核心竞争优势的能力。[26]对于动态能力的理解应从"动态"和"能力"两个方面进行理解,"动态"从企业的外部环境出发,重点强调企业适应外部环境、顺应外部环境变化的适应性和变化性;"能力"从企业的内部出发,突出企业内部整合、重构资源的能力。动态能力包含了适应外部环境变化和整合内部资源两方面内容。不同学者从不同的视角对动态能力的阐述不尽相同,对其内涵还存在分歧,但总体而言,已有研究都认同动态能力是企业面对外部环境变化做出适应和调整的能力,其内涵强调了企业与外部环境保持一致性的能力,企业通过重新整合内外部资源从而有能力应对环境变化。基于学者们对于动态能力概念的界定,本文认为,代工企业动态能力是指代工企业通过整合、建立和重构企业内外部资源以适应外部环境变化的能力,通过培育代工企业能够开发的动态能力并维持代工企业持续的竞争优势。

对于动态能力的形成机制,学者们的观点包含四个方面,分别从企业战略角度、组织学习角度、组织情境角度及企业或企业家的资源积累角度出发。[27]Rotha-ermel等以全球制药企业为例,研究了企业战略结构对动态能力的作用,研究结果表明,企业的人力资源战略显著促进了动态能力的成长,而企业与其他组织形成的技术战略联盟则对动态能力的影响不明显。[28]Teece提出动态能力概念时就对组织学习的驱动作用加以描述,其为通过改变组织流程促进企业动态能力的生成及演变。[26]Omar等则通过实证研究发现,组织学习是企业动态能力培育的核心驱动力之一,当政府对企业支持政策力度越大时,组织学习对于促进动态能力构建的作用就越大。[29]Danneels以组织情境为切入点研究了动态能力的驱动因素,并通过实证研究发现,组织在存在撤资意愿、建设性冲突等情境时能促进企业动态能力的发展。[30]Prieto等研究组织情境对动态能力形成机制的影响时,从知识观的角度出发,将其定义为知识创造能力、知识整合能力和知识重构能力,实证结果显示,组织自治和管理者的支持这两种组织情境驱动着动态能力的形成,而严苛的绩效管理会阻碍动态能力的形成。[31]

关于动态能力与企业成长的关系,学者们基于不同的理论基础有着不同的看法。一种观点认为动态能力构成了企业持续竞争优势,Wiklund通过实证研究说明知识资源有利于企业获得持续的竞争优势;[32]另一种观点则认为动态能力对于企业成长的作用有限,其本身并不构成企业竞争优势的来源,企业成长绩效及竞争优势依赖于受动态能力影响重新调整原有资源后形成的新的资源配置结构。[33]尽管有着不同的认识,但这两种观点并不矛盾,动态能力最为重要的特性是其能重新调整、配置企业资源及结构,它能为企业构筑竞争优势打好基础。学者们都认同动态能力与企业成长的正向促进关系,但动态能力的作用机制尚未全面揭示。陈应龙等认为,在外部环境相对稳定或者持续时间不长的情况下,企业成长的基础在于企业已有的资源、能力及其构成,而在外部变化相对频繁或长期的环境下,动态能力形成了企业可持续发展的根基。[34]刘井建通过对动态能力与新创企业绩效的实证研究,证实了动态能力突破了资源基础观静态分析的不足,更强调资源动态整合的过程,这对新创企业成长有着显著的推动作用。[35]蒋丽等通过实证研究发现动态能力对企业不同发展阶段的创新创业绩效的作用有所不同,由吸收整合能力、创新能力构成的动态能力对于新创企业有着积极的作用,而对处于成熟期的企业则没有明显的预测作用。[36]霍彬通过分析企业成长与动态能力的关系,认为企业在不同的成长阶段则需要的动态能力有所不同,处于起步阶段的企业其所需的动态能力主要为企业家能力和企业技术创新能力,在快速成长阶段的企业需要更多的动态能力为组织协调能力和资源整合能力,而在再成长阶段需要学习和创新能力、战略能力及变革能力,这几项能力构成了企业再成长的基石。[37]

五、研究述评

企业的成长动因不外乎企业外部所属的产业环境及企业内部资源能力,对于代工企业同样如此。学者们对于代工企业成长的研究基于价值链角度、组织学习角度及企业内外部资源角度,从企业社会资本出发的研究属于基于企业内外部资源角度的研究,将研究焦点聚集在企业从外部社会网络中获取的资源,这不同于价值链视角下的研究企业成长问题。因为价值链视角更多的是从全球价值链或者国家价值链位势这个角度研究代工企业的升级成长,其重点在于网络位势的变化、沿着价值链不断攀升的过程。而企业资源角度则是重点强调企业通过各种途径获得的资源,通过资源和能力积累来提高竞争优势。

随着社会资本理论的发展,学者们对于社会资本的各个角度都有关注,关于社会资本对于企业绩效的作用属于社会资本研究的一个方面。尽管有学者将研究的视角聚焦在企业社会资本的消极作用上,但目前大多数学者关注的仍然是社会资本对于企业经营绩效方面的积极作用。同样,动态能力概念自提出后便受到学界的广泛关注,作为企业内生能力的一种,其反映在企业对外部环境变化的感知和响应程度上,这种能力对于企业成长的作用不言而喻,但关于动态能力仍有许多方面的争议,例如动态能力概念及其内涵的具体界定,对动态能力如何划分、如何测量等。对于动态能力与企业成长之间的关系,学者们的研究主要分两大类:以动态能力作为自变量考察其对企业成长的直接或间接作用;将动态能力作为中介变量考察其内在作用机制。总而言之,学界观点的不统一也就为后续的研究打开了缺口,也为本文后续的研究奠定了基础。

参考文献

[1] WALKEER A, KWONG W C. The Relationship Between Construction Project Management Theory and Transaction Cost Ecomocics[J]. Engineering Construction and Architectural Management,1999,6(2):166—176.

[2] 邱震忠. 我国行动电话制造商代工策略及行为之初探[D]. 台北:元智大学,1999.

[3] 卢锋. 产品内分工[J]. 经济学:季刊,2004(10):55—82.

[4] AMSDEN A H. Asia's Next Giant:How Korea Competes in The World Economy[J]. Technology Review,1989,92(4):46—53.

[5] HUMPHREY J, SCHMITZ H. Governance and Upgrading:Linking Industrial Cluster and Global Value Chain[R]. IDS Working Paper 120, Brighton:Institute of Development Studies, 2000.

[6] 孙景蔚,李淑锦. 全球垂直专业化分工对我国的产业升级效应分析[J]. 生产力研究,2008 (22):123—126.

[7] 陶锋. 吸收能力、价值链类型与创新绩效——基于国际代工联盟知识溢出的视角[J]. 中国工业经济,2011(1):140—150.

[8] 马海燕,马子坤. 全球价值链治理、组织学习与代工企业升级关系研究[J]. 科技进步与对策,2010(21):91—95.

[9] BOURDIEU P. The Forms of Capital, in Richardson,John G. (Ed.). Handbook of Theory and Research for The Sociology of Education[M]. Westport:CT:Greenwood Press, 1986.

[10] NAHAPIET J, GHOSHAL S. Social Capital, Intellectual Capital and The Organizational Advantage[J]. Academy of Management Review,1998,23(2):242—266.

[11] BAKER W. Market Networks and Corporate Behavior[J]. American Journal of Sociology, 1990(96):589—625.

[12] 周小虎,陈传明. 企业社会资本与持续竞争优势[J]. 中国工业经济,2004(5):90—96.

[13] 韦影. 企业社会资本对技术创新绩效的影响[D]. 杭州:浙江大学,2005.

[14] 边燕杰,丘海雄.企业的社会资本及其功效[J]. 中国社会科学,2000(2):87—99.

[15] YLI-RENKO H, AUTIO E, SAPIENZA H. Social Capital Knowledge Acquisition and Knowledge Exploitation in Young Technology-Based Firms[J]. Strategic Management Journal,2001,22:587—613.

[16] 张方华. 企业的社会资本和技术创新——技术创新理论研究的新视野[J]. 自然辩证法通讯,2003,25(6):55—61.

[17] 刘松博. 对社会资本和企业社会资本概念的再界定[J]. 安徽大学学报:哲学社会科学版,2007,31(6):81—86.

[18] KAASA A. Effects of Different Dimensions of Social Capital on Innovative Activity: Evidence from Europe at The Regional Level[J]. Technovation,2009(29):218—233.

[19] KUO-CHUNG C. External Social Capital and Information Systems Development Team

Flexibility[J]. Information and Software Technology,2011,53:592—600.

[20] 韦影. 企业社会资本与技术创新:基于吸收能力的实证研究[J]. 中国工业经济,2007(9):119—127.

[21] 陈金波. 企业社会资本与技术创新——对河南省 249 户重点企业的实证研究[J].经济经纬,2010,3:96—100.

[22] 吕淑丽.企业家社会资本对技术创新绩效的影响[J]. 情报杂志,2010(5):107—112.

[23] 林筠,刘伟,李随成.企业社会资本对技术创新能力影响的实证研究[J]. 科研管理,2011,32(1):35—44.

[24] 范钧. 社会资本对 KIBS 中小企业客户知识获取和创新绩效的影响研究[J]. 软科学,2011(1):85—90.

[25] TEECE D J, PISANO G. The Dynamic Capabilities of Firms: An Introduction[J]. Industrial and Corporate Change,1994,3(3):537—556.

[26] TEECE D J, PISANO G. Dynamic Capabilities and Strategic Management[J]. Strategic Management Journal,1997,18(7):509—533.

[27] 冯军政.环境动荡性、动态能力对企业不连续创新的影响作用研究[D]. 杭州:浙江大学,2012:85—86.

[28] ROTHAERMEL F T,HESS A M. Building Dynamic Capabilities:Inovation Driven by Individual, Firm and Network-Level Effects[J]. Organization Science,2007,18(6):898—921.

[29] OMAR R M,MASAAKI K. Dynamic Capabilities,Government Policies and Performance in Firms from Emerging Economies: Evidence from India and Pakistan [J]. Journal of Management Studies,2009,46(3):421—450.

[30] DANNEELS E. Organizational Antecedents of Second-Order Competences[J]. Strategic Management Journal,2002,29(5):519—543.

[31] ISABEL M P,ELENA R. Building Dynamic Capabilities in Product Development :How do Contextual Antecedents Matter [J]. Scandinavian Journal of Management, 2009, 25:313—326.

[32] WIKLUND S. Knowledge-based Resources, Entrepreneurial Orientation, and the Performance of Small and Medium-sized Businesses[J]. Strategic Management Journal,2003(24):1307—1314.

[33] EISENHARDT K M, MARTIN J A. Dynamic Capabilities: What Are They? [J]. Strategic Management Journal,2000(21): 1105—1121.

[34] 陈应龙,李大元. 动态能力视角下中小企业持续成长的机制研究[J]. 东岳论丛,2013(7):176—179.

[35] 刘井建. 动态能力与新创企业绩效的关系实证研究[J]. 中国科技论坛,2011(9):67—73.

[36] 蒋丽,蒋勤峰,田晓明. 动态能力与创业绩效的关系:新创企业与成熟企业的对比[J]. 苏州大学学报:哲学社会科学版,2013(4):120—125.

[37] 霍彬. 企业成长与动态能力的关系研究[J]. 商业时代,2013(11):99—101.

中小企业创新绩效与知识产权管理关系研究

——以浙江省为例

郑 贤

(浙江工商大学工商管理学院,浙江杭州,310018)

摘 要:在大数据时代,创新能力的竞争是企业间的竞争关键,而知识产权对于任何企业来说,都是一种不可替代的无形资产,且日显重要。不得不说,企业创新绩效与知识产权管理的关系研究实属必要。本文通过对国内外的文献查阅,提出创新绩效与知识产权管理关系的理论假设与概念模型,通过问卷调查和对调查数据的统计分析,研究企业创新绩效与知识产权管理的关系。研究结果表明,企业创新绩效与知识产权管理呈显著正相关关系,并提出企业基于提高创新绩效完善知识产权管理水平的建议。

关键词:中小企业 知识产权管理 创新绩效

一、引言

大数据来临的时代,诸多企业的竞争早已从生产力的竞争转变到自主创新能力的较量。自主创新方面展现的优势,才能使其拥有更加广阔的生存发展空间及赖以生存的资本。同时,从国家知识产权局出台的《关于进一步提升专利申请质量的若干意见》不难发现,随着我国专利申请数量的快速稳定增长,企业拥有的专利质量已经成为衡量一个企业的自主创新能力和市场竞争力的重要标准。然而,我国拥有自主知识产权的中小微企业不多。国家知识产权局的数据表明,我国仅有1.1%的企业获得授权专利,其中仅0.17%的企业获得发明专利权。拥有自己商标的企业也只占40%,而且驰名商标极少,99%以上的中小微企业从来没有申请过专利。中小微企业的管理者知识产权意识淡薄,尤其是传统企业,他们的规模小、资金少、产品技术含量低、创新能力弱、研发投入少。同时,浙江省作为全国中小企业集中的主要省份,其原有的家庭管理的作坊模式已逐渐走向淘汰的边缘,如何通过自主创新能力加强其企业竞争能力,是尤为值得我们思考的问题。同时,在知识产权管理方面,浙江中小企业所做的尤为不足,因而,如何通过知识产权管理水平的提高推动自主创新能力的提升,显得尤为关键。

从学者们现有的观点中可以看到,企业自主创新能力受到知识产权管理正面作用是毋庸置疑的,但已有研究较少涉及企业自主创新绩效与知识产权管理各维度之间的相互影响。因此,本文尝试进行知识产权管理各维度对企业创新绩效影响程度的研究,探索企业创新绩效与知识产权管理的关系,这些对企业完善知识产权管理,提升创新能力是很有必要的。

二、理论假设与概念模型

(一)分析企业知识产权管理对创新绩效的影响

知识产权是因智力创造而被法律赋予权利的那一部分,是最宜于转变成现实生产力,也是最能造福于全人类的那一部分。正如美国管理大师彼得·德鲁克(Peter F. Drucker,1986)所认为的那样,在创造历史的创新中,以知识为基础的创新占有重要地位。Drucke(2006)认为,知识是企业唯一有意义的资源。Quin(1992)指出,企业竞争优势日益依赖于以知识为基础的无形资产。创新的根源在于知识,尤其是新知识的产生。Lester(1998)认为,知识成了人类最大的资产,掌握知识即掌握了财富。同时他还强调,在新经济体制下,唯有拥有创意才不致淹没于时代洪流中。因而,人们可以通过对知识产权的管理与协调来实现从知识到知识产权,再到现实的生产力的转变。同时,企业知识产权的经济社会功能中最主要的部分就是技术创新与知识产权不可分割的关系。本文通过对文献的研究发现,企业的知识产权管理活动中有四个维度可能对创新绩效有着一定的影响:(1)知识产权战略管理;(2)知识产权的研发和利用;(3)知识产权的日常管理;(4)知识产权的保护程度。下面对这四个维度之间的关系及其对企业创新绩效的影响进行理论分析并提出假设。

1. 知识产权战略管理对其他知识产权管理活动及创新绩效的影响

李迎波(2006)、徐建中(2008)、田群(2010)从战略管理的角度考察企业知识产权管理的绩效,将战略管理的思想运用到知识产权管理绩效的评价过程中,研究知识产权战略管理对知识产权管理的重要作用。Cohen 等(1990)提出在战略管理领域,知识产权吸收能力是企业评估、消化外部新知识并最终将其商业化应用的能力,就是企业根据自身的知识储备,识别并获取有价值的新信息,吸收并将这些新的信息运用于企业商业用途的一系列能力的集合,对于企业的创新绩效有突出作用。一个企业要想在未来对知识产权管理做长期发展的指导,就必须有针对知识产权管理的长期性和战略性的策略。本文对知识产权战略管理提出如下假设:

H1：知识产权战略管理对知识产权的日常管理有显著的正向影响；

H2：知识产权战略管理对知识产权的保护程度有显著的正向影响；

H3：知识产权战略管理对知识产权的研发和利用有显著的正向影响；

H4：知识产权战略管理对企业创新绩效有显著的正向影响。

2. 知识产权的日常管理对其他知识产权管理活动及创新绩效的影响

知识产权的日常管理水平在一定程度上影响着企业知识产权的研发和保护，它能给知识产权的研发提供激励，给知识产权的保护提供保障，同时它也是企业知识产权能够被很好运用以最终获取经济效益的重要保障。企业知识产权的日常管理水平，是影响企业绩效的一个重要因素。李迎波（2006）、田群（2010）、朱春华（2010）等都从知识产权的日常管理方面提出其对知识产权研发的影响，并提出相关改进措施，均认为它是知识产权管理的一个重要维度。本文对知识产权的日常管理提出如下假设：

H5：知识产权的日常管理对知识产权保护程度有显著的正向影响；

H6：知识产权的日常管理对知识产权的研发和利用有显著的正向影响；

H7：知识产权的日常管理对企业创新绩效有显著的正向影响。

3. 知识产权的保护程度对其他知识产权管理活动及创新绩效的影响

企业知识产权的保护程度用来衡量企业对自身所拥有的知识产权的保护能力和各项保护措施的完善程度，可作为测量企业知识产权管理水平的重要维度。企业对知识产权保护重要性的认识程度，知识产权纠纷案的数目及是否建立了有效的侵权防御措施等都能够充分展现出企业对知识产权的保护程度，从而反映出企业在现阶段的知识产权管理状况。田群（2010）、焦书浩等（2011）、罗蓉蓉（2011）均认为知识产权的保护程度属于评价知识产权管理水平的一个重要维度。本文对知识产权的保护提出如下假设：

H8：知识产权的保护程度对知识产权的研发和利用有显著的正向影响；

H9：知识产权的保护程度对企业创新绩效有显著的正向影响。

4. 知识产权的研发和利用对其他知识产权管理活动及创新绩效的影响

知识产权作为一种重要的无形资产要科学合理地得到研发和利用，以使企业的知识资源商品化。企业通过对获得的知识产权的运用来实现知识产权价值的增值，把知识产权转化为现实的生产力，并且进一步实现产业化，给企业带来经济效益。葛仁良和邵勇（2002）、赵英莉（2003）、杜晓君等（2004）、李迎波（2006）、朱春华（2010）等都从知识产权的研发和利用角度对企业的知识产权管理绩效进行评价，把它们作为知识产权管理的重要维度。本文对知识产权的研发和利用对企业创新绩效的影响提出如下假设：

H10：知识产权的研发和利用对企业创新绩效有显著的正向影响。

(二)路径分析,概念模型的建立

根据以上理论分析与假设,本文构建了如图1所示的研究模型。

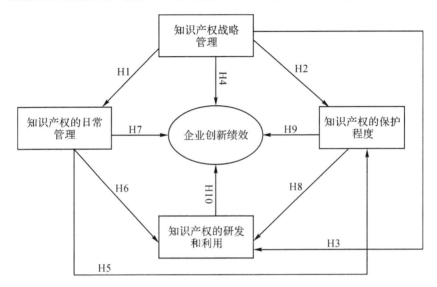

图1 研究路径模型

三、研究设计

根据文献研究和本文前述的研究假设和概念模型,确定问卷量表中须测量的变量包括知识产权战略管理、知识产权的研发和利用、知识产权的日常管理、知识产权的保护程度和企业创新绩效。本文主要通过以下方法获得各类变量的测量项目:(1)根据相关理论或文献研究结论分析所产生;(2)根据本文实施的小样本检验调查对量表进行优化。采用Likert五级量表的形式建立量表。本文在小样本调查的基础上进行了信度分析和效度分析,在对问卷进行完善后,又实施了较大规模的正式调查。

本文以浙江省中小企业为主要研究对象,对其领导和员工进行问卷调查,问卷采用匿名方式,由领导和员工分别独立完成,时间不限。本次调查采取小样本试调查和较大样本正式调查方法。小样本试调查中共发放问卷20份,回收问卷20份,其中有效问卷20,问卷有效率为100%。大样本正式调查共发放问卷120份,回收问卷120份,其中有效问卷112份,问卷有效率为93.33%。此外,以5位从事知识产权管理的高层管理者为调查对象,用层次分析法计算出各个评价指标的权重,详见表1和表2。

表1　知识产权管理活动的各因素指标及其权重

指标	主要影响因素	指标权重 W
知识产权战略管理 F1	知识产权战略的制订与实施及时	0.40
	知识产权战略实施的反馈与监控力度大	0.34
	知识产权战略在整体战略中的地位高	0.26
企业知识产权的研发和利用 F2	确定知识产权开发目标和策略	0.35
	知识产权研发经费投入比例高	0.31
	知识产权研发人员比例高	0.12
	知识产权实施率高	0.22
知识产权的日常管理 F3	知识产权管理部门设置合理	0.38
	知识产权管理规范完善	0.27
	知识产权信息管理系统完善	0.20
	企业组织知识产权的相关培训频率高	0.15
知识产权的保护程度 F4	专利、商标的申请率高	0.39
	知识产权纠纷立案率低	0.17
	知识产权侵权防御措施完善	0.44

表2　企业创新绩效的各因素指标及其权重

指标	主要影响因素	指标权重 W
企业创新绩效 F5	新产品销售额占总销售额的比重高	0.25
	年开发的新产品(项目)数多	0.23
	通过技术工艺创新而使劳动生产率提高	0.34
	新产品的利润率高	0.18

四、调研结果与分析

(一)研究结果

利用 SPSS 17.0,对调查结果进行相关性分析得到知识产权战略管理、知识产权的研发和利用、知识产权的日常管理、知识产权的保护程度与企业创新绩效之间的 t 统计量的显著性概率均小于 0.01,这就说明它们与企业创新绩效之间都有显著的相关关系;知识产权战略管理、知识产权的研发和利用、知识产权的日常管理、知识产权的保护程度之间的 t 统计量的显著性概率也均小于 0.01,说明它们各自之间也有显著的相关关系;并且所得到的相关系数在 0.693—0.841 之间,说明这些变量之间的相关程度是比较高的。在此基础上进一步地回归分析可以得出路径分析的结果,如表 3 所示。

表 3 路径分析结果

假设	路径		标准化回归系数 Beta	支持假设是否成立
	起始	到		
H1	知识产权战略管理	知识产权的日常管理	0.738**	是
H2	知识产权战略管理	知识产权的保护程度	0.181	否
H3	知识产权战略管理	知识产权的研发和利用	0.284*	是
H4	知识产权战略管理	企业创新绩效	0.245**	是
H5	知识产权的日常管理	知识产权保护程度	0.689**	是
H6	知识产权的日常管理	知识产权的研发和利用	0.467**	是
H7	知识产权的日常管理	企业创新绩效	0.121	否
H8	知识产权的保护程度	知识产权的研发和利用	0.235*	是
H9	知识产权的保护程度	企业创新绩效	0.249**	是
H10	知识产权的研发和利用	企业创新绩效	0.415**	是

根据以上路径分析结果,可以归纳出因果关系模型,如图 2 所示。

(二)研究结果讨论

本文通过理论分析和问卷调查研究,探讨了企业创新绩效与知识产权管理活动的四个关键因素之间的关系,现对本文的研究结果进行讨论。

1. 知识产权管理各维度的关系

(1)知识产权战略管理与其他知识产权管理活动的关系。

从相关分析来看,知识产权战略管理与知识产权的日常管理、知识产权的保护程度和知识产权的研发和利用在 0.01 水平上显著相关。通过路径分析,发现知识产权战略管理对知识产权的日常管理和知识产权的研发和利用具有显著的正向影响,但对知识产权的保护程度不具有显著的正向影响。说明企业知识产权战略的完善和实施,将有助于知识产权的日常管理和知识产权的研发和利用的效果,可以使知识产权管理活动得到更好地实施。

(2)知识产权的日常管理与其他知识产权管理活动的关系。

从相关分析来看,知识产权的日常管理与知识产权的保护程度和知识产权的

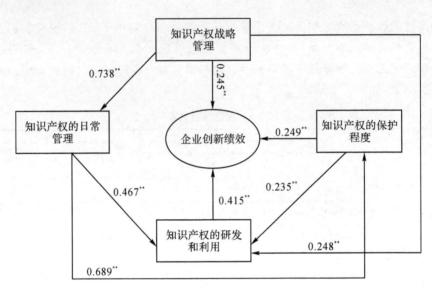

图2 因果关系模型(去掉不成立的假设)

研发和利用在0.01水平上显著相关。通过路径分析,发现知识产权的日常管理对知识产权的保护程度和知识产权的研发和利用具有显著的正向影响。说明企业知识产权日常管理的完善和有效实施,将有助于知识产权保护和知识产权的研发和利用的效果,可以使知识产权管理活动得到更好的实施。

(3)知识产权的保护程度与其他知识产权管理活动的关系。

从相关分析来看,知识产权的保护程度与知识产权的研发和利用在0.01水平上显著相关。通过路径分析,发现知识产权的保护程度对知识产权的研发和利用具有显著的正向影响。说明企业知识产权保护措施的实施和增强,能够使员工投入更大的热情进行研发工作,加大知识产权的研发和利用的效果。

2. 企业创新绩效与知识产权管理活动的关系

从相关分析来看,知识产权战略管理、知识产权的日常管理、知识产权的保护程度和知识产权的研发和利用与企业创新绩效在0.01水平上显著相关。通过路径分析,发现知识产权战略管理、知识产权的保护程度和知识产权的研发和利用对企业创新绩效具有显著的正向影响,但知识产权的日常管理对企业创新绩效不具有显著的正向影响。从以上的论述中可以得出,各维度对企业创新绩效的回归方程,即企业创新绩效=0.245×知识产权战略管理+0.415×知识产权的研发和利用+0.249×知识产权的保护程度。说明企业在进行知识产权管理活动时,对知识产权战略、知识产权的保护程度和知识产权的研发和利用的完善和实施,尤其是知识产权的研发和利用力度的加大,可以使企业创新绩效得到更好的提升。

五、基于提升企业创新绩效完善知识产权管理的建议

本文研究结果表明,企业知识产权管理活动的三个维度即知识产权战略管理、知识产权的保护程度和知识产权的研发和利用与企业创新绩效均呈显著的正相关。因此,可以通过提高知识产权管理水平来提高企业创新绩效的水平。本文从影响企业知识产权管理活动中的关键因素出发,建议在提高企业创新绩效水平的过程中注意以下几个方面:首先,企业应增强知识产权战略管理意识,针对自身的状况,制订切实可行的中长期知识产权发展规划和目标,从战略高度审视自身知识产权的开发与运营;其次,完善企业知识产权的保护措施,及时有效地申请专利和商标,建立侵权风险管理制度与预警机制,加大知识产权纠纷的公关力度,减少知识产权的立案率;再次,企业应该加大知识产权的研发和利用力度,制订明确的知识产权开发目标和策略,扩大研发资金投入,完善企业的激励机制,促进企业已有专利产业化,切实增加企业的创新绩效,从而增强经济效益。

参考文献

[1] ALEXANDER I,POLTORAK P J. Lcanat:Essentials of Intellectual Property[M]. New York:John Wiley&Sons. Inc,2002.

[2] COHEN W M,LEVINTHAL D A. Absorptive Capacity:A New Perspective on Learning and Innovation [J]. Administrative Science Quarterly, 1990,35: 128—152.

[3] SAMUEL R,ELIZABETH E. Intellectual Property:The Double-Edged Sword[J]. Long Range Planning,1995,1(28):22—31.

[4] 冯晓青. 企业知识产权战略 [M]. 第2版. 北京:知识产权出版社,2005.

[5] 郭振华. 知识产权管理事关中小企业存亡[N]. 经济参考报,2010-07-13.

[6] 黄勤南. 新编知识产权法教程[M]. 北京:法律出版社,2003.

[7] 焦书浩,李东,王飞,等. 加强知识产权管理提升企业自主创新能力[J]. 石油科技论坛,2011(6):9—10.

[8] 罗蓉蓉. 浅谈企业知识产权管理及策略[J]. 科技情报开发与经济,2011(12):98—101.

[9] 沈益玲. 知识产权管理对科技创新关系的研究[J]. 江苏科技信息,2010(9):14.

[10] 宋艳,邵云飞. 企业创新绩效影响因素的动态研究——以九洲电器集团公司创新实践为例[J]. 软科学,2009(4):88—92.

[11] 王岩云. 企业知识产权战略系统论[J]. 经济与管理,2005(10):83—86.

[12] 郑成思. 知识产权论[M]. 北京:法律出版社,2001.

[13] 周艳. 知识产权管理与提升企业核心竞争力[J]. 合作经济与管理,2011(6):27—28.

[14] 朱学冬,陈雅兰. 创新型企业创新绩效评价研究[J]. 中国科技论坛,2010(9):77—92.

舟山国际物流岛建设的影响因素研究

——基于主成分分析法[①]

潘叶萍

（浙江工商大学工商管理学院，浙江杭州，30018）

摘　要：本文从舟山国际物流岛的建设实际出发，在相关理论研究综述、典型港口城市国际商贸物流的发展现状和影响因素梳理的基础上，结合实地调研和问卷调查对建设舟山国际物流岛影响因素进行初步定位和筛选，运用主成分分析法确定影响因素，最终得出五类影响因素，即交通集疏运条件、政策和体制创新、信息资源整合能力、智力资源支撑水平、临港产业发展基础。据此，提出相关建设性意见。

关键词：港口物流　国际物流岛　影响因素　主成分分析法

一、引言

2010 年 5 月，《长江三角洲地区区域规划》第一次在国家层面上提出"浙江舟山海洋综合开发试验区"。国务院批复的《浙江海洋经济发展示范区规划》中，明确提出要加快舟山群岛开发开放，全力打造国际物流岛。浙江省"十二五"规划纲要中，对舟山海洋综合开发实验区建设单列一节，并指出要加快打造国际物流岛。浙江省"三位一体"港航物流服务战略中也明确，以宁波—舟山为核心，构建大宗商品交易平台、海陆联动集疏运网络、金融和信息支撑系统的"三位一体"港航物流服务体系。2012 年 2 月，根据国务院建设新区的三大定位和五大功能，舟山群岛新区

① 基金项目：国家自然科学基金面上项目"基于 GVC 和 NVC 双向嵌入的中国代工制造企业升级路径研究"（71173191）；教育部新世纪优秀人才支持计划项目"'双向嵌入观'与中国代工企业的升级"（NCET-11-1078）；浙江省社会科学界联合会研究课题"双重产业转移中的浙江代工企业成长机理与制度环境优化研究"（2013N128）。

项目来源：杭州市哲学社会科学常规性规划课题"双重产业转移中的浙江代工企业成长机制研究：杭州的实证"（B13GL06）。

正式提出打造国际物流岛。

可见,舟山国际物流岛的建设事关浙江海洋经济战略和海洋经济发展示范区建设的成败,从而分析影响其发展的因素具有重要的现实意义。

目前与国际物流岛相关的理论研究,主要集中在港口物流、保税物流和贸易等领域。不少学者对港口物流的发展模式、功能定位、供应链整合等方面进行了深入研究。如陈定㰆等提出,港口城市应突出港口集货、存货、配货特长,并以临港产业为基础,发展涵盖物流产业链所有环节的港口综合服务体系;[1]高鹏等提出,现代港口已成为各种运输方式的衔接点和多式联运物流服务中心。[2]在港口物流功能逐步显现的基础上,保税物流和贸易等得到了国内外学者的高度重视。如张耀光等认为,保税港区是我国目前在形式上最接近自由贸易港的政策模式的体现。[3]

然而,与一般港口物流不同,国际物流岛是融合了港口城市、自由贸易区、大宗商品交易物流等功能的"一枢纽三基地"的综合体。现有研究尽管涉及港口物流和保税物流等相关领域,但缺乏对国际物流岛发展的系统性研究,如构成体系、产业功能定位和建设影响因素等方面的研究甚少。本文将从内涵要求和战略定位出发,研究舟山国际物流岛建设的影响因素,并为其建设提供思考方向。

二、研究现状及发展经验

(一)研究现状分析

国内外关于港口物流的研究,主要集中于港口物流的定义[4]、港口物流规划与布局[5]、政策研究等方面,多为定性研究。对国际物流岛建设影响因素研究,大多从港口物流建设出发。国外相关研究大多认为,码头泊位、装卸运输设备、仓储设施、物流园区与物流中心、人才、信息化水平等是影响港口物流发展的主要原因。[6-9]

吴旗韬等在区域港口体系的研究中认为,影响港口物流发展的因素很多,具体可归纳为技术进步因素、区位因素、航运市场因素、政策和政治因素四类。[10]杨跃辉就海南洋浦港口而言,认为港口优势、区位优势、经济腹地广、政策优势、优越的自然环境是其发展港口物流的有利因素,而港口物流人才缺乏、基础设施建设有待进一步加强、竞争力不足是其发展港口物流的制约因素。另外,进出口贸易、固定资产投资、集疏运系统水平、港口泊位基础设施、产业发展等是影响港口物流发展的主要因素。[11]孙艺轩等指出信息化、人才、政策保障、自由港政策等都是建设大宗商品交易平台的重要影响因素。[12]本文在现有国内外关于港口物流发展影响因素研究总结的基础上进行分析,以期为舟山建设国际物流岛影响因素的识别与提炼提供新的方向和思路。

(二)典型港口城市发展经验

本文通过文献阅读及资料查阅,对国内外典型港口城市商贸物流发展现状、经验,及其建设的因素进行分析和总结,为舟山建设国际物流岛提供借鉴。以下就伦敦、纽约、中国香港、鹿特丹、新加坡、上海六个港口城市进行梳理,具体如表1所示。

表1　典型港口城市物流发展现状和影响因素

	发展现状	影响因素
伦敦	①航运及其相关产业结构全面服务化;②伦敦国际金融中心地位突出;③全球重要的海运经营管理中心;④全球性海运知识与创新中心	港口码头条件、船务公司集聚、国际货代集聚、金融机构集聚、国际货代集聚水平、国际通关便捷程度
纽约	①国际货物运输发达;②全球海运生产要素配置中心之一;③国际贸易中心;④全球主要的海运信息枢纽之一;⑤海运知识与人力资源培养中心	金融衍生产品、贸易商集聚、人才培养体系、人才引进政策、国际货代集聚水平、国际通关便捷程度
中国香港	①全球港口集装箱吞吐量居首位;②实行自由港政策;③服务产业发达	国际货代集聚、船务公司集聚、自由贸易港区设立政策、国际通关便捷
鹿特丹	①便捷的集疏运条件;②鹿特丹港是货物的"增值中心";③世界三大炼油基地之一	港口码头条件、公路集疏运条件、水路集疏运条件、铁路集疏运条件、物流信息平台建设、临港产业发展规模
新加坡	①集装箱吞吐量居世界第一;②拥有先进的物流信息技术平台;③实行自由港政策	自由贸易港区设立政策、国际通关便捷、临港产业发展规模、物流信息平台建设
上海	①货物吞吐量居世界第一;②拥有先进的物流信息技术平台	政府政策支持、财政补助政策、金融支持、税收优惠支持、国际通关便捷、物流信息平台建设

资料来源:本文整理。

三、国际物流岛建设影响因素分析

(一)影响因素的初步筛选

通过对国内外相关文献的总结,以及对典型港口城市物流业发展现状与影响因素的梳理,本文将影响舟山国际物流岛建设的因素定位为对舟山国际物流岛建设起到推动和促进作用的人才、政策、信息、设施、金融、产业、商务等要素。根据初步调研和问卷统计,本文确定了可能影响舟山建设国际物流岛的29个初步因素。

为确保因素构成体系的完整性和有效性，对样本问卷进行变异系数分析，剔除标准变异系数在 0.25 以下的因素。同时，通过因素相关性分析，剔除相关系数偏高的因素，得到表 2。

表 2　影响舟山建设国际物流岛的因素初选

序号	因　素	序号	因　素	序号	因　素
X_1	港口码头条件	X_{11}	仓储设施条件	X_{21}	国际货代集聚水平
X_2	公路集疏运条件	X_{12}	物流园区建设水平	X_{22}	国际通关便捷程度
X_3	水路集疏运条件	X_{13}	铁路集疏运条件	X_{23}	自由贸易港区设立政策
X_4	船务公司集聚水平	X_{14}	贸易商集聚水平	X_{24}	物流商集聚水平
X_5	金融机构集聚水平	X_{15}	临港产业发展规模	X_{25}	人才培养体系
X_6	金融衍生产品体系	X_{16}	腹地经济发展水平	X_{26}	物流信息平台建设
X_7	物流用地扶持政策	X_{17}	流通配套加工能力	X_{27}	税收扶持政策
X_8	工商注册登记制度	X_{18}	财政补助政策	X_{28}	城市宜居环境
X_9	居住管理	X_{19}	贸易扶持政策	X_{29}	大宗商品交易平台
X_{10}	进出口管理制度	X_{20}	人才引进政策		

（二）基于主成分分析的影响因素选择

主成分分析法（Principal Component Analysis）是一种数学变换的方法，主要是利用降维的思想，把给定的一组相关变量通过线性变换转成另一组不相关的变量。

本文针对 29 个初步筛选的情境因素，利用 matlab 软件，调用主成分 princomp 函数，进行统计分析。分析结果中抽样适度测定值与巴特尼特法圆形检验值（KMO and Bartlett's Test）分别为 0.827 和 419.2，显著性水平 $P < 0.001$，表明样本数据可以进行主成分分析，且效果比较好。通过主成分分析，进一步得到表 3 和表 4。其中，提取的 5 个公因子，其累计方差贡献率可以达到 93.1%，基本能反映原 29 个因子的信息。

表 3　解释的总方差分析

因　子	提取的平方和		
	特征值	方差贡献%	累计方差贡献率%
1	35.271	0.361	0.361
2	22.276	0.228	0.589

因　子	提取的平方和		
	特征值	方差贡献%	累计方差贡献率%
3	16.902	0.173	0.762
4	9.281	0.095	0.857
5	7.229	0.074	0.931

表 4　旋转后的因子负荷矩阵表整理

因素指标	公因子				
	1	2	3	4	5
X_1	0.932	0.167	0.309	0.208	0.402
X_2	0.895	0.311	−0.049	0.119	0.201
X_3	0.836	0.495	0.109	−0.069	0.111
X_4	0.101	0.227	0.402	0.911	−0.029
X_5	0.092	0.508	0.276	0.885	0.366
X_6	0.281	0.086	−0.124	0.072	0.248
X_7	0.117	0.821	0.279	0.482	−0.071
X_8	0.069	0.937	0.418	−0.067	0.373
X_9	0.224	0.903	0.335	0.268	0.281
X_{10}	0.196	0.971	−0.273	0.307	0.047
X_{11}	0.903	0.091	0.306	0.051	−0.105
X_{12}	0.941	0.189	0.292	0.191	0.343
X_{13}	0.878	0.407	−0.097	0.403	0.521
X_{14}	0.077	−0.313	0.421	0.882	0.195
X_{15}	0.422	0.427	−0.207	0.299	0.845
X_{16}	0.189	0.118	0.397	−0.144	0.952
X_{17}	0.338	0.513	−0.024	0.205	0.869
X_{18}	−0.079	0.807	0.216	0.331	0.063
X_{19}	0.409	0.867	0.266	−0.078	0.316
X_{20}	0.267	0.447	0.947	0.249	0.446

续 表

因素指标	公因子				
	1	2	3	4	5
X_{21}	0.411	0.102	0.159	0.277	0.799
X_{22}	0.923	0.179	0.425	−0.088	0.525
X_{23}	0.229	0.792	0.332	0.294	−0.085
X_{24}	0.164	0.308	0.112	0.221	0.906
X_{25}	0.256	−0.082	0.952	0.524	0.505
X_{26}	−0.419	0.283	0.021	0.872	0.447
X_{27}	0.083	0.857	−0.331	0.118	−0.205
X_{28}	0.129	0.225	0.875	−0.429	0.173
X_{29}	−0.328	0.409	0.082	0.769	0.374

(三)影响因素的构成分析

根据表4所述,将支持舟山国际物流岛建设的影响因素定义为以下五大类公因子。

第一,交通集疏运条件。随着舟山新区交通流量的不断加剧、不通铁路的软肋及大量物资的集聚,物流岛的建设须加大交通疏运工程的投入,建设相关配套仓储、物流园区等。因此,该因子包括舟山群岛新区公路、水路、铁路的对外集疏运条件,以及港口码头、仓储设施、物流园区等现代商贸物流产业基础设施运行条件。

第二,政策和体制创新。在国家给予政策优惠的基础上,地方政府在把握好经济局势的基础上,用好、用足政策资源,以实现政策制度的创新。具体包括物流用地扶持政策、贸易扶持政策、财政补助政策、自有贸易港区设立政策等。

第三,智力资源支撑水平。人才资源是舟山国际物流岛建设的关键因素,如何实践人才的集聚,须提供有利于人才开发的人文环境、有利于人才发展的公平环境。为人力资源的开发提供支撑条件,主要指人才引进政策、人才培养体系、城市宜居环境等。

第四,信息资源整合能力。高容量的商务信息流动是国际物流岛的重要标志之一,只有信息流动才能实现更大的创新。因此,通过物流信息平台、大宗商品交易平台等的建设,实现国际物流信息的汇聚和流动,提高信息资源的整合能力。

第五,临港产业发展基础。指国际物流自身产业、物流配套产业的发展,如舟山本地国际物流产业发展、市场支撑、金融衍生产品体系的发展等。

四、总结及建议

通过主成分分析法,识别出交通集疏运条件、政策和体制创新、智力资源支撑水平、信息资源整合能力和临港产业发展基础五大类影响因子。据此,提出如下建议:

(1)加快构建高效、便捷的综合交通集疏运体系。

虽然舟山已经建成大陆连岛工程,在陆路上并入了高速公路网,但随着交通流量的不断加剧及不通铁路的软肋的影响,整个新区对外交通显得相对薄弱和单一。同时,随着大量物资的集聚,须配套相应的仓储、物流园区等设施。

(2)物流企业扶持培育、自由贸易创新发展和高层次人才引进并重,全方位构建国际物流岛扶持政策体系。

首先,加强对舟山国际物流市场主体的引进与培育,加速提升舟山港口物流业的社会化、专业化和国际化水平;其次,积极推进舟山群岛区域自由贸易区政策体系建设,在向国家申报建设舟山保税港区的基础上,积极争取与国际物流岛发展相适应的"自由港政策";最后,通过富有竞争力的人才政策体系,加强物流技术创新和人才引进。

(3)立足港城一体化、功能国际化和服务全球化,搭建国际物流综合服务平台。

首先,港口与城市相互依存、共同发展,临港经济对舟山国际物流岛建设起着至关重要的作用;其次,积极搭建国际物流服务平台;最后,进一步优化舟山群岛区域的通关环境。

(4)以大宗商品为重点突破,努力建设"交易、金融、信息、物流四位一体"的大宗商品国际商贸物流服务平台。

首先,注重与上海国际航运中心建设相结合,充分发挥宁波—舟山港作为上海国际航运中心重要组成的作用,在港口物流基础上积极发展大宗商品交易,以期发挥其对周边地区的辐射作用;其次,与能源资源战略储备中心建设相结合,构建大宗商品交易中心;最后,与长三角制造业基地和现代服务业中心相结合,构建大宗商品国际商贸物流服务平台。

参考文献

[1] 陈定樑,乌根祥,沈文天.发展"宁波—舟山港"港口物流的思考[J].浙江海洋学院学报:自然科学版,2009,28(2):233—236.

[2] 高鹏,金淳,邓玲丽.港口多式联运系统衔接问题及建模方法综述[J].科技管理研究,2010,30(23):234—238.

[3] 张耀光,刘锴,刘桂春,等.中国保税港区的布局特征与发展战略[J].经济地理,2009,29

(12):1947—1951.

[4] 李增军.港口对所在城市及腹地经济发展促进作用分析[J].港口经济,2002(2):38—39.

[5] 俞晓晶.国际航运中心的集疏运体系[J].水运管理,2009,31(7):11—14.

[6] DE L P W. Clustering and Performance:The Case of Maritime Clustering In The Netherlands[J]. Maritime Policy & Management,2002,29(3).

[7] DONG-WOOK S, PHOTIS M. Panayides, A Conceptual Application of Cooperative Game Theory to Liner Shipping Strategic Alliances[J]. Maritime Policy & Management,2002,29(3),285—301.

[8] DING J F. Port Logistics and Economic Development in China, Journal of Shanghai Maritime University[J]. May,2004, 25(2).

[9] BERNAEDO P, GIL S. Supply Management:Form Purchasing to External Factory Management [J]. Production & Inventory Management,1996.

[10] 吴旗韬,张虹鸥,叶玉瑶,等.港口体系演化的影响因素及驱动机制分析[J].人文地理,2011(3):106—110.

[11] 杨跃辉.海南洋浦发展港口物流的影响因素分析[J].琼州学院学报,2009(6):18—19.

[12] 孙亿轩,尹传忠.舟山港打造大宗商品交易平台研究[J].物流技术,2013,32(2):100—102.

组织篇 ZU ZHI PIAN

商会会员之间信任模式、关系承诺与合作绩效研究

——以浙商协会为例[①]

潘文安　骆泽文

（浙江工商大学工商管理学院，浙江杭州，310018）

摘　要：本文通过问卷调查的方式探讨商会成员之间的信任模式、关系承诺与合作绩效之间的关系，主要研究结论有：(1)因企业信任所产生的个人信任明显高于因个人信任所产生的企业信任，显示会员合作的信任基础主要依赖于企业信任，而非个人信任；(2)通过关系承诺，企业信任对合作绩效的间接影响明显高于其直接影响，显示关系承诺是会员企业之间获取良好合作绩效的关键；(3)个人信任通过关系承诺对合作绩效的间接影响明显不及其直接影响，显示个人情感和品质在会员合作过程中的必要性；(4)企业信任对情感性承诺、个人信任对持续性承诺、情感性承诺对合作绩效均不存在显著性影响，显示会员之间的合作本质上是一种利益性合作，而非情感性合作。

关键词：商会成员　信任　承诺　合作绩效

一、引言

商会作为一种因地缘关系而建立的商人自治团体，不仅是会员之间交流和交往的场所，也是建立并获取社会关系资本的重要平台。因此，在商会团体中，会员之间的联盟合作非常普遍，诸如贷款互保、资金拆借、共同投资等，尤其在异地商会中，会员因所拥有的当地社会关系资源比较稀缺，依赖于同乡地缘关系所建立的合作更加普遍。在联盟合作过程中，彼此之间通常都强调信任和承诺，这不仅因为它们是合作的基础，更是获取良好绩效的必要条件。[1-2]会员之间的信任模式种类很

---

①　研究得到教育部人文社科基金(10YJA630112)和杭州银行的资助。

多,或基于会员企业的规模和声誉,或基于会员个人的品质、能力和情感。那么,在会员合作过程中,不同的信任模式之间存在怎样的关系呢? 它们对相互间的承诺质量和合作绩效会产生怎样的影响呢? 不同的承诺质量又会对会员之间的合作绩效产生怎样的影响呢? 对于这些问题,目前鲜有学者进行系统研究。鉴于此,本文以异地浙商协会部分会员企业为研究对象,通过实证分析来探讨信任模式、关系承诺与合作绩效之间的相互关系,期望为会员之间建立和发展稳定的合作关系、提升合作绩效提供必要的依据。

二、文献回顾和评价指标的选择

(一)信任模式

有关信任的定义很多,多数是基于行为主体对社会、组织或个人的可靠和善意所产生的一种期望。(Mayer,1995;Moorman 等,2009;Doney 等,2011)而学者们对于信任模式的划分往往因理解差异而不同。Garbarino 等以交易经济学为基础,认为信任模式主要包括过程信任、特质信任和制度信任;[3] Luhmann(2003)从社会学角度将信任模式分为个人信任和系统信任;Nyhan 参考 Zucker(1986)和 Luhmann(2003)的分类,将伙伴间的信任定义为因特殊交易关系而产生的小范围信任。[4]

在上述研究的基础上,本文将商会会员之间的信任模式分为企业信任与个人信任。其中,企业信任主要从企业声誉、企业规模和企业制度 3 个方面进行评价。企业声誉是指企业在社会上的名声和形象;企业规模是指公司的资产、销售收入和市场占有率;企业制度是指公司的各种规章和条例。对企业信任的评价共设 11 个题项。个人信任则以会员的能力、善良和正直 3 个方面作为评价构面。其中,能力是指具备经营能力、专业知识及良好的人际沟通技巧;善良是相信对方出于非利益观点来办事,即使没有监督仍按既定的契约完成交易;正直是指被信任者存在的某些理念,相信对方也能接受。对个人信任评价共设 13 个题项。

(二)关系承诺

从交易角度来看,关系承诺主要包括 3 个方面:经济性承诺、情感性承诺和持续性承诺。其中,经济性承诺通常被视为交易过程中的一种算计性行为,即权衡交易成本与收益的行为,它反映了成员之间的功利性动机,在实践中也已得到许多研究人员的认同;[5] Buchanan(1974) 认为,情感性承诺是建立在交易成员共同目标、情感性导向和共同价值观基础上的,并超越了单纯意义上的功利性价值,也有一些学者比如 Cooper 等认为,由于情感性承诺是指具有情感归属的顾客在维持关系时具有的一种持续性意愿,因而可能具有比那些仅关注物质利益的承诺更持久的效用;[6]持续性承诺表现了长期关系承诺的本质,在这种关系中,企业深深地融入关系中,关系也就具有持久性和长期性的本质。通过长期或者连续性承诺,诸如合作、降低机会主义行为等,增加企业绩效。

本文拟采用 Anderson(2004)的定义,同时借鉴 Cooper 等[6]人的评价层面,将关系承诺视为会员合作过程中,相互间愿意尽最大努力去维持双方的价值关系。对关系承诺拟从经济性承诺、情感性承诺和持续性承诺 3 个方面进行评价。其中,经济性承诺是指会员之间为了自身的利益而愿意尽最大努力去维持双方的价值关系,共设 5 个题项;情感性承诺是指会员间为了共同的价值观和情感归属而维持相互关系所做的努力,共设 4 个题项;持续性承诺是指会员追求长期共同目标和利益、减少机会主义所做的努力,共设 3 个题项。

(三)合作绩效

合作绩效是联盟之间合作结果的最终体现,它通常以客观产出指标来衡量,具体包括绝对指标和相对指标。[7]其中,绝对指标以客户满意度、成本等来衡量,相对指标则以目标达成度、利润率来衡量;也有绩效以短期指标和长期指标来进行评价,短期指标强调期间成本、收入和利润,而长期指标则着重于相互间稳定的关系和持续性价值最大化;[8]当然并不是所有的合作绩效都能量化的,由于成员间目的或合作形态不尽相同、成果价值难以评估及投入资源不同等原因,纯粹以客观产出指标来衡量颇为不妥,在这种情况下,加入适当的主观产出指标是必要的。

本文将合作绩效定义为随着会员合作关系的形成与发展,相互间愿意投入更多努力,以达成策略目标与获得综合效益,并认为建立此关系是值得及感到满意的,故有持续维持的意愿。本文拟用目标达成度、关系持续度及相互满意度来作为评价指标,共设 3 个题项。

三、基本假设

(一)企业信任与个人信任

一般认为,企业信任和个人信任是相辅相成的:一方面,良好的企业信任建立在企业声誉等基础上,而企业声誉等往往是依赖于一系列内生化的组织文化和管理制度的约束而形成的,这种内生化约束会对组织中个人的品质和行为产生积极影响,使之在组织活动中遵循规章制度;[9]另一方面,任何企业活动都是依靠个人来实现的,个人的品质、能力和行为表现会直接影响组织在交易过程中的市场声誉和社会形象,从而会直接影响企业信任。也有一些学者对此做了不少实证研究,如Baron 等认为,信任可以从较知名的群体转移至密切相连的不知名群体或个人,即可以依据企业规模、市场声誉及业务活动来判断企业领导或相关业务人员是否值得信任；[10]Das 等则从买卖关系的信任模式中发现，客户对销售人员的信任会影响其对公司的信任，即可以根据关键员工的个人品质或能力来判断企业的信任状况。[11]由此可以假设：

H1：商会成员之间对企业信任的程度愈高，则对个人信任的程度也会愈高；

H2：商会成员之间对个人信任的程度愈高，则对企业信任的程度也会愈高。

(二)信任模式与合作绩效

信任对合作绩效的影响是多方面的，首先，信任是会员之间获取合作信息的基础，会员可以根据信息变化对合作行为进行调整，以降低不确定性所带来的风险；[12]其次，信任可以降低会员合作过程中的交易成本和监督成本，减少不必要的费用支出，提高合作的财务绩效；[13]再次，信任是长期合作的必要条件，是维系长期共同投资和经营的关键保障；[14]最后，从合作的观点提出交易关系中的双方在拥有高度的信任后，将会专注在关系中的合作绩效，从而增加彼此的竞争力与减少交易成本。[15]由此可假设：

H3：商会成员之间对企业信任的程度愈高，则彼此的合作绩效也会愈高；

H4：商会成员之间对个人信任的程度愈高，则彼此的合作绩效也会愈高。

(三)信任模式与关系承诺

信任与承诺都是维系伙伴关系的关键要素，但信任是履行承诺的前提，承诺是信任的结果。[16]Morgan 等(1994)认为，信任是指目前对交易伙伴的信心，而承诺是指未来关系延续的意愿，为此信任关系的建立将有助于未来关系承诺的延续，因而信任程度的高低会影响关系承诺质量；Garbarino 等(1999)认为，伙伴之间的交易承诺是基于利益和情感的，但利益通常建立在组织信任的基础上，而情感则主要依附于个人信任；Carnevale(1998)认为，在联盟组织中，信任可以降低不确定性给个体所带来的伤害，增强个体对联盟组织的心理性归属，由此产生较高承诺的意愿。因此可以假设：

H5a：商会成员之间对企业信任的程度愈高，则经济性承诺的程度也会愈高。

H5b：商会成员之间对企业信任的程度愈高，则情感性承诺的程度也会愈高。

H5c：商会成员之间对企业信任的程度愈高，则持续性承诺的程度也会愈高。

H6a：商会成员之间对个人信任的程度愈高，则经济性承诺的程度也会愈高。

H6b：商会成员之间对个人信任的程度愈高，则情感性承诺的程度也会愈高。

H6c：商会成员之间对个人信任的程度愈高，则持续性承诺的程度也会愈高。

(四)关系承诺与合作绩效

Nyhan(2004)认为，在联盟合作过程中，承诺是联盟关系履行资源交换与行为合作的核心，因为信任与关系承诺会鼓励交易伙伴之间的合作；Ganesan(2006)认为,联盟成员之间的承诺,其本质是一种为了既定目标各自所做的付出,尽管这种付出可能包含多种模式,但它们均是联盟实现目标的重要因素;Mary(2007)认为,经济组织之间成功合作的关键是行为性承诺,离开行为性承诺,任何合作都是难以持续的。由此可假设:

H7a:商会成员之间经济性承诺的程度愈高,则彼此的合作绩效也会愈高。

H7b:商会成员之间情感性承诺的程度愈高,则彼此的合作绩效也会愈高。

H7c:商会成员之间持续性承诺的程度愈高,则彼此的合作绩效也会愈高。

根据上述假设,本文的基本构架如图1所示:

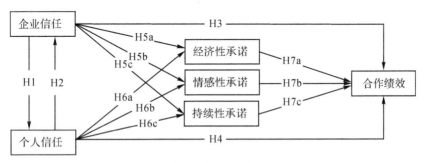

图1　研究框架

四、资料收集与分析

(一)资料收集

本文主要通过访谈和问卷调查获取资料,访谈和问卷调查的对象主要涉及武汉、西安、南京、合肥等异地浙商协会成员。这些地区浙商会员数量较为庞大,所从事的行业大多是传统行业,市场竞争激烈,会员之间合作非常普遍。调查首先是采用访谈的方式,先后共访谈了22位浙商,在此基础上设计问卷,问卷采用Likert七点尺度量表,各评价指标的相关题项参考了部分专家的意见。然后委托当地浙商协会负责人发收问卷,调查共发出问卷250份,回收169份,回收率为67.6%,其中有效问卷143份。就受访者年龄来看,40岁以上的占87.5%,且会员之间存在合作行为的占74.3%,受访者均对问卷所涉及的议题具有比较好的熟悉度和敏感性;受访者为企业负责人的占有95%,而企业负责人对企业机构管理具有直接决策权;此外,就教育程度来看,他们文化程度大多不高,大专以上学历仅占21%,但对问卷题项的理解无障碍或困难,填写答案时可按其知觉进行适当判断。

(二)资料分析

为了进一步检验理论框架中所提出的各变量之间的关系,本文根据所收集的资料,运用两阶段法的 LISREL 分析:第一阶段先针对各变量及其题项进行 Cronbach's 系数分析和验证性因素分析,以了解各变量的信度和效度;第二阶段将多个衡量题项逐步减少,并运用 LISREL 发展结构模式进行分析,以验证研究中各假设。

1. 信度分析

首先,本文根据 Cronbach's 系数来确定各量表的信度,结果如表 1 所示。

表 1 信度分析结果

企业信任			个人信任			关系承诺		
声誉	规模	制度	能力	善良	正直	经济性承诺	情感性承诺	持续性承诺
0.87	0.84	0.81	0.89	0.91	0.93	0.85	0.87	0.83

其中,合作绩效的 Cronbach's 系数为 0.88。整体而言,各量表的信度水平均超过 Nunnally(1978)所建议可接受的 0.70 的水平。

其次,对变量进行验证性因素分析,结果如表 2 所示。

表 2 验证性因素分析结果

	企业信任			个人信任			关系承诺		
	声誉	规模	制度	能力	善良	正直	经济性承诺	情感性承诺	持续性承诺
组合信度	0.79	0.83	0.82	0.91	0.86	0.74	0.84	0.77	0.79
萃取变异量	0.81	0.87	0.90	0.83	0.78	0.74	0.70	0.73	0.72

其中,合作绩效的组合信度为 0.85,萃取变异量为 0.69。各构面组合信度均超过 0.70 的可接受水平,且萃取变量变均超过 0.50 的水平,表示指标的内部一致性均可接受。

2. 效度分析

效度分析包括内容效度和结构效度。由于各变量的题项内容是以国内外学者的研究为基础,并经过相关专家的检查修改而成,因此具有良好的内容效度;结构效度包括收敛效度和区别效度分析,其中收敛效度的分析结果见表 3;区别效度则依据 Anderson 等人(1988)的建议进行分析,结果显示,当各变量中的两两构面相关系数限定为 1 时,其限定模式的卡方值均较未限定模式的卡方值大,且均达显著的差异水平,故可知各构面间具有区别效度。

表 3 收敛效度分析结果

变量	X^2	df	GFI	CFI	RMR
企业信任	447.17	62	0.86	0.89	0.017

变量	X²	df	GFI	CFI	RMR
个人信任	247.92	41	0.90	0.94	0.023
经济性承诺	95.36	4	0.91	0.84	0.089
情感性承诺	67.92	3	0.77	0.81	0.049
持续性承诺	45.36	2	0.85	0.87	0.037
合作绩效	38.95	2	0.96	0.91	0.048

3. 模式适配度分析及假设验证

有关模式适配度的评估，本文依据 Bagozzi 等人（1988）的建议，分别从基本适配标准、整体模式适配度和内在结构适配度三方面加以评价。首先是基本适配标准，本文各概念的衡量指标的因素负荷量均达显著水平，且均超过 0.50 以上，而且衡量误差没有出现负值，整体而言，应属可接受范围；其次是整体模式适配度，本文整体理论模式的绝对适合度衡量指标为：$X^2 = 297.34$，$df = 63$，$GFI = 0.79$，$RMR = 0.056$，$RMSEA = 0.078$，其中 GFI，RMR 及 RMSEA 均达可接受范围；第三是内在结构适配度，研究结果显示，各变量的信度系数均已超过 0.50 的可接受水平，且企业信任、个人信任、经济性承诺、情感性承诺、持续性承诺、合作绩效的组合信度分别为 $0.84,0.82,0.77,0.74,0.81,0.87$，萃取变异量分别为 $0.79,0.76,0.73,0.76,0.75,0.81$，均已超过最低的可接受水平，故本模式应具有不错的内在结构适配度。

4. 各变量间的影响效果分析

根据研究架构和模型估计分析，本文的实证结果如表 4 和图 2 所示。

表 4　各变量间的因径系数与假设检验

因径	变量间的关系	路径系数
β_{12}	企业信任（η_1）→个人信任（η_2）	0.57**
β_{21}	个人信任（η_2）→企业信任（η_1）	0.23*
β_{13}	企业信任（η_3）→合作绩效（η_3）	0.29**
β_{23}	个人信任（η_2）→合作绩效（η_3）	0.19*
β_{14}	企业信任（η_3）→经济性承诺（η_4）	0.67**
β_{15}	企业信任（η_1）→情感性承诺（η_3）	0.13
β_{16}	企业信任（η_1）→持续性承诺（η_6）	0.52**

续　表

因径	变量间的关系	路径系数
β_{24}	个人信任(η_2)→经济性承诺(η_4)	0.21*
β_{25}	个人信任(η_2)→情感性承诺(η_3)	0.43**
β_{26}	个人信任(η_2)→持续性承诺(η_6)	0.17
β_{43}	经济性承诺(η_4)→合作绩效(η_3)	0.66*
β_{53}	情感性承诺(η_5)→合作绩效(η_3)	0.23
β_{63}	持续性承诺(η_6)→合作绩效(η_3)	0.38*

注：* 表示 P<0.1，** 表示 P<0.05，*** 表示 P<0.01。

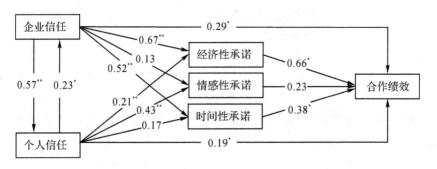

图2　整体模式中各变量之间的关系

（1）β_{12} 为 0.57（P<0.05）、β_{21} 为 0.23（P<0.1），支持了假设 1 和假设 2。由于商会成员基本上都是民营企业，而在民营企业中，企业老板的个人品质、能力往往对其规章制度、经营绩效及声誉等方面会产生极大影响；反之，企业的经营状况在一定程度上也反映了企业老板的风格和能力，因此，会员之间的企业信任和个人信任是相互影响的。但结果也显示，因企业信任而产生的个人信任明显高于因个人信任而产生的企业信任，这可能与目前国内整个信任环境不良直接相关。李新春（2001）认为，当个人信任受到怀疑时，人们更期望通过企业信任来降低因个人的不确定性给自己所带来的损害。因此，在商会成员关系中，企业信任对个人信任的影响程度更大。

（2）β_{13} 为 0.29（P<0.05）、β_{23} 为 0.19（P<0.1），支持了假设 3 和假设 4。从短期来看，信任可以降低交易成本，降低因不确定性给伙伴所带来的伤害，从而可以提高交易成功的可能性；从长期来看，信任是维持联盟之间继续合作的基础，良好的企业信任和个人信任必然有助于联盟之间合作绩效的提升。但结果也显示了企业信任和个人信任对合作绩效的影响效果存在着一定的差异，这可能与会员之间

联盟性质有很大关系。商会会员之间的联盟信任基于企业规模、声誉和能力,但它体现的是一种联盟之间的能力、资源的互补关系,因而对合作绩效影响较大;而个人信任则是基于品质和情感,它对联盟之间的合作绩效影响较小。

(3)β_{14}为0.67(P<0.05)、β_{16}为0.52(P<0.05),支持了假设5a和假设5c;而β_{15}为0.13,但由于P>0.1,故假设5b未得到支持。Murphy等(1997)认为,尽管企业之间的关系承诺存在多种模式,但本质上是一种经济性承诺,而情感性承诺只是一种补充性承诺,维系经济性承诺的关键是企业信任。由此可以说明为什么企业信任对商会成员之间的经济性承诺和持续性承诺影响明显,而对情感性承诺影响不明显。

(4)β_{24}为0.21(P<0.1)、β_{25}为0.43(P<0.05),支持了假设6a和假设6b;而β_{25}为0.17,但由于P>0.1,故假设6c未得到支持。

(5)β_{43}为0.66(P<0.1)、β_{63}为0.38(P<0.1),支持了假设7a和假设7c,而β_{53}为0.23,但由于P>0.1,故假设7b未得到支持。

(6)企业信任对合作绩效(β_{13})的直接影响效果为0.29,通过关系承诺的间接影响效果为0.64,显示企业信任对合作绩效的间接影响远高于其直接影响;个人信任对合作绩效(β_{23})的直接影响效果为0.19,通过关系承诺的间接影响效果为0.13,显示个人信任对合作绩效的直接影响高于其间接影响。

五、研究结果的现实意义

上述研究结果不仅证实所提出的假设,同时对很多正致力于建立供应链伙伴关系并期望获取良好合作绩效的企业来说,具有积极的现实意义:

(1)会员之间因企业信任所产生的个人信任明显高于因个人信任所产生的企业信任,显示会员之间的合作基础主要依赖于企业信任,而非个人信任。因此,在构建合作关系时,应该根据自身企业实力来判断合作的可能性,当企业实力有限时,不能一味指望通过发展个人情感关系作为合作的基础,并由此而做大量的感情投资,结果可能是徒劳;反之,当企业具有良好实力时,不能因此而盛气凌人,仍须注重个人的素质培养,否则,它会影响相互之间的合作基础。

(2)通过关系承诺,企业信任对合作绩效的间接影响明显高于其直接影响,显示关系承诺是会员企业获取良好合作绩效的关键因素。因此,在合作过程中,应该积极履行自己的各种承诺,诸如与合作伙伴及时进行情感性沟通、在风险面前承担相应的责任、始终保持承诺的一致性等,只有这样,才可能取得良好的合作绩效。

(3)个人信任通过关系承诺对合作绩效的间接影响明显不及其直接影响,显示个人的情感和声誉在维系合作关系时的必要性。中国是一个典型的关系社会,正如 Davies 等(1985)所讲的一样,中国在管理惯例上与西方最常见的差异在于,前者强调个人关系,而后者则强调书面契约和程序。在这种特殊的环境中,个人关系对维持合作的稳定性和持续性有时会起到非常关键的作用,尤其是在日趋激烈的市场竞争中,当一个会员企业面临着多个可选择的合作对象时,关系的力量就显得尤为突出。因此,在商会中,有选择地培养个人的情感关系是非常必要的。

(4)企业信任对情感性承诺、个人信任对持续性承诺、情感性承诺对合作绩效均不存在显著影响,说明会员之间的合作本质上是一种经济性合作,而非情感性合作。

参考文献

[1] 李新春. 战略联盟、网络与信任[M]. 北京:经济科学出版社,2011.

[2] 潘镇,李晏墅. 联盟中的信任———一项中国情景下的实证研究[J]. 中国工业经济,2008(4):44—54.

[3] GARBARINO E, JOHNSON M S. The Different Roles of Satisfaction, Trust, and Commitment in Customer Relationships[J]. The Journal of Marketing,1999:70—87.

[4] NYHAN R C. Increasing Affective Organizational Commitment in Public Organizations:The Key Role of Interpersonal Trust[J]. Review of Public Personnel Administration,2004,19(3):58—70.

[5] ANDERSON E, WEITZ B. Determinants of Continuity in Conventional Industrial Channel Dyads[J]. Marketing Science,2006,8(4):310—323.

[6] COOPER M C, GARDNER J T. Building Good Business Relationships:More Than Just Partnering or Strategic Alliance[J]. International Journal of Physical Distribution and Logistics Management,2011,23(6),:14—26.

[7] LAGACE R D, GASSNHEIMER J B. The Relevance of Ethical Salesperson Bechavior on Relationship Quality:The Pharmaceutical Industry[J]. Journal of Selling and Sale Management,2007,11(4):39—47.

[8] GANESAN J C, GERBING D W. The Evaluation of Cooperative Performance[J]. Journal of Business Logistic,2006,19(2):69—83.

[9] DYER J H, SINGH H. The Relational View:Cooperative Strategy and Sources of Inter-organizational Competitive Advantage[J]. Academy of Management Review,2009,23(4):660—679.

[10] BARON R M, KENNY D A. The Moderator-Mediator Variable Distinction in Social Psychological Research:Conceptual, Strategic, and Statistical Considerations[J]. Journal of Personality and Social Psychology,2006,51(6):1173.

[11] DAS T K, TENG B S. Instabilities of Strategic Alliances:An Internal Tensions Perspective[J]. Organization Science,2009,11(1):77—101.

[12] GULATI R. Does Familiarity Breed Trust? The Implications of Repeated Ties for Contractual Choice in Alliance[J]. Academy of Management Journal，2005,38(1):85—112.

[13] STRUB P J, PRIEST T B. Two Patterns of Establishing Trust: The Marijuana User[J]. Sociological Focus，2005,9(4):399—411.

[14] 刘学,项晓峰,林耕,等.研发联盟中的初始信任与控制战略:基于中国制药产业的研究[J]. 管理世界,2006(11):90—100.

[15] HILL C L. Cooperation，Opportunism，and the Invisible Hand: Implications for Transaction Cost Theory[J]. Academy of Mangement Review，1999,15(3):500—513.

[16] INKPEN A C, CURRALL S C. The Coevolution of Trust，Control，and Learning in Joint Venture[J]. Organization Science，2004,15(5):586—599.

基于 EQC 框架的无边界职业成长机理：浙商企业实证研究①

江　欣　俞荣建

（浙江工商大学工商管理学院，浙江杭州，310018）

摘　要：职业发展开放情境下，无边界职业生涯正成为职业发展的新模式。构建无边界职业成长 EQC 框架，应从职业期望、职业胜任力和职业品行三个驱动维度及其相互关系出发，研究无边界职业成长机理。以浙商企业 239 名员工为样本的回归结果表明，无边界职业期望、职业胜任力和职业品行对职业成长有正向显著影响，职业胜任力和职业品行在无边界职业期望和职业成长之间起到部分中介作用。研究揭示了无边界职业生涯成长的内在结构，对浙商企业与职业者成长共赢具有启示意义。

关键词：无边界职业生涯　EQC 框架　无边界职业成长

一、引言

随着职业环境的动态性、复杂性与不确定性的增强，职业者的职业生涯正处于明显的无边界情境中：职业边界日趋模糊，职业生涯呈现非线性轨迹，职业成长难以按照传统思维去规划。在无边界职业情境下，职业者面临职业生涯选择与发展的多重决策困境。浙商企业作为成长中的地域性企业群体，面临无边界职业情境下对人才资源的职业生涯管理挑战。学者对无边界职业的基本属性进行理论界定[1]，针对无边界职业生涯命题，现有研究对无边界职业的基本属性进行了理论界定，检验了无边界职业生涯选择的影响因素[2]，对企业进行无边界职业生涯管理策略进行了探索[3]。但是，无边界职业成长的内在机理，仍然是一个有待进一步揭示的

① 基金项目：全国教育科学规划教育部重点项目（GJA114014）；浙江工商大学研究生科技创新基金（1010XJ1513001）。

新命题。无边界职业成长的驱动因素具有何种内在结构？这些维度是如何影响无边界职业成长的？本研究整合职业动机、职业胜任力及职业伦理方面的理论成果，在无边界职业情境下进行拓展，构建无边界职业成长 EQC 框架，并采用浙商企业职业者样本进行实证检验。研究结论将对浙商企业与职业者成长共赢具有启示意义。

二、文献综述与理论假设

(一)无边界职业生涯

无边界职业生涯(Boundaryless Career)的概念自提出以来就受到学者们的关注，学者从知识视角、组织学习视角、价值视角等多种不同的角度诠释了"无边界职业生涯"的概念。[4]"无边界职业生涯"的研究也打开了学者对职业生涯研究的新视角，Arthur 相继提出了智力型职业生涯和多变型职业生涯[1]，Briscoe 等人也构建了测量多变性职业生涯和无边界职业生涯的量表。[3]近年来的研究也开始意识到客观和心理职业转变的联系，研究也变得更为细化和深入。

无边界职业生涯是超越单个就业环境边界的一系列就业机会。在无边界职业生涯经典的奠基文献中，Defillippi 等指出了无边界职业生涯所包含的六种情形。[5]这些含义都体现了 Arthur 关于无边界职业生涯的个体与组织的相互依存性。正是这种依存性决定了传统的职业生涯与无边界职业生涯之间有很大的区别(Sullivan，1999)，这种区别主要体现在雇佣心理契约、职业生涯边界、技能要求等方面。[6]

近年来，关于无边界职业生涯的测量，主要分为物理流动(physical mobility)和心理流动(psychological mobility)，其中心理流动越来越受到学者的关注。在此基础上，学者 Sullivan&Arthur(2006)提出了无边界职业生涯双维度模型，根据物理流动和心理流动强度的大小，建立了双维度的矩阵模型，并且针对不同象限的职业发展模型提出了相应的职业生涯管理模式。

(二)概念界定、EQC 框架与研究假设

1. EQC 框架

基于无边界职业情境，整合职业动机、职业胜任力及职业伦理方面的研究成果，借鉴翁清雄、胡蓓等对无边界职业成长绩效影响因素的研究，构建无边界职业成长 EQC 框架。无边界职业成长绩效影响因素，包括无边界职业期望(Career Expectancy)、无边界职业胜任力(Career Competency)、无边界职业品行(Career Quality)三个结构维度。模型如下：

2. 概念界定与理论发展

(1)无边界职业期望。

无边界职业期望是指个体对待无边界职业生涯的态度和信念，是无边界价值

观的外化。然而,无边界职业期望又不仅仅是无边界价值观,价值观是个体在心理上对无边界的认同,而真正的无边界还需落实到个体的行动上。因此,无边界职业价值观和无边界流动意愿共同构成了无边界职业思想倾向(Sullivan & Arthur,2006),这是无边界职业生涯对个体的特殊要求。[7]而成就动机是人类的一种社会性动机,是人类为了达到更高的目标去努力追求卓越、力求成功的内在动力和心理倾向,是任何职业情境下的职业成长对求职者的要求。麦克利兰通过研究发现,高成就动机的人喜欢挑战高难度的工作,喜欢那些对自己来说完成起来有一定难度的任务,对于不确定性的事物有着异于常人的偏好。因此,本研究认为,无边界思想倾向和成就动机构成了无边界职业生涯模式下的职业期望的两个维度,对个体的职业成长起着至关重要的作用。

(2)无边界职业胜任力。

职业胜任力是从胜任力概念模型引入个人职业方面进行的拓展研究。Defil-lippi结合了无边界职业生涯的特点,对个人职业胜任力进行了探索。[8]关于无边界职业胜任力的分类主要有Eby的三维模型和Kuijpers的六维模型。Eby(2003)将职业胜任力分为知道为什么(know-why)、知道怎么样(know-how)和知道谁(know-who)三种类型。[9]Kuijpers(2006)从能力、行为、动机三个方面进行了研究,最后通过实证研究证明了无边界职业背景下的职业胜任力体系,共包括六个维度。因此,为了使研究更为适合无边界职业生涯背景,本文,对这两种职业胜任力的划分进行了重新整合,将职业胜任力分为职业动态能力和职业核心能力。职业核心能力是在职业发展的过程中,可以习得的专业技能和知识,相当于胜任力冰山模型中除了底层能力以外的能力,包含知识、技能和人际网络能力等。而职业动态能力则是更为适合无边界职业发展的能力,是可以整合、创建、重构个人核心能力及内外部资源在变化多端的外部环境中不断寻求和利用机会的能力。

(3)无边界职业品行。

职业品行是职业道德的深层体现,是职业人或准职业人整体精神面貌和综合素质在学习、求职、就职过程中基于人的全面发展的集中反映,决定了个体职业生涯成败的关键。职业品行对于员工的职业发展有着不可忽视的作用,特别是在无边界职业生涯时代,受人认可的职业品行是无边界职业成长的必要条件。职业品行不仅包含敬业乐业、诚实守信、协作共享等,企业的员工守则还规定了对员工的基本要求和一些禁止性规范,也包含员工内心对职业品行的认同。

(4)无边界职业成长。

职业成长是从被动到主动、从依赖到独立、从缺乏自制到自觉及自制的过程。[10]职业成长是一个速度概念,是指个人沿着对自己更有价值的工作系列流动的速度。(Graen,1997)国内学者翁清雄和胡蓓通过实证研究指出,职业成长包括组织内职业成长和组织间职业成长,而无边界情形下更为注重的是组织间职业成长。[11]研究显示,职业成长可分为职业能力发展、职业目标进展、职业晋升速度和报酬增长四个维度,但由于职业能力发展已经作为本文的一个中介变量,在职业成长中不必再体现,因此本文将职业成长分为三个维度

3. ECQ 框架与研究假设

在本土文化与浙商企业组织情境下,无边界职业品行是成长的伦理根基,无边界职业胜任力是无边界职业成长的支撑力量,无边界职业期望是无边界职业成长的动力源泉。无边界职业期望(E)是整个框架最为核心的部分,它不仅直接作用于职业成长,还通过职业胜任力和职业品行间接地影响着无边界职业成长。[12]而职业胜任力(C)是职业人在就职过程中对个体能力方面的要求。职业核心能力是基本能力,而职业动态能力是核心能力的深入。动态能力能够修正职业核心能力刚性,随着职业情境的变化,对职业核心能力进行适应性调整,开发出在新情境下具有稀缺性、不可模仿性等属性的新能力。[13]在无边界职业生涯时代,员工流动性的增加使得组织与员工之间的信任开始减少,而职业品行是组织在日常工作中对员工的直观印象,也决定了组织对员工的信任度,因此,职业品行对员工职业成长也有重要影响。

因此,EQC 三个维度对无边界职业成长绩效具有显著的正向影响。其中,无边界职业期望处于原发动力,可以通过驱动无边界职业胜任力的提升,和无边界职业品行的修正,达成无边界职业成长。因此,无边界职业胜任力和无边界职业品行,在无边界职业期望与成长绩效的关系中,起部分中介作用。基于此,本文提出如下假设(图 1):

H1:无边界职业期望的各维度对无边界职业成长都具有显著的正向影响;

H2:无边界职业胜任力的各维度对无边界职业成长都具有显著的正向影响,在无边界职业期望与无边界职业成长的关系中起部分中介作用;

H3:无边界职业品行对无边界职业成长具有显著的正向影响,在无边界职业期望与无边界职业成长的关系中起部分中介作用。

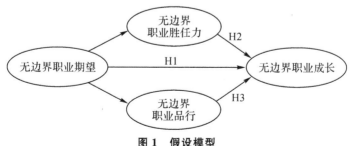

图 1 假设模型

三、数据与方法

(一)样本选择

本文以浙江杭州、温州、宁波、嘉兴等几个主要地区的浙商企业中不同工作类型的员工为研究对象,共发放问卷 300 份,回收 265 份,其中有效问卷 239 份,问卷有效率为 90.1%(见表 1)。

表 1　样本的基本情况

统计变量	选项	样本量	所占百分比(%)
性别	女性	115	48.1%
	男性	124	51.9%
婚姻状况	未婚	109	45.6%
	已婚	130	54.3%
所在地区	杭州	88	36.8%
	温州	53	22.2%
	宁波	47	20.0%
	嘉兴	31	12.9%
	浙江省其他地区	20	8.4%
年龄	25 岁以下	51	21.3%
	26—30 岁	91	38.1%
	31—35 岁	47	19.7%
	36—40 岁	34	14.2%
	40 岁以上	16	6.7%
受教育程度	高中及以下	5	2.1%
	大专	57	23.8%
	本科	134	56.1%
	研究生及以上	43	18%
工作年限	2 年及以下	30	12.5%
	3—5 年	78	32.6%
	6—10 年	99	41.4%

(二)变量测量

本文的问卷共有四个部分:无边界职业期望测量、无边界职业胜任力测量、无边界职业品行测量和无边界职业成长测量。

无边界职业期望测量表由 14 个项目组成,成就动机量表是参考我国研究者叶仁敏和挪威 Hegtvet 于 1988 年合作译制的量表。无边界思想倾向量表综合参照了 Briscoe(2006)的心理流动量表和国内学者陈学军编制的无边界思想倾向量表。

研究对无边界职业胜任力测量量表 Defillippi 和 Kuijpers 关于胜任力量表的编制,进行了重新整合。而无边界职业品行的量表采用开放式问卷调查编制量表,然后进行信效度检验,以确保量表的准确性。无边界职业成长量表采用的是国内学者翁清雄(2009)编制的量表。[14]

从表 2 可以看出,在信度方面,所有潜变量的 Cronbach's α 值均在建议值 0.7以上(最小为 0.747),表明各量表的内部一致性系数较高,显示出较好的信度。各潜变量的 KMO 值都在 0.872 以上,巴特利球体检验的显著性结果为 0.000,小于0.001,说明该组数据具有很高的相关性,适合做因子分析。因此,分析结果可以从表 2 中看出,每个变量的共同度都在 0.60 以上,方差贡献率最高的达到了 78.989%,最低的也有 58.989%,说明具有较高的信度。

表 2 变量的信度与效度检验

潜变量		Cronbach's	α	标准化因子载荷	累积解释变量/%		KMO
无边界 职业期望	成就动机	0.866		0.70—0.81	27.114		
	无边界价值观	0.872	0.908	0.74—0.80	23.025	65.603	0.917
	无边界流动意愿	0.747		0.60—0.73	15.465		
无边界职业胜任力	职业核心能力	0.884	0.928	0.61—0.75	30.350	58.989	0.944
	职业动态能力	0.880		0.67—0.77	28.639		
无边界 职业品行	职业品行	0.863	0.863	0.73—0.82	59.399	59.399	0.872
	职业目标进展	0.840		0.76—0.82	28.855		
无边界 职业成长	晋升速度	0.858	0.916	0.72—0.76	25.987	78.989	0.909
	报酬增长	0.888		0.81—0.85	24.147		

从表 3 可以看出,各变量的验证性因子分析各指标结果都符合要求,进一步证明了量表具有较好的信度。

表3　变量的验证性因子分析

变量名称	χ^2	df	χ^2/df	RMSEA	GFI	NFI	CFI
无边界职业期望	182.236	74	2.463	0.078	0.895	0.897	0.935
无边界职业胜任力	128.615	76	1.692	0.054	0.931	0.928	0.969
无边界职业品行	25.296	9	2.811	0.087	0.967	0.957	0.972
无边界职业成长	36.302	24	0.513	0.046	0.967	0.974	0.991

五、研究结论

(一) 基本统计分析结果及相关分析

通过描述性统计分析,本文对样本的基本信息进行了整理和统计,如表4所示。可以看出,性别与无边界职业期望的三个维度及无边界职业成长呈正相关,但是与无边界职业胜任力及无边界职业品行不相关,说明无边界职业期望与无边界职业成长在性别上有一定的差异性。年龄与无边界职业核心能力呈正相关($R=0.22,P<0.01$),与职业动态能力不相关,说明职业核心能力可以随着年龄的增长得到提高,但是职业动态能力很难得到实质性增长。四个控制变量与无边界职业成长都有着一定的相关性。

(二)假设检验

本文采用层次回归法对无边界职业期望、无边界职业胜任力和无边界职业品行与无边界职业成长之间的关系进行检验,如表5所示。从分析结果可以看出来,在所有的回归关系中,先将性别、年龄、婚姻状况、工作年限等传统的控制变量引入回归方程,然后引入自变量。由表5可知,模型 M12 加入成就动机、无边界价值观、无边界流动意愿,回归模型显著,因此无边界期望及其各维度对无边界职业成长都存在显著正向影响,即在无边界职业生涯时代,职业期望越高越容易取得好的职业成长,假设1得到部分支持。同样,对比模型 M21 和 M22 可知,无边界职业胜任力对无边界职业成长存在显著正向影响,因此假设2得到部分支持。对比模型 M31 和 M32 可以看出,回归模型显著,无边界职业品行对无边界职业成长存在显著的正向影响,假设3得到支持。

由表6可知,模型一中无边界职业期望对无边界职业成长有显著正向影响,而当无边界职业胜任力和表4、表5职业品行进入模型后,无边界职业期望对无边界职业成长的回归系数由 0.84 下降到 0.50,且回归系数显著。在加入了中介变量后,调整 R^2 为 0.70,系数明显增加,且模型显著。可见,无边界职业胜任力和无边界职业品行对无边界职业成长起到了部分中介作用。因此,假设2、3得到支持。

表 4　各变量的平均数、标准差及相关矩阵

变量	M	SD	1	2	3	4	5	6	7	8	9	10	11
1. 性别	1.48	0.51	1										
2. 年龄	2.47	1.17	0.46*	1									
3. 婚否	1.44	0.49	0.70	0.25*	1								
4. 工作年限	2.30	1.06	0.40*	0.85**	0.20*	1							
5. 成就动机	3.61	0.79	0.16*	0.25	0.09	0.20**	1						
6. 无边界价值观	3.01	0.90	0.37**	0.38**	0.19**	0.32**	0.50**	1					
7. 无边界流动意愿	3.42	0.84	0.25**	0.35*	0.16	0.30**	0.67**	0.60**	1				
8. 职业核心能力	3.50	0.71	0.08	0.22**	0.05	0.14	0.57**	0.40**	0.50**	1			
9. 职业动态能力	3.56	0.75	0.06	0.13	0.08	0.07	0.58**	0.42**	0.59**	0.78**	1		
10. 无边界职业品行	3.75	0.76	0.03	0.14*	0.01	0.11	0.59**	0.35*	0.53*	0.72**	0.72*	1	
11. 无边界职业成长	3.60	0.79	0.18*	0.28*	0.13*	0.24**	0.78**	0.57**	0.75**	0.64**	0.71**	0.71**	1

注：** 表示 P<0.01（双尾检验），* 表示 P<0.05（双尾检验）。

表 5　各个自变量对无边界职业成长的回归系数

变量	无边界职业成长		无边界职业成长		无边界职业成长	
	M11	M12	M21	M22	M31	M32
性别	0.07	−0.11	0.07	0.12	0.07	0.10
年龄	0.14	−0.04	0.14	0.01	0.14	0.05
婚姻状况	0.06	0.10	0.06	−0.01	0.06	0.07
工作年限	0.03	0.05	0.03	0.11	0.03	0.05
成就动机		0.48**				
无边界价值观		0.12**				
无边界流动意愿		0.33**				
职业核心能力				0.19*		
职业动态能力				0.58**		
无边界职业品行						0.71**
调整 R^2	0.07	0.69	0.07	0.54	0.07	0.53
F	5.13**	78.6**	5.13**	47.92**	5.13**	54.15**

表 6　职业胜任力与职业成长的中介效应检验

变量	无边界职业胜任力	无边界职业品行	无边界职业成长	
			模型一	模型二
性别	−0.27	−0.26	−0.24	−0.09
年龄	0.07	−0.01	−0.04	−0.05
婚否	0.11	0.05	0.15	0.10
工作年限	−0.07	0.01	0.08	0.10
无边界职业期望	0.60**	0.59**	0.84**	0.50**
无边界职业胜任力				0.24**
无边界职业品行				0.34**
调整 R^2	0.32	0.25	0.52	0.70
F	23.70**	16.54**	52.43**	77.85**

六、研究结论与讨论

(一)研究结论

(1)本文的理论分析和数据分析结果表明,无边界职业期望对无边界职业成长存在显著的正向影响。无边界职业期望中的无边界职业思想倾向是在无边界职业生涯背景下对员工的特定要求,而成就动机是在任何职业环境背景下要取得高水平的职业成长所必须具备的特质。[15]当个体具有无边界价值观时,该类从业人员内心比较认可通过"跳槽"或者流动来使自己增值,也认为流动能够为自己带来在固定的就业环境中所不可能取得的工作经验和职业成长等,因此具有无边界价值观的个体敢于在边界之间流动,使自己能够拥有更为宽阔的职业视野,也就更能够取得高水平的职业成长。[16]无边界职业背景相比传统的职业生涯,一个明显的特征就是更多的不确定性,因此,具有较高成就动机的个体在工作中敢于挑战高难度新奇的任务,敢于面对不确定性,内心对职业成功有着极其的渴望,这样的个体获得职业成长的机会也就越多。

(2)分析结果显示,无边界职业胜任力两维度对无边界职业成长都有着显著的正向影响,并且职业核心能力对无边界职业成长的回归系数是 0.19,而职业动态能力对无边界职业成长的回归系数是 0.58,可见职业动态能力的影响作用更为显著,对无边界职业情境下的职业成长预测作用更强。简单来说,职业核心能力是做好一项工作所需要的各方面基础能力,而职业动态能力则是更为重要的能力,是承载其他核心能力的基础,能够在变化的无边界职业生涯中驱动各种形式核心能力的形成。[17]笔者认为,企业需要更加重视员工职业动态能力的辨识和培养,从业者自身也需要关注核心能力和动态能力对职业成长的影响。

(3)关于无边界职业品行对无边界职业成长的影响,研究结果显示,无边界职业品行对无边界职业成长有着显著的正向影响。无边界职业品行是对职业人的基本要求,企业的员工守则规定的是对员工的基本要求和一些禁止性规范,但是诸如敬业乐业这样的职业品行不是守就能够规范的,也是很难测量和界定的,主要在于员工内心对职业品行的认同。一个职业品行不过关的员工就算有再高的职业胜任力和职业期望,对企业来说就都可能是一个随时可能点燃的炸弹,随时都会给企业带来难以补救的负面影响,这也是职业伦理越来越受到关注的原因。

(4)本文把无边界职业期望作为自变量,无边界职业胜任力和无边界职业品行作为中介变量进行研究。个体的高度无边界职业期望能够驱动其培养职业胜任力和提高自己的职业品行来提高职业成长水平,也说明企业需要重视员工的无边界职业期望,对那些可能暂时在职业胜任力和职业品行上有所欠缺,但又有高度的职业期望的员工给予更多的扶持和关注。

(二)讨论

根据本文的结论及无边界职业生涯的要求,笔者对浙商企业管理实践及个体提出如下建议,以供参考和借鉴。

(1)对浙商企业而言,在招聘和甄选的过程中,需要重视员工的职业期望,寻找与组织价值观较为契合的员工,这样个体在心理上就对组织有着较高的认同,才有利于员工尽自己最大能力为组织服务。对那些有着较高的职业期望但是在能力上有所欠缺的新生员工,需要给予更多的机会和关注,帮助其尽快获得较好的职业成长。在对员工胜任力评价中,需要更加关注职业动态能力,建立相对完整的职业动态能力评测体系,发掘职业动态能力较强的人才,而且对这类人要委以重任。同时,要关注员工的职业成长,及时了解员工对组织的诉求,为员工的职业成长提供最好的帮助。要增强员工的职业生涯培养意识,开展一系列职业生涯管理活动,提高员工的职业化水平。

(2)对员工个人而言,要明确职业发展目标,对自己的职业期望有清晰的认识,进行明确的自我定位。要有清晰的职业目标规划,在面对无边界职业环境的变化时,适时地修正自己的职业生涯管理,提高职业适应能力。同时,员工在选择企业的过程中,应该更加注重在企业的职业发展机会和发展空间,以及企业在员工管理上的公平性,自己的职业期望是否与企业的价值观相匹配,自己的能力在企业中是否能够得到发挥等,都应审视清楚。员工需要寻找与自己个性和价值观较为符合的组织文化,使自己能够尽快地融入文化氛围中。职业能力的培养上,在重视基本的职业核心能力培养的同时,要更加重视动态能力的发掘,提高对无边界职业环境的适应性。

七、结束语

本文的结论具有一定的理论意义和实践意义。在理论上,为无边界职业成长的研究提供了更新的视角;在实践上,由于无边界职业生涯越来越成为当今职业发展的大趋势,本文对员工自我职业生涯管理具有一定的指导意义。本文也存在一定的不足,样本对象有一定的局限性,且样本量规模偏小,这些都有可能导致统计分析上的偏差;研究方法比较单一,在问卷调查中,采用的是自评方式,结果可能受到自评者主观因素的影响,从而在一定程度上影响了数据的准确性。未来的研究可以结合其他研究方法及数据收集手段来获得更为可靠的数据,从而提高研究的可靠性和说服力。

参考文献

[1] ARTHUR M B. The Boundaryless Career:A New Perspective for Organizational Inquiry[J].

Journal of Organizational Behavior. 1994, 15(4): 295—306.

[2] VALCOU P M, TOLBERT P S. Gender, Family, and Career in The Era of Boundarylessness: Determinants and Effects of Intra-and Inter-Organizational Mobility[J]. International Journal of Human Resource Management, 2003, 14(5):768—787.

[3] BRISCOE J P, HALL D T. The Interplay of Boundarylessness and Protean Careers: Combinations and Implications[J]. Journal of Vocational Behavior, 2006. 69(1): 4—18.

[4] 吕杰,徐延庆. 无边界职业生涯研究演进探析与未来展望[J]. 外国经济与管理. 2010,32(9): 37—44.

[5] DEFILLIPPI R J, ARTHUR M B. Boundaryless Contexts and Careers: A Competency-based Perspective [M]. New York: Oxford University Press, 1996.

[6] 郭志文,B I J M. 范·德·赫登. 无边界职业生涯时代的就业能力:一种新的心理契约[J]. 心理科学,2006,29 (2):485—486.

[7] 陈学军,王森森. 无边界职业生涯的概念与测量方法研究[C]. 第七届(2012)中国管理学年会组织行为与人力资源管理分会场论文集:选编,2012:23—28.

[8] 冯明. 对工作情景中人的胜任力研究[J]. 外国经济与管理,2001,23(8):22—26.

[9] 陈万思. 纵向式职业生涯发展与发展性胜任力——基于企业人力资源管理人员的实证研究[J]. 南开管理评论,2005,8(6):17—23.

[10] 翁清雄,胡蓓. 员工职业成长的结构及其对离职倾向的影响[J]. 工业工程与管理,2009,14(1):97—108.

[11] 翁清雄,席酉民. 企业员工职业成长研究:量表编制和效度检验[J]. 管理评论,2011,23(10):132—143.

[12] CHAY Y, ARYEE S. Potential Moderating Influence of Career Growth Opportunities on Careerist Orientation and Work Attitudes: Evidence of the Protean Career Era in Singapore [J]. Journal of Organizational Behavior, 1999,20(5):613—623.

[13] 王忠军,龙立荣. 知识经济时代的职业生涯发展:模式转变与管理平衡[J]. 外国经济与管理,2008(10):39—44.

[14] DONOHUE R. Examining Career Persistence and Career Change Intent Using The Career Attitudes and Strategies Inventory[J]. Journal of Vocational Behavior, 2007, 70 (2): 259—276.

[15] 王忠军,古继宝. 知识经济时代社会资本与职业生涯成功关系探析[J]. 外国经济与管理,2005,2:18—23.

[16] BIRD A. Careers as Repositories of Knowledge: A New Perspective on Boundaryless Careers[J]. Journal of Organizational Behavior, 1994, 15(4): 325—344.

[17] 龙立荣,方俐洛. 职业发展的整合理论评述[J]. 心理科学,2001,24(4):155—162.

真实型领导对员工建言行为的影响

——基于浙江企业的实证研究

兰瑞瑞

（浙江工商大学工商管理学院，浙江杭州，310018）

摘　要：经济全球化时代，企业面临的压力越来越大，处于经济转型时期的中国企业必然要对领导者的领导行为和员工的建言行为提出更高的要求。真实型领导对员工工作态度和行为的积极影响得到了学者的认可，但是中国文化背景具有的传统等级、高权力距离等特点可能会使真实型领导对建言行为的影响存在不确定性。本文通过对浙江企业的实证调查，考察了真实型领导、自我效能感和员工建言行为之间的关系。结构方程建模结果显示，真实型领导对员工建言行为有显著正向影响，但存在不确定性；关系透明、内化道德和平衡加工对自我效能感有显著正向影响；自我效能感在关系透明、内化道德和平衡加工的基础上对建言行为的二维度影响中均起部分中介作用。

关键词：真实型领导　自我效能感　建言行为　浙江企业实证

一、研究背景和问题提出

近年来，随着公司丑闻、管理渎职事件的不断曝光，人们对组织领导层的信任出现危机，领导者的道德问题成为社会关注的焦点。不管是私人组织还是公共组织，其面临的各种挑战急剧增加，组织要想在复杂多变的环境中求生存、谋发展，其领导者决不能忽视商业道德，不能为了个人利益屈服于追求短期效率最大化的压力下。[1]组织、政治、经济的高速发展都要求领导者能从道德的角度引导组织。[2]我国正处于经济发展转型的关键时期，对中国本土企业领导者的道德品质、社会责任等提出了多重要求，浙商企业作为中国最典型的本土企业，最具有代表性。随着浙商企业所面临的经营环境不确定性越来越强，当前时代发展要求浙商企业在领导实践中引入"德"的因素，领导者从利益驱动型向真实责任导向转型是浙商企业创

新竞争优势的必然要求,对企业的可持续发展和社会主义和谐社会建设具有现实意义。[3-4]

员工的建言行为能为领导者决策提供有价值的信息,但是浙商企业中员工知而不言的情况时有发生,其主要原因是浙商企业大多实行权威式或家长式管理,使得员工担心领导没有足够的包容度,自己提出的观点,尤其是针对不良现状的建议,可能会挑战领导的权威以致招来报复。Hsiung指出,相对于其他领导方式,真实型领导在解释员工建言行为时更具有效性和实质性,但这方面的研究还相当匮乏。[5]

而且,领导的有效性往往会受文化限制,在不同的国家文化背景下,领导的有效性有所差异。[6]虽然真实型领导在西方背景下被证实能对员工的行为产生积极影响,但是它在东方背景,尤其是中国文化下的作用还缺乏深入了解。中国文化背景具有权力距离大、注重关系、集体主义倾向等特点,[7]这些特点可能会影响真实型领导与员工建言行为的关系。传统的等级观念往往会将下属的建言行为看作对领导权威的挑战,"沉默是金"历来被视为明哲保身之道。那么,对于以浙商企业为代表的本土企业员工来说,真实型领导是否一定会对其建言行为产生积极影响呢?所以有必要在中国情境下进一步探讨真实型领导与员工建言行为的关系,基于这种不确定性,自我效能感的引入就非常必要。本文将通过对浙商企业的实证研究,探讨真实型领导对员工建言行为的影响机制,同时以自我效能感作为中介变量,考察三者之间的关系。

二、理论分析与研究假设

(一)真实型领导与建言行为

真实型领导理论认为,当组织的领导者对自身价值观、信念及才智有很好的认识,在自己做到言行一致的同时帮助他人遵从内在自我时,就会影响下属的行为表现。[8]从理论上讲,真实型领导者对自己的长处和短处有很好的了解,知道自己在做决策和解决问题时的局限性与不足,因此这种领导乐于接受下属好的意见和想法,[8-9]即自我意识很强的领导会愿意接受非正统和打破常规的想法。真实型领导与他人公开分享信息,经常与下属沟通,建立相互信任的关系,提高员工建言的意愿。Mayer等指出,当员工认为领导具备仁爱、诚信等特质时,他们会愿意从事有人际风险的工作。[10]建言行为有时是对存在的权力和社会常规的挑战,如果没有高道德标准和伦理标准,员工可能没有勇气建言。真实型领导拥有使员工信服的品质,他们诚实和正直,所设定的目标与自我价值观相一致,言行一致,以身作则,这种高标准会影响员工的信仰和价值体系,[9]增加员工建言的勇气。真实型领导在信息处理时会征求他人的观点,给予下属表达看法的机会,同时在信息处理时绝不偏袒、公正客观。

另外,华人社会既不是个人本位,也不是社会本位,而是关系本位。这种"关系"有助于理解真实型领导与下属建言行为之间的关联性。当上级对下属表现出真诚、关怀、支持等行为时,作为回报,下属会做出更多的积极行为。

然而,在不同国家文化背景下,领导的有效性有所差异。(Hofstede,1991)在中国背景下,真实型领导对员工建言行为存在不确定性的一面,这主要是由中国传统的等级、特权和高权力距离关系等造成。中国文化具有高权力距离特点,员工畏惧权威,习惯了上下分明的等级制度,虽然真实型领导会与下属建立良好的关系,拉近领导与下属间的距离,但是由于下属的角色定位,他们倾向于被动接受领导决定,而不会提出质疑,发表看法。[11]尤其是建言行为具有的冲突性情境更会使员工建言被认为是对领导权威的挑战、能力的怀疑,这在讲究"尊卑上下、忠孝顺从"的中国文化中是受到批评的。另外,中国人有很强的人际和谐意识,员工可能会为了维持真实型领导下的良好关系,不愿打破这种与领导相处的方式,害怕提出批评性的意见会损害这种和谐氛围,从而阻碍了建言行为的发生。因此,本文认为真实型领导与员工建言行为的关系有待研究,并提出以下假设:

H1:真实型领导对员工建言行为有显著正向影响,但存在不确定性;

H1a:真实型领导各维度对员工建言行为各维度的影响不一。

(二)真实型领导与自我效能感

自我效能感指个人对自己完成某项工作或实现某个目标的能力信念,(Bandura,1997)自我效能感是可以开发和培养的,而领导被认为是决定下属自我效能感的重要因素。Ilies等指出,真实型领导鼓励下属自我决定,提供给下属技能开发的机会,使其认为所要完成的任务是自己可以控制的,[12]而这种控制知觉能够对自我效能感带来积极影响。[13]Maddux认为,领导在提升下属自我效能感的过程中,其中一个重要因素是在领导与下属之间建立支持性的社会环境。[14]真实型领导创造的宽容、重伦理、关心他人的组织氛围就为下属自我效能感的发展提供了有利的外部环境。因此,提出以下假设:

H2:真实型领导对员工自我效能感有显著正向影响;

H2a:真实型领导各维度对员工自我效能感有显著正向影响。

(三)自我效能感与建言行为

Bandura指出,自我效能感会影响个体的行为选择和处理事件时的努力、坚持程度,当面对困境甚至失败时,自我效能感较低的个体会采取回避态度,而自我效能感较高的个体会勇敢面对。[13]自我效能感还会影响个体的思维过程,自我效能感较低的员工会把注意力更多地放在潜在风险上,因感知到建言可能带来的不利结果而对建言行为产生阻碍作用,而自我效能感会增强其对成功可能性的感知。[15]

相对于西方人,中国人更在乎别人对自己的看法,中国员工不会轻易提出自己的看法或观点,他们害怕自己提出的意见没有价值,甚至会招来周围人的嘲笑。因此,中国情境下的员工只有确定自己有足够的把握提出有建设性的意见时,他们才会进行建言行为,所以自我效能感强的员工容易产生建言行为。因此,提出以下假设:

H3:员工的自我效能感对其建言行为有显著正向影响;

H3a:员工自我效能感对促进性建言行为有显著正向影响;

H3b:员工自我效能感对抑制性建言行为有显著正向影响。

综合上述分析,提出以下假设:

H4:自我效能感在真实型领导与员工建言行为之间起中介作用;

H4a:自我效能感在真实型领导各维度与员工促进性建言行为之间起中介作用;

H4b:自我效能感在真实型领导各维度与员工抑制性建言行为之间起中介作用。

三、研究方法

(一)研究样本与取样程序

本文通过发放网络问卷和纸质问卷的方式获得数据,被调查对象所在的企业主要为浙江省的民营企业,体现了浙江省的经济特点,样本主要来源于杭州、宁波、温州和嘉兴地区的企业。

(二)变量测量

真实型领导采用由 Walumbwa 等[8]编制的量表,该量表包含自我意识、关系透明、内化道德和平衡加工四个维度。自我效能感采用由 Schwarzer 等[16]编制的一般自我效能感量表,该量表为单一维度。员工建言行为采用 Liang 等[17]开发的员工建言行为量表,其包括促进性建言行为和抑制性建言行为两个维度。本文所有量表均采用 Likert 五点计分方式。

四、分析与结论

(一)信度与效度检验

本文信度检验采用 Cronbach's α 系数来估计,结果显示,真实型领导及其各维度,即自我意识、关系透明、内化道德和平衡加工的信度分别为 0.896,0.875,0.889,0.864 和 0.837,自我效能感的信度为 0.897,建言行为及其各维度,即促进性建言行为和抑制性建言行为的信度分别为 0.900,0.859 和 0.899,说明量表有很好的信度。

效度分析方面,本文在探索性因子分析基础上采用 AMOS 17.0 软件,对数据进行验证性因子分析,结果显示,各量表均具有较好的效度(表 1),各变量模型的 χ^2/df 均小于 3,RMSEA 值均小于 0.08;GFI,NFI 和 CFI 值均高于 0.9,由此可知真实型领导、自我效能感和建言行为要素体系的测量模型拟合良好,模型是有效的。

表 1　各量表验证性因子分析结果

变　量	拟合指标							
	χ^2	df	P	χ^2/df	RMSEA	GFI	NFI	CFI
真实型领导	189.635	98	0.000	1.935	0.060	0.916	0.921	0.960
自我效能感	66.280	35	0.001	1.894	0.059	0.952	0.942	0.971
建言行为	57.594	34	0.007	1.694	0.052	0.959	0.948	0.983

(二)假设检验

1. 回归分析

本文首先采用 SPSS 软件对整体层面上自我效能感的中介作用进行检验。由表 2 可知,方程 1 以真实型领导为自变量,以中介变量自我效能感为因变量,回归结果达到显著性水平($\beta=0.639$,$P<0.001$),解释的方差变异为 43.5%,表明假设 2 得到验证;方程 2 以自我效能感为自变量,建言行为为因变量,回归结果达到显著性水平($\beta=0.597$,$P<0.001$),解释的方差变异为 49.5%,表明假设 3 得到验证;方程 3 中,以真实型领导为自变量,建言行为为因变量,回归结果达到显著性水平($\beta=0.690$,$P<0.001$),解释的方差变异为 61.0%,表明假设 1 得到部分验证;方程 4 中,真实型领导和自我效能感同时加入回归方程,真实型领导对建言行为的回归系数由 0.690 降到 0.524,影响有所减弱,但依然显著,因此可以初步得出自我效能感起中介作用的结论,假设 4 得到验证。

表 2　回归分析结果

变量	方程 1	方程 2	方程 3	方程 4
	自我效能感	建言行为	建言行为	建言行为
自变量				
真实型领导	0.639***		0.690***	0.524***

续　表

变量	方程 1	方程 2	方程 3	方程 4
	自我效能感	建言行为	建言行为	建言行为
中介变量				
自我效能感		0.597***		0.260***
F 值	40.489***	49.197***	78.665***	76.679***
R^2	0.446	0.495	0.610	0.648
调整后 R^2	0.435	0.485	0.603	0.639

注：* 表示 P<0.05，** 表示 P<0.01，*** 表示 P<0.001。

2. 结构方程模型分析

采用结构方程模型对维度层面进行假设检验，在初始模型中，"自我效能感←自我意识"和"抑制性建言行为←自我意识"2 条路径未达到显著水平，因此，对其进行修正，最终得到修正模型（图 1）。由修正模型分析结果（表 3）可知，所有的路经系数的 C. R. 值均大于 1.96。修正模型的 $\chi^2/df=1.400<3$，模型 RMSEA 值为 0.040<0.06，在可接受范围内；GFI 和 NFI 接近 0.9，CFI＝0.956>0.9。综上可知，修正模型总体拟合符合要求，无须进一步修正。结构方程模型分析结果显示，

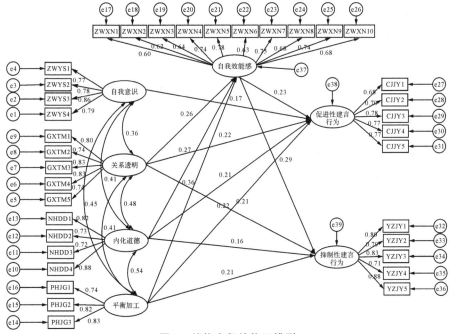

图 1　结构方程的修正模型

假设 2a、4b 部分成立,其他假设均完全成立(图表中数据因小数点取舍位数不同而不同)。

表 3　修正模型分析结果

假设路径	标准化回归系数	C. R. 值	P
自我效能感←关系透明	0.259	3.781	***
自我效能感←内化道德	0.273	3.645	***
自我效能感←平衡加工	0.356	4.640	***
促进性建言行为←自我效能感	0.229	2.864	0.004
抑制性建言行为←自我效能感	0.288	3.358	***
促进性建言行为←自我意识	0.170	2.793	0.005
促进性建言行为←关系透明	0.222	3.360	***
抑制性建言行为←关系透明	0.207	3.024	0.002
促进性建言行为←内化道德	0.206	2.868	0.004
抑制性建言行为←内化道德	0.164	2.203	0.028
促进性建言行为←平衡加工	0.215	2.831	0.005
抑制性建言行为←平衡加工	0.206	2.670	0.008

拟合指标	χ^2	df	P	χ^2/df	RMSEA	GFI	NFI	CFI
具体数值	806.510	576	0.000	1.400	0.040	0.851	0.862	0.956

3. 结论讨论

由此,本文的实证结果总结如下:

(1)假设 1、1a 均成立。结果显示,真实型领导对员工建言行为总体上具有显著正向影响,这表明真实型领导水平越高,员工表现出的建言行为越多,这与现有相关研究结果相一致。也就是说,在中国文化背景下,员工是喜欢真实型领导的,在真实型领导下,他们愿意发表自己的看法。相对于西方人的理性主义,中国人情感性比较强,虽然浙商企业的员工在国人圈子里算比较理性的,但不管是对人和对事的看法还是判断和处理事件,仍会受感情因素的影响,[18]因此当员工身临其境感知到真实型领导时,理性就会相对缺乏,而感性就会占主导地位,因此真实型领导对员工的建言行为是显著正向影响的。

运用结构方程模型进一步分析可知,真实型领导 4 个维度对员工建言行为 2 个维度的影响存在一定差异。自我意识对促进性建言行为有直接的显著效应,但对抑制性建言行为的直接效应不显著,关系透明、内化道德和平衡加工对员工促进性建言行为和抑制性建言行为均有显著正向影响,原因可能是:首先,因为自我意识是基础,起基础性作用,所以其对员工抑制性建言行为的直接影响不明显,而关系透明等各维度是行为性的,其作用明显。其次,因为中国的文化传统是重情感而缺乏理性的,自我意识及其基础性作用既是理性的,又需要理性去认识和把握,而关系透明、内化道德和平衡加工这些调节性行为,是可感知的,感性特点明显,所以作用显著。再次,促进性建言行为所具有的好意更容易被领导者理解,而抑制性建言行为给员工带来的风险是明显的,它更容易被他人误解,员工的顾虑就更多,因此要有切实感知才会进行这种行为。最后,由于缺乏理性及对自我意识作用的认识或认同,所以真实型领导对员工建言行为的影响是不稳定的。

(2)假设 2 成立、2a 部分成立。除自我意识外的其他三个维度对员工的自我效能感均有显著正向影响,原因可能是:自我意识指领导者清楚了解自己的优势及劣势,侧重于对自身的认识,但这很难对员工的自我效能感产生直接显著影响。

(3)假设 3、3a、3b 均成立。员工自我效能感对促进性建言行为和抑制性建言行为均有显著正向影响,且对抑制性建言行为的影响程度更高,其原因可能是:抑制性建言行为强调对组织中问题的指出,强调打破常规和旧习,其蕴含的风险更多,由此对自我效能感提出了更高的要求。

(4)假设 4、4a 成立,4b 部分成立。自我效能感部分中介真实型领导对员工建言行为的作用,也就是说,真实型领导直接对员工建言行为产生正向影响的同时,还通过自我效能感间接对建言行为产生作用,即自我效能感在真实型领导各维度(除自我意识)与建言行为二维度之间起部分中介作用。

五、管理启示

(1)转变领导风格,提高真实型领导水平。浙江的企业不管是在制度上还是在管理上一直处于中国企业的前列。在经济全球化的今天,越来越多的国人尤其是浙江人受到西方文化的影响,倡导独立、自主,而浙商企业家也更注重个人素质的提升,由此浙江的企业希望采取更有效的领导方式发挥员工的潜能,实现领导绩效和员工绩效的共赢。本文研究结果表明,真实型领导对于员工的建言行为有显著积极的正向影响。因此,浙江企业要加强对真实型领导的重视,在今后的企业管理过程中,要提高领导者真实性水平,通过真实型领导增强员工的自我效能感,从而促进建言行为,为企业的发展献计献策。

(2)提高员工的理性和自我意识水平。中国的文化传统是重情感,且缺乏理性的,本文研究表明,真实型领导的自我意识对员工的抑制性建言行为的正向影响不显著。由于自我意识及其基础性作用是理性的,需要员工理性去认识和把握,因此,企业须提高员工的理性和自我意识水平,加强员工对自我意识的认识和认同,由此才能更好地发挥真实型领导的积极作用。

(3)注重员工自我效能感的提升。在企业管理实践过程中,一方面,领导者在领导工作过程中要考虑自己的行为会对员工的心理状态造成的影响,可以通过建立良好的关系及提供认知、道德和情感等支持增强员工自我效能感;另一方面,企业可以采取培训、职务提升、职业发展等一系列措施培养员工的自我效能感。

(4)采取措施激励员工主动建言。建言行为对于企业的重要性是不言而喻的,它有助于企业及时发现管理和运作中存在的问题,使企业在动态环境中快速做出决策,增强竞争优势。因此,企业要采取一些措施激励员工建言,比如拓宽员工建言渠道、建立有效的建言反馈机制等,其中关键的是领导者要有一个虚心纳谏的心态,对员工不同的想法表示尊重,营造一种使员工愿意且敢于建言的氛围。

参考文献

[1] 比尔·乔治,彼得·西蒙斯.真北[M].刘祥亚,译.广东:广东经济出版社,2008.

[2] CLAPP-SMITH R, VOGELGESANG G R, AVEY J B. Authentic Leadership and Positive Psychological Capital: The Mediating Role of Trust at the Group Level Level of Analysis [J]. Organizational Studies, 2009 (3): 227—240.

[3] 吕福新.再创浙商新优势:制度和管理创新[J].管理世界,2004 (10): 131—133.

[4] 金杨华."浙商"从个人偏好到组织公正的转型[J].浙江社会科学,2007 (3): 53—56.

[5] HSIUNG H H. Authentic Leadership and Employee Voice Behavior: A Multi-level Psychological Process[J]. Journal of Business Ethics, 2012(3): 349—361.

[6] HOFSTEDE G, HOFSTEDE G J, MINKOV M. Cultures and organizations: Software of the mind[M]. London: McGraw-Hill, 1991.

[7] SIGNORINI P, WIESEMES R, MURPHY R. Developing Alternative Frameworks for Exploring Intercultural Learning: A Critique of Hofstede's Cultural Difference Model[J]. Teaching in Higher Education, 2009(3): 253—264.

[8] WALUMBWA F O, AVOLIO B J, GARDNER W L, et al. Authentic Leadership: Development and Validation of a Theory-Based Measure[J]. Journal of management, 2008 (1): 89—126.

[9] AVOLIO B J, GARDNER W L. Authentic Leadership Development: Getting to The Root of Positive forms of Leadership[J]. The Leadership Quarterly, 2005(3): 315—338.

[10] MAYER R C, DAVIS J H, SCHOORMAN F D. An Integrative Model of Organizational Trust[J]. Academy of Management Review, 1995(3): 709—734.

[11] 陈文平,段锦云,田晓明.员工为什么不建言:基于中国文化视角的解析[J].心理科学进展,2013(5): 905—913.

[12] ILIES R, MORGESON F P, NAHRGANG J D. Authentic Leadership and Eudaemonic

Well-being: Understanding Leader-follower Outcomes[J]. The Leadership Quarterly, 2005 (3): 373—394.

[13] BANDURA A. Social Foundations of Thought and Action: A Social Cognitive Theory[M]. Englewood Cliffs, NJ: Prentice Hall, 1986.

[14] MADDUX J E. Self-Efficacy: The Power Of Believing You Can. In[M]. C R Snyder & S. J. Lopez (Eds.), Handbook of Positive Psychology. New York: Oxford University Press, 2002, 277—287.

[15] PARKER S K, WILLIAMS H M, TURNER N. Modeling The Antecedents of Proactive Behavior At Work[J]. Journal of Applied Psychology, 2006(3): 636.

[16] SCHWARZER R, BÄßLER J, KWIATEK P, et al. The Assessment of Optimistic Self-Beliefs: Comparison of The German, Spanish, and Chinese Versions of The General Self-Efficacy Scale[J]. Applied Psychology, 1997(1): 69—88.

[17] LIANG J, FARH C I C, FARH J L. Psychological Antecedents of Promotive and Prohibitive Voice: A Two-Wave Examination[J]. Academy of Management Journal, 2012 (1): 71—92.

[18] 吕福新. 再创浙商新优势: 制度和管理创新[J]. 管理世界, 2004(10): 131—133.

员工核心自我评价与组织公民行为关系研究：有调节的中介作用

尹盈盈[1]　应心凤[2]

（1 浙江工商大学工商管理学院，浙江杭州，310018；
2 杭州师范大学教育学院，浙江杭州，310036）

摘　要：本文在总结归纳前人研究的基础之上，采用问卷调查的形式，对来自安徽、浙江等地不同企业中的 266 名员工进行了调查，考察了核心自我评价、心理授权、过度教育及组织公民行为几个变量之间的关系。研究得到如下结论：

（1）核心自我评价对组织公民行为有积极预测作用；

（2）心理授权在核心自我评价与组织公民行为关系之间起部分中介作用；

（3）过度教育对在心理授权的中介效应中起调节作用。

关键词：核心自我评价　心理授权　过度教育　组织公民行为

一、问题提出

Smith 等[1]及 Organ 最早提出组织公民行为（Organizational Citizenship Behavior）的概念。[1][2]1988 年，Organ 正式将组织公民行为定义为"在组织正式的薪酬体系中尚未得到明确或直接的确认，但就整体而言有益于组织运作成效的行为总和"。

前人对组织公民行为影响因素的研究包括个体特征、任务特征、组织特征和领导行为等方面。个体特征的研究最初主要集中在与态度、动机相关的前因方面[3-4]，对于组织公民行为受个体特质影响的理论也得到很多学者的支持。近年来，随着人格心理学的不断发展，学者们越来越关注综合性的人格特质变量对组织公民行为的影响。因此，本文也将就核心自我评价这一综合性人格特质对组织公民行为的影响进行探究。

二、理论与假设

(一)核心自我评价与组织公民行为的关系

核心自我评价(Core self-evaluation,CSE)是个体对自我能力和价值所保有的最基本的估计和评价,最早由 Judge 等提出,主要包括四个要素:自尊(self-esteem)、心理控制(focus of contral)、一般自我效能感(general self-efficacy)和神经质(neuroticism)。[5]

国内外关于核心自我评价与组织公民行为之间关系的研究不多。一般认为在影响组织公民行为的因素中,个体特征中的特质变量是不可忽略的,已有的研究结果发现,责任感、宜人性与组织公民行为的利他主义行为、组织遵从有密切关系。个体的积极情感与利他主义行为、组织遵从有显著正相关。反之,消极情绪则与利他主义行为、组织遵从有显著负相关。[3]自从核心自我评价的概念提出后,作为一种稳定、深层的人格特质,不断发现其比大五人格等其他具体特质在对工作满意度和工作绩效等变量的影响上具有更好的预测力。王震等采用配对问卷调查法,以150 位管理者和 464 位下属为研究对象,通过跨层次分析表明管理者核心自我评价对下属公民行为有显著正向影响;道德式领带在管理核心自我评价与下属公民行为关系中有中介作用。[6]刘美佳通过实证证明,核心自我评价与组织公民行为正相关,并对组织公民行为有积极预测作用。[7]基于此,本文提出假设:

H1:核心自我评价与组织公民行为正相关,并对组织公民行为有积极预测作用。

(二)心理授权在核心自我评价与组织公民行为之间的中介作用

心理授权(Psychological Empowerment)的概念是 Thomas 等提出的,他们认为授权是指个体体验到的心理状态或认知的综合体,这个综合体包括四个认知维度:工作意义(meaning)、自我效能(self-efficacy or competence)、自主性(self-determination)和工作影响(impact)。[8]

自我决定理论作为心理授权研究中最重要的理论之一,其认为,任务的激励效果不是由任务活动的客观特征决定,而是由这些任务活动赋予人的心理意义所决定,任务给个体带来自主型动机,个体就会受到激励。一般而言,核心自我评价较高的个体通常会选择具有挑战性的工作,由此促使其工作动机得到内化,进而对心理授权的感知产生强化。例如,Judge 等的研究就证实了核心自我评价对心理授权的正向影响。[9]此外,持续增强的内部动机能有效提升员工组织公民行为。Seibert 对于心理授权的元分析表明:心理授权水平较高的个体会对自己的工作态度与工作行为产生更为积极的知觉或体验。[10]基于以上分析,可将心理授权视为中介变量,如果员工核心自我评价较高,其心理授权程度就会得到增强,增强的内部动机继而影响其组织公民行为。基于以上论述提出如下假设:

H2:心理授权在新生代员工核心自我评价与组织公民行为关系之间有中介效应。

(三)过度教育对心理授权中介作用的调节作用

组织中员工对工作环境的反应,受他们自我评估及和比较对象多方面对比结果的影响。[11]一方面,核心自我评价高的个体会对工作产生较高预期,当个体感觉到为工作所投入的前期教育成本并未获得相应收获时,会大大降低其工作动机。Agut等的研究显示,"过度教育对个人主动性和内在工作价值观有着消极影响"。[12]因此推断,过度教育在核心自我评价与心理授权关系间起负向调节作用。

另一方面,个体通过与那些和他们从事类似工作但显然学历低于他们的人相比较,会感觉自我工作预期没有得到满足,进而产生相对剥夺感。相关研究表明,相对剥夺感会降低个体对薪酬的满意水平,而且会对个体的身心健康产生不利影响。可以说,过度教育会造成员工对自身工作角色的消极定位,因此会削弱个体心理授权与组织公民行为之间的正向关系。[13-14]据此提出如下假设:

H3:过度教育在心理授权的中介效应中起着调节作用。

综上所述,所有假设如图1所示。

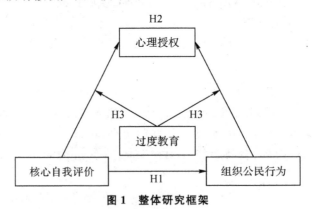

图1　整体研究框架

三、研究方法

(一)被试样本

本文通过网络和纸质问卷两种途径收集问卷数据。所有问卷采取匿名方式。问卷筛选后,共回收300份,其中有效问卷266份,有效回收率88.67%。

样本主要来源地域是安徽和浙江,其中安徽占29.07%,浙江占23%;男性占比 44.4％，女性占比为 55.6％，但总体来说，性别比例较为均衡；30 岁以下的累计占比 36.5％，40 岁以下的累计占比 92.9％，说明本文的被试样本年龄层次主要集中在 40 岁以下；高中/中专及以下人群占比 5.6％，大专人群占比 30.8％，本科人群占比 56.4％，硕士及以上人群占比 7.1％，所以本文被试样本学历水平集中分布在大专到本科水平。

（二）研究量表工具

1. 核心自我评价量表

本文采用张翔等人修订的核心自我评价量表中文版，[15]包括"总的来说，我对自己感到满意。"等 10 个条目。量表采用 5 点计分，被试回答从"非常不同意"到"非常同意"，第 2、3、5、7、8、10 项为反向计分，分数越高，代表个体的核心自我评价越积极，反之越消极。Cronbach's a 为 0.850。

2. 心理授权量表

采用 Spreitzer 编制，李超平等修订的心理授权量表，[16]包含工作意义、工作自主性、胜任力和影响力四个维度，共 12 个条目。采用 5 点评定，"1"表示"非常不同意"到"5"表示"非常同意"，分数越高，心理授权水平越高。Cronbach's a 为 0.874。

3. 组织公民行为量表

采用 Lee 等编制的组织公民行为量表，共 16 个项目，包含人际指向（OCBI）和组织指向（OCBO）两个维度，每个维度 8 个项目。同时，用 7 点计分，被试回答从"非常不同意"到"非常同意"，分数越高，表示个体对组织有利的行为越多。[17]Cronbach's a 为 0.890。

4. 过度教育量表

采用 Johnson 编制的不匹配感知量表，包括"我的学历水平超过了目前工作所需"等 4 个条目。[18]采用 5 点评定，"1"表示"完全不同意"到"5"表示"完全同意"，分数越高，感知到的过度教育水平越高。Cronbach's a 为 0.769。

四、研究结果与分析

本文主要采用 SPSS16.0 统计分析软件来对所有正式施测的数据进行分析。

对本文所用相关量表工具进行信效度分析，结果显示，各量表均具有良好的结构效度和内部一致性信度。

（一）相关分析结果

变量之间相关性由表 1 给出，显示了所有变量的 Pearson 相关系数。由表 1 可以初步得到因素之间的基本关系。

由表 1 可以看出，在控制了人口统计学变量之后，各变量之间相关关系如下：

核心自我评价与心理授权正相关（R＝0.402，P＜0.01），假设 2 得到初步支持；核心自我评价与组织公民行为正相关（R＝0.902，P＜0.01），假设 1 得到初步支持；心理授权与过度教育正相关（R＝0.443，P＜0.01），假设 3 得到初步验证；过度教育不匹配感知与核心自我评价（R＝－0.347，P＜0.01）、心理授权（R＝－0.305，P＜0.01）、组织公民行为（R＝－0.372，P＜0.01），均呈负相关关系。

表 1 各变量的 Pearson 相关系数

	1	2	3	4	5	6	7	8	9	10
性别	−0.046									
年龄	−0.067	−0.013								
学历	−0.152**	0.075	0.052							
hxzwpj	−0.036	0.027	0.092	−0.035	−0.057	0.052				
xlsq	−0.117	−0.009	0.001	0.042	0.031	0.077	0.402**			
ocb	−0.045	0.034	0.061	−0.042	−0.056	0.038	0.902**	0.443**		
bppgz	0.017	−0.009	0.017	−0.035	−0.016	−0.051	−0.347**	−0.305**	−0.372**	1

注：＊＊在 0.01 水平（双侧）上显著相关，＊在 0.05 水平（双侧）上显著相关。

（二）心理授权的中介作用分析

关于中介作用的检验，中介效应的前提是假设自变量与因变量的相关显著，即回归系数 c 显著，在这个前提下考虑中介变量 M。由前文可知，本文自变量核心自我评价与组织公民行为之间相关性显著，在此前提下可以考虑中介变量心理授权的中介效应。

依据中介效应检验程序依次进行中介效应检验。首先自变量核心自我评价对因变量组织公民行为的回归，上文已经验证显著，则 c 显著。自变量核心自我评价与中介变量心理授权及中介变量心理授权与因变量组织公民行为之间的回归，上文也已经验证显著，则 a，b 均显著。接下来可以进一步检验心理授权对核心自我评价与组织公民行为的中介作用。

首先在模型 1 中控制人口统计变量；其次在模型 2 中引入自变量核心自我评价；最后，在模型 3 中引入中介变量心理授权，因变量为组织公民行为。所得结果见表 2。

表 2 心理授权对核心自我评价－组织公民行为的中介作用

组织公民行为(β)				
变　量		模型 1	模型 2	模型 3
控制变量	(常量)			
	性别	0.029	0.008	0.011
	年龄	0.065	−0.021	−0.011
	学历	−0.056	−0.012	−0.019
自变量	hxzwpj		0.903***	0.863***
中介变量	xlsq			0.097**
	F	0.578	161.996***	148.739***
	R^2	0.013	0.815	0.822
	$\triangle R^2$	−0.010	0.810	0.817

注: * 表示 P<0.05, ** 表示 P<0.01, *** 表示 P<0.001。

从表 2 可以看出,模型 2 中核心自我评价对组织公民行为具有非常显著的正向影响力(β＝0.903,P<0.001),当模型 3 引入中介变量心理授权时,核心自我评价对组织公民行为的正向影响仍然显著,但作用减小(β＝0.863,P<0.001),且心理授权对组织公民行为的正向影响显著(β＝0.097,P＝0.001)。因此,心理授权在核心自我评价与组织公民行为之间起到部分中介作用,假设 2 得以验证。

(三)调节效应分析

对于调节效应的检验方法,温忠麟等(2005)提出首先将自变量和调节变量中心化,然后做因变量对自变量、调节变量及层次回归分析,若交互项的回归系数显著,则调节效应显著。[19]

1. 过度教育对核心自我评价－组织公民行为的调节作用分析

按照上文论述的检验方法,以核心自我评价为自变量,过度教育为调节变量,组织公民行为为因变量做层次回归分析。结果见表 3:

表 3 的结果显示核心自我评价对组织公民行为具有显著的正向预测作用(β＝0.346,P<0.001),过度教育对组织公民行为具有显著的负向预测作用(β＝−0.175,P<0.001)。而交互项核心自我评价×过度教育进入回归方程后对员工的组织公民行为未产生显著影响(β＝0.064,P>0.05)。即过度教育对核心自我评价与组织公民行为关系的调节作用不显著。

表 3　过度教育对核心自我评价—组织公民行为的调节作用分析表

组织（β）

变量	模型 1	模型 2	模型 3	模型 4
（常量）				
性别	−0.015	−0.025	−0.024	−0.022
年龄	−0.058	−0.096	−0.079	−0.079
学历	0.048	0.068	0.056	0.059
Zscore(avehxzwpj)		0.408***	0.346***	0.329***
Zscore(avebpplb2)			−0.175**	−0.170*
hxzwpjXgdjy				0.064
F	0.999	8.457***	8.707***	7.878***
R²	0.023	0.187	0.213	0.217
△R²	0.000	0.165	0.189	0.189

注：* 表示 $P<0.05$，** 表示 $P<0.01$，*** 表示 $P<0.001$。

2. 过度教育对核心自我评价—心理授权的调节作用分析

表 4 结果显示核心自我评价对心理授权具有显著的正向预测作用（$\beta=0.879$，$P<0.001$），过度教育对心理授权具有显著的负向预测作用（$\beta=-0.067$，$P<0.05$）。而交互项核心自我评价×过度教育进入回归方程后对员工的心理授权也产生显著影响（$\beta=0.057$，$P<0.05$）。即过度教育对核心自我评价与心理授权关系的调节作用显著。

表 4　过度教育对核心自我评价—心理授权的调节作用分析表

xlsq（β）

变量	模型 1	模型 2	模型 3	模型 4
（常量）				
性别	0.029	0.008	0.008	0.010
年龄	0.065	−0.021	−0.014	−0.014
学历	−0.056	−0.012	−0.017	−0.014
Zscore(avehxzwpj)		0.903***	0.879***	0.864***
Zscore(avebpplb2)			−0.067*	−0.062*
核心自我评价 X 过度教育	0.578			0.057*

变量	模型 1	模型 2	模型 3	模型 4
		xlsq(β)		
F	0.013	161.996***	144.892***	130.873***
R^2	-0.010	0.815	0.819	0.821
$\triangle R^2$		0.810	0.813	0.815

注：* 表示 P<0.05，** 表示 P<0.01，*** 表示 P<0.001。

3. 过度教育对心理授权中介效应的调节作用分析

如上文论述，心理授权在核心自我评价与组织公民行为关系中产生了中介效应，下文将进一步考察心理授权的中介效应是否受到过度教育的调节。对有调节的中介效应进行检验之前需要满足以下两个条件：首先是中介作用的总效应成立，其次是调节变量与自变量的交互作用不影响因变量。在满足这两个有调节的中介效应检验的条件下，采用 Muller 等关于有调节的中介效应的检验程序。[20]因此，建立以下三个回归方程，进行有调节的中介效应检验。

$$Y = a_{10} + a_{11}X + a_{12}Mo + a_{13}XMo + \varepsilon \tag{1}$$

$$M = a_{20} + a_{21}X + a_{22}Mo + a_{23}XMo + \varepsilon_2 \tag{2}$$

$$Y = a_{30} + a_{31} + a_{32}Mo + a_{33}XMo + a_{34}Me + a_{35}MeMo + \varepsilon_3 \tag{3}$$

基于此，以下任何一种情况成立即可判定中介变量的调节作用成立。①自变量与调节变量的交互作用显著影响中介变量（a_{23}，a_{34} 显著）；②自变量与中介变量的交互作用显著影响因变量（a_{21}，a_{35} 显著）；③自变量与调节变量的交互作用及调节变量与中介变量的交互作用同时显著影响因变量（a_{23}，a_{34}，a_{21}，a_{35} 均显著）。

如上文所述程序，逐步进行层级回归，并进行有调节的中介效应验证。关于第一个条件：中介作用的总效应上文已经验证显著；第二个条件，以核心自我评价、过度教育及交互项核心自我评价×过度教育作为预测变量，组织公民行为为因变量进行层级回归，检验过度教育对核心自我评价与组织公民行为之间关系的调节作用。这一步骤上文已经验证过，结果参见表3。表3显示过度教育对核心自我评价与组织公民行为关系之间的调节作用不显著（β=0.064，P>0.05）。

以核心自我评价、过度教育及交互项核心自我评价×过度教育作为预测变量，以心理授权为因变量进行层级回归分析。这一步骤上文也已经做过验证，结果参见表格4。显示核心自我评价与过度教育的交互项对心理授权作用显著（β=0.057，P<0.05）。

最后以核心自我评价、过度教育、交互项核心自我评价×过度教育、心理授权、交互项心理授权×过度教育作为预测变量,以组织公民行为作为因变量进行层级回归分析,结果见表 5 所示。

表 5　过度教育对心理授权中介效应的调节作用分析

		组织公民行为(β)					
变量		模型 1	模型 2	模型 3	模型 4	模型 5	模型 6
控制变量	(常量)						
	公司性质	−0.040	−0.015	−0.016	−0.017	−0.009	−0.011
	性别	0.029	0.008	0.008	0.010	0.012	0.007
	年龄	0.065	−0.021	−0.014	−0.014	−0.008	−0.006
	学历	−0.056	−0.012	−0.017	−0.014	−0.019	−0.016
	核心自我评价		0.903***	0.879***	0.864***	0.836***	0.840***
自变量	过度教育			−0.067*	−0.062*	−0.048	−0.046
调节变量	核心自我评价×过度教育				0.057	0.052	0.076**
自变量×调节变量	心理授权					0.084**	0.087**
中介变量	心理授权×过度教育						−0.069*
中介变量×调节变量	F	0.578	161.996***	144.892***	130.873***	121.898***	113.583***
	R²	0.013	0.815	0.819	0.821	0.827	0.831
	△R²	−0.010	0.810	0.813	0.815	0.820	0.824

注:* 表示 P<0.05,** 表示 P<0.01,*** 表示 P<0.001。

如表 5 结果显示,心理授权(β=0.087,P<0.01)、交互项心理授权×过度教育(β=−0.069,P<0.05)对组织公民行为的作用效果显著。因此,本文结果满足总体中介效应显著,但是总体调节效应不显著的前提条件下,交互项核心自我评价×过度教育对心理授权的影响显著,即核心自我评价与过度教育的交互作用显著影响员工心理授权;而心理授权与过度教育的交互作用又进一步显著影响员工的组织公民行为。因此,可判定过度教育对心理授权中介效应的调节作用是成立的,即假设 3 得到验证。

五、讨论与结论

(一)核心自我评价对心理授权和组织公民行为的影响

由本文结果可知,核心自我评价的确与心理授权呈正相关关系,并对心理授权有着积极的预测作用,这表明高核心自我评价的个体主观上感知到的心理授权会更多。因此,相对于低核心自我评价的个体来说,高核心自我评价的个体对自身的评价会更加积极,感觉到自己所能承担的任务也更多,所以主观体验到的心理授权也会更多。

核心自我评价与组织公民行为之间也是正相关关系,并且对组织公民行为有积极的预测作用。这表明理论上来讲,高核心自我评价的个体会做出更多的对组织有利的行为。究其原因可能是相对于低核心自我评价的个体他们处于更积极的状态,一方面对自己的要求相对更高,希望自己能为组织做出更多更大的贡献;而另外一个方面也可能是因为个体能够调动的资源也会更多,因而能够帮助自己做出更多对组织有利的行为。

(二)心理授权的中介作用

上文数据分析显示,心理授权在核心自我评价与组织公民行为之间起到部分中介作用($\beta=0.097$,P$=0.001$)。这说明,核心自我评价对组织公民行为的影响有一部分通过心理授权起作用。个体的核心自我评价水平通过影响其感知到的心理授权而最终对其在组织中的有利行为产生部分影响。一般认为,高核心自我评价的个体有着更积极的自我评价,相信自己能够胜任工作的动机及能力也相应更强,因而会感知到更多的心理授权,从而会对组织公民行为有积极预测作用。

(三)过度教育的调节作用

本文研究结果证实,过度教育在员工心里授权对核心自我评价与组织公民行为关系的部分中介作用中起到调节作用。这种调节作用不仅体现在核心自我评价与心理授权的关系上,同时也体现在心理授权与组织公民行为的关系上。这表明,员工心理授权对组织公民行为的影响是有调节的中介效应。

一方面,员工渴望人格的独立和他人的尊重,希望参与有价值、有挑战性的工作任务。但是,当员工认为自己的大胆创新无法得到组织的认可,或者是付出的脑力劳动得不到相对应尊重时,便会感觉到自身对组织的发展决策和管理缺少话语权,从而让过度教育高感知削弱了核心自我评价对心理授权的积极影响。另一方面,员工希望能将自己的利益与组织的发展密切结合起来,虽然心理授权有助于提高信息的透明度,增加员工程序公正感,但是如果员工受任职不匹配因素的影响就会对组织目标缺乏认同,也会降低员工组织公民行为的输出,这对于高过度教育感知群体尤为明显。

六、研究局限与未来展望

第一,由于研究经费有限,本文的问卷主要通过在线发放,回收到有效问卷只有 266 份,距离样本与题项之比应该大于 10 的理论标准还有一段差距,导致正式研究样本存在一定的局限性。尽管在实证分析中本研究问卷有着比较好的信度和效度,但是考虑到研究结论的外在效度,本文的样本在数量和覆盖面上都有可能会降低统计分析的效果。所以之后的研究在取样上可以扩大样本的范围,增加样本的丰富性,扩大研究的广度和深度。

第二,量表的选用方面,虽然选用的都是国内外经过检验的成熟量表,核心自我评价量表也经过我国学者的修订和研究验证,但是也有学者认为基于我国本土文化,对核心自我评价的结构及定义要与西方核心自我评价有所区别,但是因为到目前为止没有学者对中国本土的核心自我评价量表进行独立编写,所以依然沿用的是国内学者对国外量表的修订版本。往后的研究应该着力在我国情境下进一步对这些量表进行完善的验证,或者开发出适合我国情境的中国本土化的核心自我评价量表。

第三,如上文所述,由于核心自我评价在学术界尚属于较新的概念,所以针对它的研究多数集中在概念、结构及测量或者其余结果变量的直接关系上,对于它的作用机制的研究一直未有实质性的突破。综上而言,目前国内外关于核心自我评价与组织公民行为关系的研究仍存在一定的局限,如研究视角较窄、作用机制没有得到深入探讨等。将来关于核心自我评价,学者应该将注意力转移到核心自我评价的作用机制上进行进一步研究。本文虽证实了心理授权在核心自我评价与组织公民行为之间的中介作用及过度教育对心理授权中介作用的调节作用,但还需要学者们进行更加深入的研究和拓展。

参考文献

[1] SMITH C A, ORGAN D W, NEAR J P. Organizational Citizenship Behavior:Its Nature and Antecedents [J]. Journal of Applied Pscychology, 1983,68:653—663.

[2] ORGAN D W. Organzational Citizenship Behavior:The Good Soldiersyndrome[M]. Lextinction, MA:LextinctionBooks,1988.

[3] ORGAN D W, RYAN K. A Meta-Analytic Review of Attitudinal and Dispositional Predictors of Organizational Citizenship Behavior[J]. Personnel Psychology, 1995,48(4):775—802.

[4] RIOUX R M,PENNER L A. The Causes of Organizational Citizenship Behavior:A Motivational Analysis[J]. Journal of Applied Psychology,2001. 86,1306—1314.

[5] JUDGE T A, LOCKE E A, DURHAM C C, et al. Dispositional Effects on Job and Life Satisfaction: The Role of Core Evaluations[J]. Journal of Applied Psychology, 1998,83, 17—34.

[6] 王震,孙健敏,张瑞娟. 管理者核心自我评价对下属组织公民行为的影响:道德式领导和集体主义导向的作用[J]. 心理学报,2012,44(9):1231—1243.

[7] 刘美佳.核心自我评价对工作投入和组织公民行为的影响——领悟社会支持的中介作用

[D]. 杭州:浙江大学,2013.

[8] THOMAS K W, VELTHOUSE B A. Cognitive Elements of Em Powermen:T An 'Interpretive' Model of Intrinsic Task Motivation[J]. Academy of Management Review, 1990(15).

[9] JUDGE T A, HURST C. Capitalizing on One's Advantages:Role of Core Self Evaluations [J]. Journal of Applied Psychology,2007,92(5):1212—1227.

[10] SEIBERT S E, WANG G, COURTRIGHT S H. Antecedents and Consequences of Psychological and Team Empowerment in Organizations:A Meta-analytic Review[J]. Journal of Applied Psychology,2011,96(5):981—1003.

[11] CROSBY F. Relative Deprivation in Organizational Settings[J]. Research in Organizational Behavior:An Annual Series of Analytic Essays and Critical Reviews,1984(6):51—93.

[12] AGUT S,PEIRÓ J M,GRAU R. The Efect of Overeducation on Job Content Innovation and Career Enhancing Strategies among Young Spanish Employees [J]. Joumal of Career Development,2009,36(2):159—182.

[13] BUUNK B P,JANSSEN P P M. Relative Deprivation,Career Issues,and Mental Health among Men in Midlife[J]. Journal of Vocational Behavior,1992,40(3):338—350.

[14] SWEENEY P D,MCFARLIN D B,INDERRIEDEN E J. Using Relative Deprivation Theory to Explain Satisfaction with Income and PayLevel:A Multi-study Examination[J]. Academy of Management Journal,1990,33(2):423—436.

[15] 张翔. 核心自我评价的测量及其对员工工作态度和工作绩效的影响[D]. 开封:河南大学,2007.

[16] 李超平,李晓轩,时勘,等. 授权的测量及其与员工工作态度的关系[J]. 心理学报,2006,38(1):99—106.

[17] LEE K, ALLEN N J. Organizational Citizenship Behavior and Workplace Deviance The Role of Affect and Cognition[J]. Journal of applied psychology. 2002,87(1):131—142.

[18] JOHNSON G J,JOHNSON W R. Perceived Overqualification and Psychological Well-being [J]. Journal of Social Psychology,1996,136(4):435—445.

[19] 温忠麟,侯杰泰,张雷. 调节效应与中介效应的比较和应用[J]. 心理学报,2005,37(2):268—274.

[20] MULLER D,JUDD C M,YZERHYT V Y. When Moderation is Mediated and Mediation is Moderated[J]. Journal of Personality and Social Psychology,2005,89(6):852—863.

职业初期知识型女性员工
职业成长机理研究[①]
——工作家庭平衡视角

孙灵岚

（浙江工商大学工商管理学院，浙江杭州，310035）

摘　要：职业初期是为职业发展奠定基础的时期，大多知识型女性所面临的重大问题是家庭与事业如何取舍、成家与立业如何统一。本文通过典型相关分析，探究工作家庭平衡对职业成长的结构性功效，具有理论突破及直接的应用价值。研究表明，工作家庭平衡各维度对职业成长各维度具有差异性影响，不同个体特征的职业初期知识性女性员工，工作家庭平衡与职业成长中占主导地位的影响因素不相同。

关键词：知识型女性　工作家庭平衡　职业成长

知识经济时代下，一个国家开化、进步的程度越来越表现为女性尤其是知识型女性家庭与社会角色的统一程度。因此，女性工作家庭平衡与职业成长问题也越来越受到组织及个人关注。翁清雄等学者充实了职业成长领域的研究，黄逸群以全新视角对工作家庭平衡进行阐释与论证，学者们也逐渐认识到工作家庭平衡对员工职业发展的重要作用。但这种作用机制是什么，结构性关系又如何，却少有研究，即绝大多数知识型女员工在职业初期面临家庭与事业如何取舍、成家与立业如何统一问题时，少有理论指导。然而，这一极具现实意义的重要问题又是普遍存在并亟须解决的。所以，探索工作家庭平衡视角下知识型女性员工职业成长机理，揭开该视角下知识型女性员工在职业初期职业成长的理论"黑箱"，具有重要理论意义和直接的应用价值。

---

①　基金项目：《基于大学生创业胜任特征模型的高校创业教育模式创新研究》，全国教育科学规划教育部重点项目（GJA114014）。

一、文献回顾与理论发展

经长期研究,学界关于知识型员工的概念基本已经达成共识。知识型员工首先是知识储备丰富并富有创新能力;其次这类人从事的是智力投入和创造性工作,以此来实现知识资本及物质资本增值。职业生涯规划理论中,将由学生角色转变为工作角色,探寻自己职业发展道路的时期叫作职业探索期或者职业初期。对于职业初期的年龄划分,Jeffrey 等将其划为 25—40 岁。[1]然而根据角色转换通常在22 岁左右,并结合知识型员工学习能力、领悟能力强,能快速明确自己的需要等特点,他们的职业初期往往在 22—35 岁。

自 1986 年工作家庭平衡作为专业术语以来,其一直备受关注。20 世纪 90 年代末,学者们把研究视角从"工作家庭冲突"逐渐向"工作生活平衡"扩展。[2]Dux-bury 等[3]在定义工作家庭平衡时突出了均衡这一概念,认为工作家庭平衡是"来自一个人的工作和生活的需求,是等量的一种均衡状态"。同时期,大多学者根据Grzywacz 等[4]、Frone[5]通过因素分析支持的工作家庭平衡两个方面(冲突和助益)、四个象限(工作家庭冲突、家庭工作冲突、工作家庭助益、家庭工作助益)展开研究。王永丽等立足于中国大陆情况对已婚员工的工作家庭平衡四因素结构进行验证。[6]然而,工作家庭冲突实质是一种工作家庭不能相互匹配、协调的状态,工作家庭矛盾和促进,实质是平衡的两种结果。黄逸群整合了匹配理论,认为工作家庭匹配是工作要求与家庭总体期望及应对工作要求的能力的一致性水平,工作回报与家庭整体需要及目标之间的一致性水平,而这种匹配过程强调了工作与家庭的平衡。他建立了工作家庭平衡三维结构,并认为价值认同体现了一致性匹配,资源共享体现互补性匹配,角色适度体现动态转换。[7]王婷等在研究科研人员的工作家庭平衡时,证明了这 3 个维度具有较好的结构。[8]

在以往研究中,学者们比较认可 Graen 提出的职业成长概念,翁清雄等认为Graen 指出的"个人沿着对自己更有价值的工作系列流动的速度"这一概念忽略了在没有发生工作转换时,员工的职业能力提高及薪酬增长的情况,且较为抽象,难以衡量。因此,他们进一步对职业成长概念进行了界定,认为职业成长包括组织内与组织间的成长,并以实证研究证明职业成长具有四个维度(职业目标进展、职业能力发展、晋升速度和报酬增长)。[9]

国内外对于工作家庭平衡与职业成长的结构关系研究极少,佟丽君认识到处理好工作与家庭的关系对员工职业发展有重要意义。[10]顾辉经过实证指出工作家庭平衡对女性晋升有影响。[11]而对于职位晋升,翁清雄等认为是职业成长的一方面,且与其他维度存在中等相关关系。所以笔者认为,工作家庭平衡与员工职业成长有着正向影响关系。价值认同体现主体家庭后顾之忧的免除，使主体提高工作投入的效率，全身心地追求职业目标，对职业目标进展相对作用较大。资源共享维度主要体现主体工作与家庭之间的互帮互助，尤其是家庭人脉等资源的支持对薪酬增长的影响相对较大。角色适度维度主要体现主体在家庭及工作间能迅速调整以适合当时情境，这直接影响了工作综合表现，对晋升速度有重要影响。针对以上内容，本文提出的假设有：

H1：职业初期，知识型女性员工工作家庭平衡各子维度对职业成长具有差异性影响：工作家庭平衡3个子维度对职业目标进展有正向影响，其中价值认同作用最大；对职业能力发展有正向影响，价值认同作用最大；对晋升速度有正向影响，角色适度作用最大；对薪酬增长有正向影响，资源共享的作用最大。

H2：职业初期，知识型女性员工工作家庭平衡对职业成长各子维度具有差异性影响：价值认同对职业成长4个子维度有正向影响，其中对职业目标进展影响最大；资源共享对职业成长4个子维度有正向影响，对报酬增长影响最大；角色适度对职业成长4个子维度有正向影响，对晋升速度影响最大。

本文还将探讨不同个体特征（婚育情况和年龄阶段）下，两者结构性关系的变化。婚育情况这一个特征是最具性别特色的因素，对女性职业发展具有重要影响；而顾辉指出与人力资本相关的年龄等对女性获得管理职位影响较大。[11] 在不同婚育情况和年龄阶段，主体面临的环境、矛盾和矛盾程度都不同，所以工作家庭平衡对职业成长影响的主导因素不同。古人道，"三十而立"，指人在30岁左右产生自我人格独立意识，可以独立面对一切困难，承担自己的责任与使命。所以本文将30岁作为年龄阶段划分点，来探讨不同年龄阶段下，员工工作家庭平衡与职业成长的关系，提出的假设如下：

H3：不同个体特征（婚育情况及年龄阶段）的职业初期知识性女性员工，工作家庭平衡与职业成长的占主导地位的影响因素不相同，如图1所示。

二、研究方法

（一）样本情况

本文以职业初期知识型女性员工作为研究对象，发放问卷520份，回收496份，剔除对象不符、没有答完、连续10题相同答案等无效问卷后，有效问卷共432份，有效率为87.10%。样本特征分布如表1所示。本次取样，样本年龄均在22—35岁之间，从年龄上保证了样本皆是处于职业初期；从学历上看，样本都为本科及以上，完全属于具备知识者，并且就职位而言属于须通过智力投入和创新、创造来完成任务的岗位，保证样本属于知识型员工。

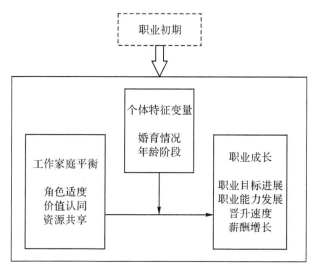

图 1   研究模型

表 1   样本特征分布表(N=432)

变量名称	类 别	频 率	百分比(%)
年 龄	22—30(不含)岁	242	56
	30(含)—35 岁	190	44
最高学历	学士	306	70.8
	硕士	96	22.2
	博士及以上	30	7
职 位	管理、财会类	120	30
	销售、市场类	110	27.5
	技术、开发、研究类	90	22.5
	其他	80	20
婚育情况	未婚未育	190	44
	已婚未育	124	28.7
	已婚已育	118	27.3

(二)变量测量

　　由于黄逸群关于工作家庭平衡的问卷,以及翁清雄等关于职业成长问卷,经实证证明有较好的结构,所以本文采用这两套问卷,并在不改变原意的情况下,适当调整语句以求易于理解。变量相关情况如表2所示。除了价值认同与角色适度之间的相关性较小，且在0.01水平上不显著外，其余都具有一定相关性，且显著。

表2 变量相关情况

	1	2	3	4	5	6	7
1.价值认同							
2.资源共享	0.524**						
3.角色适度	0.087	0.169**					
4.职业目标进展	0.605**	0.372**	0.313**				
5.职业能力发展	0.401**	0.343**	0.365**	0.310**			
6.晋升速度	0.358**	0.290**	0.627**	0.390**	0.397**		
7.薪酬增长	0.401**	0.496**	0.436**	0.379**	0.281**	0.478**	

注：** 表示在0.01水平上显著。

由于与原量表研究对象有区别，故对本次取样的信度与效度进行检测。本文采用 Cronbach's a 系数作为信度指标。Devellis 表示，总量表的 a 系数最好在0.8以上，分量表的 a 系数最好在0.7以上。[11]本次取样分量表信度系数都大于0.76，总量表信度系数都大于0.84，显示了样本具有较高的可靠性。

结构效度是效度分析方法之一，通常用探索性因子分析实现。KMO 和巴特莱特(Bartlett)球形度检验是用来判断探索性因子分析的可行性。而工作家庭平衡与职业成长的球形检验分别为0.851，0.854，远大于0.7，适合做因子分析。工作家庭平衡有三个特征根大于1，分别为5.064，3.062，1.480，这说明工作家庭平衡有三个因子。当以最大方差旋转时，各变量的载荷在0—1范围内形成两极分化。经旋转后工作家庭平衡每项的成分都在0.5以上，绝大部分都超过0.7，三个因子结构明显，且累计解释为73.893%，具有较好的结构效度。职业成长有四个特征根大于1，分别为5.701，1.899，1.750，1.402，这说明职业成长有四个因子。经旋转后，职业成长每项的成分都在0.7以上，每项所对应的成分(因子)结构明显，且累计解释为71.671%，所以效度较好。

(三)研究方法

由于假设涉及多因变量，用于分析单因变量的多元回归无法直接解决多因变量的问题。而郭志刚在《社会统计分析方法》中指出涉及多因变量的因果模型可使用典型相关分析，所以本文采用分析两组变量的典型相关分析。它不仅可找寻工作家庭平衡与职业成长各维度间对应关系，也可根据典型相关换算系数挖掘起主导作用的因素。该分析在 SPSS 中通过宏程序实现。本研究将因子所对应测量题项的平均值作为该变量的测量得分进行研究。由 X_1（价值认同）、X_2（资源共享）、X_3（角色适度）得到工作家庭平衡变量 $X=(X_1,X_2,X_3)$；由 Y_1（职业目标进展）、Y_2（职业能力发展）、Y_3（晋升速度）、Y_4（薪酬增长）得到职业成长变量 $Y=(Y_1,Y_2,Y_3,Y_4)$。

三、实证研究结果

（一）职业初期知识型女性员工工作家庭平衡与职业成长的结构性关系

简单相关系数表明，除晋升速度与资源共享的相关系数较低外，其他维度之间存在中高等相关关系，如表 3 所示。具体而言，职业初期知识型女性员工的工作家庭平衡三个子维度对职业目标进展有正向的影响，其中价值认同作用最大；对职业能力发展的正向影响中，价值认同作用最大；对晋升速度的正向影响中，角色适度作用最大；对薪酬增长的正向影响中，资源共享的作用最大。价值认同对职业成长的 4 个子维度有正向影响，但影响大小不同，对职业目标进展影响最大；资源共享对职业成长的 4 个子维度的正向影响中，对薪酬增长的影响最大；角色适度对职业成长的 4 个子维度的正向影响中，对晋升速度影响最大。

表 3　职业初期知识型女性员工工作家庭平衡与职业成长的简单相关

	Y_1	Y_2	Y_3	Y_4
X_1	0.6049	0.4012	0.3583	0.4012
X_2	0.3718	0.3434	0.2905	0.4960
X_3	0.3131	0.3652	0.6266	0.4361

一般而言，用简单相关矩阵并不能充分反映各因素作用的大小，所以笔者用典型相关进行进一步分析。工作家庭平衡与职业成长的典型相关系数及显著性情况如表 4 所示。在 $\alpha=0.05$ 的水平下，第一、第二典型相关系数的显著性都小于 0.05，都为显著的。第一典型变量系数为 0.834，比所有简单相关系数大，所以综合的典型相关分析成效比简单相关好。而第二典型相关系数没有比所有简单相关系数大，说明用第二典型相关分析效果不好。

表 4　职业初期知识型女性员工工作家庭平衡与职业成长典型相关系数及显著性检验

	典型相关系数	χ^2 统计值	自由度	显著性
1	0.834	610.737	12.000	0.000
2	0.380	103.603	6.000	0.002

为分析形成典型相关矩阵时各因素相对作用的大小,笔者采用标准化的典型相关系数来表示典型相关变量。工作家庭平衡的第一典型相关变量:$U_1 = 0.570X_1 + 0.204X_2 + 0.636X_3$;职业成长的第一典型变量 $V_1 = 0.388Y_1 + 0.275Y_2 + 0.379Y_3 + 0.323Y_4$。工作家庭平衡第一典型变量占最大比重(系数绝对值最大)的是角色适度,其次是价值认同;职业成长第一典型变量占最大比重的是职业目标进展,与其相差不多的是晋升速度,可见这四个变量在工作家庭平衡对职业成长影响中,作用十分突出。

结构分析是考察原始变量和典型变量之间的相关关系。表5所示,U_1 与 X_1,X_2,X_3,V_1 与 Y_1,Y_2,Y_3,Y_4 之间的相关系数都超过 0.5,属于高度相关,说明 X_1,X_2,X_3 与工作家庭平衡的第一典型相关变量 U_1 密切相关;Y_1,Y_2,Y_3,Y_4 与职业成长第一典型变量 V_1 密切相关。而第一典型变量之间是高度相关(相关系数达 0.834,Sig 为 0.000),所以工作家庭平衡的主要变量与职业成长的第一典型变量高度相关,同理,职业成长的主要变量与工作家庭平衡的第一典型变量也是高度相关。这种一致性体现了工作家庭平衡对职业成长的本质影响作用。

表 5　职业初期的典型相关的结构分析(典型负载系数与交叉负载系数)

	X_1	X_2	X_3	Y_1	Y_2	Y_3	Y_4
U_1	0.732	0.611	0.720	0.620	0.531	0662	0.607
V_1	0.610	0.509	0.600	0.744	0.637	0.794	0.728

冗余度反映了典型变量的解释能力,通常通过方差比例实现。工作家庭平衡变量被自身的第一典型变量解释的方差比例为 47.6%,职业成长被自身的第一变量解释的方差比例为 53.0%,远大于第二典型变量的相应解释度,所以第一典型变量的解释度较好。

(二)婚育情况的调节作用

在三种婚育情况下,考察工作家庭平衡与职业成长的所有典型相关系数的显著性情况,先将 χ^2 值小于临界值 48 及在 $\alpha = 0.05$ 水平下不显著的典型相关变量剔除后,只有第一典型相关符合要求。表6中列出三种情况下的典型相关系数及显著性情况,其相关系数都在 0.800 以上,且显著。

表 6　不同婚育情况下的典型相关系数及显著性检验

婚育情况	第一典型相关数	χ^2 统计值	自由度	显著性
未婚未育	0.817	120.081	12.000	0.000
已婚未育	0.839	76.559	12.000	0.000
已婚已育	0.913	108.998	12.000	0.000

由于仅有第一典型相关符合要求,所以研究就三种婚育情况下的第一典型相关情况进行分析。未婚未育情况下,各因素对第一典型相关变量作用的大小用标准化系数表示,即工作家庭平衡第一典型变量为 $U_1 = 0.780X_1 + 0.143X_2 + 0.379X_3$,占主导位置、起最主要作用的是价值认同。职业成长第一典型变量为 $V_1 = 0.527Y_1 + 0.340Y_2 + 0.239Y_3 + 0.308Y_4$,占主导位置、起主要作用的是职业目标进展。已婚未育情况下,工作家庭平衡第一典型变量 $U_1 = 0.569X_1 + 0.304X_2 + 0.527X_3$,占主导位置的虽然是价值认同,但相比未婚未育下,角色适度维度的作用已有明显上升,紧跟价值认同维度。此时,职业成长第一典型变量为 $V_1 = 0.396Y_1 + 0.307Y_2 + 0.357Y_3 + 0.389Y_4$,与工作家庭平衡情况相似,薪酬增长和晋升速度的作用有上升趋势,直逼居首要位置的职业目标进展维度。已婚已育情况下,工作家庭平衡第一典型变量为 $U_1 = 0.276X_1 + 0.263X_2 + 0.857X_3$,价值认同的首要位置完全被角色适度替代,而职业成长是同样情况,第一典型变量为 $V_1 = 0.168Y_1 + 0.054Y_2 + 0.686Y_3 + 0.236Y_4$,职业目标进展的首要位置由晋升速度替代。

表7是三种婚育情况下,反映原始变量和典型变量之间相关关系的结构情况。三种婚育情况下,U_1 与 X_1,X_2,X_3,V_1 与 Y_1,Y_2,Y_3,Y_4 之间的相关系数都超过 0.5,属于高度相关,即 X_1,X_2,X_3 与工作家庭平衡的第一典型相关变量 U_1 密切相关;Y_1,Y_2,Y_3,Y_4 与职业成长第一典型变量 V_1 密切相关。这说明原始变量与典型变量间的结构都是紧密的。

表7　不同婚育情况下第一典型相关的结构分析

婚育情况	典型变量	X_1	X_2	X_3	Y_1	Y_2	Y_3	Y_4
未婚未育	U_1	0.907	0.669	0.518	0.660	0.573	0.527	0.484
	V_1	0.741	0.546	0.424	0.807	0.701	0.645	0.593
已婚未育	U_1	0.773	0.662	0.681	0.574	0.471	0.642	0.612
	V_1	0.648	0.555	0.571	0.684	0.561	0.765	0.729
已婚已育	U_1	0.537	0.595	0.807	0.662	0.543	0.831	0.801
	V_1	0.490	0.544	0.737	0.725	0.595	0.911	0.878

三种婚育情况下,工作家庭平衡典型变量 U_1 被自身第一典型相关变量解释的百分比在 43.1%—51.3% 之间,职业成长典型变量 V_1 被自身第一典型变量解释的百分比在 47.5%—62.0%,远大于第二典型变量相应解释度,所以第一典型变量解释度较好。

(三)年龄阶段的调节作用

不同年龄阶段下,考察工作家庭平衡与职业成长的所有典型相关系数的显著性情况,先将 χ^2 值小于临界值 48 及在 $\alpha=0.05$ 水平下不显著的典型相关变量剔除后,只有第一典型相关符合要求,具体情况如表 8 所述。

表 8 不同年龄阶段的典型相关系数及显著性检验

年龄阶段	第一典型相关数	χ^2 统计值	自由度	显著性
30 岁(不含)前	0.806	144.703	12.000	0.000
30 岁(含)后	0.890	160.699	12.000	0.000

同样,由于仅有第一典型相关符合要求,则对第一典型相关进一步分析形成典型相关矩阵时各因素相对作用的大小。年龄较轻的一组样本中,工作家庭平衡第一典型变量为 $U_I=0.749X_1+0.185X_2+0.383X_3$;职业成长第一典型变量为 $V_1=0.534Y_1+0.353Y_2+0.245Y_3+0.330Y_4$。工作家庭平衡的主要变量为价值认同,职业成长的主要变量为职业目标进展。而 30(含)后的职业初期知识型女性员工样本中,工作家庭平衡第一典型变量为 $U_I=0.407X_1+0.288X_2+0.731X_3$;职业成长第一典型变量为 $V_1=0.211Y_1+0.174Y_2+0.448Y_3+0.390Y_4$。此时,工作家庭平衡的主要变量已经不再是价值认同,而是角色适度;职业成长的主要变量也由职业目标进展转变为晋升速度。

在反映原始变量和典型变量之间相关关系的结构表 9 中,两种年龄阶段的 U_1 与 X_1,X_2,X_3,V_1 与 Y_1,Y_2,Y_3,Y_4 之间的相关都超过 0.5,属于高度相关,说明 X_1,X_2,X_3 与工作家庭平衡的第一典型相关变量 U_1 密切相关;Y_1,Y_2,Y_3,Y_4 与职业成长第一典型变量 V_1 密切相关,即原始变量与典型变量间的结构都是紧密的。

表 9 不同年龄阶段下第一典型相关的结构分析

婚育情况	典型变量	X_1	X_2	X_3	Y_1	Y_2	Y_3	Y_4
30 岁(不含)前	U_1	0.899	0.698	0.516	0.639	0.534	0.490	0.470
	V_1	0.724	0.562	0.415	0.794	0.663	0.608	0.584
30 岁(含)后	U_1	0.594	0.589	0.805	0.638	0.540	0.796	0.775
	V_1	0.529	0.524	0.716	0.717	0.607	0.894	0.871

两种年龄阶段工作家庭平衡典型变量 U_1 被自身第一典型相关变量解释的百分比分别为 44.9%,52.0%,职业成长典型变量 V_1 被自身第一典型变量解释的百

分比分别是 44.5％,61.0％,远大于第二典型变量相应解释度,所以第一典型变量解释度较好。

四、研究结论、讨论与展望

通过以上实证研究,可以得出以下结论:(1)职业初期知识型女性员工的工作家庭平衡的各子维度对职业目标进展有正向的影响,其中价值认同作用最大;对职业能力发展的正向影响中,价值认同作用最大;对晋升速度的正向影响中,角色适度作用最大;对薪酬增长的正向影响中,资源共享的作用最大。(2)价值认同对职业成长的四个子维度有正向影响,但影响大小不同,对职业目标进展的影响最大;资源共享对职业成长的四个子维度有正向影响,对薪酬增长的影响最大;角色适度对职业成长的四个子维度有正向影响,对晋升速度的影响最大。(3)个体特征在工作家庭平衡与职业成长结构性关系中,起到调节作用。不同婚育状况下,职业初期知识型女性员工工作家庭平衡与职业成长占主导地位的影响因素不相同;未婚未育的主导因素分别是价值认同和职业目标进展,而已婚已育的主导因素是角色适度和晋升速度。不同年龄阶段,职业初期知识型女性员工工作家庭平衡与职业成长占主导地位的影响因素不相同,30 岁(不含)前两者占主导地位的因素分别为价值认同和职业目标进展,30 岁(含)后两者占主导地位的因素分别为角色适度和晋升速度。由于 30 岁(含)后的女性,大多已婚甚至已孕,所以本文相关结论与已婚已育情况下相似。

知识型女性可根据自身对职业成长的不同需求,关注工作家庭平衡不同侧重点的影响。比如追求职业目标进展的女性可在价值认同上下功夫,追求薪酬增长者着重关注资源共享,追求职位晋升者在角色适度方面着重调整。并且,知识型女性可根据自身所处的不同婚育状况和年龄阶段,重点调整相对应的主导因素,使得职业成长更快更有效。

本文在文献回顾上广泛深刻,选样取样和问卷删选上宁缺毋滥,数据以精确分析来保证研究的正确性与科学性。本文研究工作家庭平衡与职业成长之间的关系,揭开该视角下知识型女性员工在职业初期职业成长的"黑箱",拓展工作家庭平衡及职业成长领域的研究边界。但由于工作家庭平衡与职业成长相关的研究较少,缺乏理论依据,将来的研究需进一步的理论化解释。本文是工作家庭角度对职业成长研究的开端,仅讨论了工作家庭平衡与职业成长之间的典型相关,可见两者的影响是明显的,但这种影响中是否存在其他中介或者调节变量,尚需其他研究及理论支持。

参考文献

[1] JEFFREY H G, KAREN M C, JASON D S. The Relation Between Work-Family Balance and Quality of Life [J]. Journal of Vocational Behavior, 2003,63(3):513.

[2] 张雯,LIND D,李立. 中国员工"工作/生活平衡"的理论框架[J]. 现代管理科学,2006(5): 12—15.

[3] DUXBURY, HIGGINS. Work-Life Conflict: Myths Versus Realities [J]. FMI Journal, 2003,13(3): 16—20.

[4] GRZYWACZ J G,MARKS N F. Reconceptualizing The Work-Family Interface: An Ecological Perspective on The Correlates of Positive and Negative Spillover Between Work and Family [J]. Journal of Occupational Health Psychology,2000(5):111—126.

[5] FRONE M R. Work-Family Balance[A]. In J. C. Quick & L. E. Tetrick (Eds.),Handbook of occupational health psychology. Washington, DC: American Psychological Association, 2003:143—162.

[6] 王永丽,叶敏. 工作家庭平衡的结构验证及其因果分析[J]. 管理评论 2011(11):92—101.

[7] 黄逸群. 创业女性工作家庭平衡及其对绩效影响机制研究[D]. 杭州:浙江大学,2007.

[8] 王婷,徐培,朱海英. 科研人员工作—家庭平衡与组织绩效关系研究[J]. 科学学研究. 2011, 29(1):121—126.

[9] 翁清雄,席酉民. 企业员工职业成长研究:量表编制和效度检验[J]. 管理评论,2011,23(10): 132—143.

[10] 佟丽君,周春森. 企业员工工作—家庭冲突对工作和生活满意度的影响——大五人格的调节作用检验[J]. 心理科学,2009,32(3):604—606.

[11] 顾辉. 城市职业女性职位晋升影响因素[J]. 调研世界,2013(9):24—28.

[12] DEVELLIS R F. Scale Development Theory and Applications[M]. London: Sage Publications, 2003.

文化嵌入视角下新入职员工职业伦理和职业成长的关系研究①

王利亚　俞荣建

（浙江工商大学工商管理学院,浙江杭州,310018）

摘　要: 本文揭示了新入职员工职业伦理的内在结构及其影响职业成长的路径与机理。学界鲜有针对新入职员工的职业伦理结构研究,且已有研究仅限于从单一路径考察职业伦理对职业成长的作用机理,未考虑文化的影响。本文基于文献分析,运用半结构化访谈、问卷调查,揭示了新入职员工职业伦理的结构,并通过大样本调查,从文化嵌入视角,探讨了职业伦理对职业成长的作用路径。结果表明,新入职员工职业伦理的结构包括职业操守、担当责任、团队共生三个维度;职业伦理对职业成长有着正向的促进作用;工作绩效、组织认同在两者的关系中存在中介作用,且在不同文化的组织中,工作绩效和组织认同的中介作用存在差异。本文对企业管理实践及新入职员工职业成长具有启示意义。

关键词: 新入职员工　职业伦理　职业成长　内在机理

职业伦理问题被认为是攸关企业竞争力与员工职业成长的重要因素。[1-2]新入职员工作为企业人力资源新鲜血液,其职业伦理具有多元性与可塑性,在随后的职业成长历程中也扮演十分重要的基础性作用。[3]本文从文化嵌入的视角出发,基于新入职员工样本的实证研究,探索和揭示新入职员工职业伦理的内在结构,以及其影响职业成长的路径与机理。研究结论将丰富职业伦理与职业成长研究的文献,对新入职员工成长规划具有启示意义。

---

①　基金项目:全国教育科学规划教育部重点项目(GJA114014)。

一、文献回顾与理论发展

(一)新入职员工职业伦理

本文所要研究的是从事不同职业的新入职员工在职业活动中所应具备的共性的伦理规范,其是指在职业活动中,与技能无关的、以辛勤工作等德行为基础的一系列稳定的行为规范,体现为对待工作、他人及组织的一种良好的职业品质。关于新入职员工职业伦理的维度结构,学者普遍支持多维度结构的观念。因此,本文主要从新入职员工对待工作、对待他人、对待组织这三个角度对其内在结构进行剖析。

(二)新入职员工职业成长

本文采纳翁清雄等[4]人的观点,主要研究新入职员工职业伦理与其在组织内职业成长的关系,即指新入职员工在组织内部的职业进展速度,主要包括职业能力发展、职业目标进展、晋升速度和薪酬增长4个方面。对于新入职员工而言,他们更看重自身的职业成长,渴望实现自身的价值,获得组织的认同。[5]然而,新入职员工由于工作经验缺乏、职业能力水平较低等原因,不可避免在晋升等职业成长方面遇到障碍。但也有学者认为,职业伦理问题才是首要的障碍。[6]已有不少学者指出,职业伦理对职业成长具有重要的作用,[7-8]但鲜有阐释职业伦理与职业成长关系的研究。本文试图通过实证分析厘清新入职员工职业伦理与职业成长的关系。

(三)工作绩效与组织认同:新入职员工职业伦理促进职业成长的两条路径

关于职业伦理对职业成长的影响研究,主要存在两种观点。一种观点是工作绩效路径;[9-10]另一种观点是组织认同路径。[11]本文整合了这2条路径,探究新入职员工职业伦理如何通过绩效路径与认同路径整合地促进职业成长。据此,提出以下假设:

H1:工作绩效在职业伦理和职业成长的关系中存在中介作用;

H2:组织认同在职业伦理和职业成长的关系中存在中介作用。

(四)文化嵌入性的调节作用

组织文化能对组织成员的价值取向与行为表现起到引导的作用。Hofstede[12],Reilly 等都提到了组织文化的结果或绩效导向维度。[12-13]基于此,本文将企业文化分成强绩效文化和弱绩效文化两种类型。强绩效文化强调组织的任何行为都遵从于实现结果目标的需要,组织内部员工在职业成长方面直接与业绩挂钩。而弱绩效文化是指组织并不仅以业绩对员工进行考评,而是更重视人际关系等方面的内容,员工须拓展人际和谐能力等"软实力",以获得晋升等职业成长。本文主要考察两种文化的企业中,职业伦理对职业成长作用路径的差异。结合上述分析,提出以下假设：

H3：在强绩效文化的组织中，职业伦理主要通过工作绩效促进职业成长；

H4：在弱绩效文化的组织中，职业伦理主要通过组织认同促进职业成长。

综上所述，得出本文的研究模型，如图1所示。

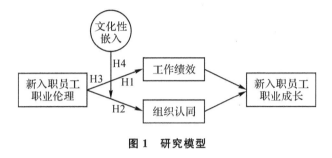

图1 研究模型

二、研究方法

(一)问卷的编制

新入职员工职业伦理的问卷采用自编的调查问卷。问卷主要经过收集测量题项、编制初始问卷、预研究三个步骤编制而成，最后的调查问卷由17个题项组成，采用Likert五点记分(1＝非常不符合，5＝非常符合)。连同该问卷，并加上工作绩效、职业成长及组织认同三份量表，作为本次发放的研究问卷。

职业成长问卷参照翁清雄等[4]开发的问卷，该问卷共计15个项目4个维度，即职业目标进展、职业能力发展、晋升速度和薪酬增长。典型项目如："目前的工作为我提供了较好的发展机会"，本文中其内部一致性信度为0.909。

工作绩效量表选用樊景立等[14]人的研究，包括"我对我们公司的工作做出了突出的贡献"等四个经典项目，同时又提取了Motowidlo等[15]所提出的工作绩效测量项目中的其中一题"我的工作能达到预期的目标"，共5个题项，本文中其内部一致性信度为0.809。

组织认同问卷参照了Graen等[16]所编制的领导—成员关系量表，并进行了调整，包括"领导愿意将重要的事情放手让我去做"等7个项目，本文中其内部一致性信度为0.878。

所有问卷均采用Likert五点记分(1＝非常不符合，5＝非常符合)，为了尽量减少社会称许性反应偏差的影响，问卷的填写采取职业伦理问卷、组织认同问卷他评、工作绩效问卷、职业成长问卷自评的方式进行，即让受访者对1—3位最熟悉的新入职员工给予职业伦理和组织认同评价，然后在保密的前提下将配对偏好的工作绩效、职业成长问卷发给所评价的同事自评。问卷填好后,将配对问卷发到指定邮箱或者通过邮寄寄到相关联系人手中。

(二)测试对象

本文选取的研究对象有其特殊性,主要探索新入职员工职业伦理的内在结构及其影响职业成长的路径与机理。因此,本文以工龄在 3 年以内的新入职员工为研究对象,主要针对不同组织中的这一群体进行问卷调查。

本文在长三角地区共发放问卷 468 份,回收问卷 438 份,有效问卷 375 份,问卷有效率为 85.6%。样本主要来自国企、民企、外企的员工,占 88%。男 186 人(49.6%),女 189 人(50.4%)。年龄集中在 22—28 岁,占 73.6%。学历以本科为主,占总数的 60.8%。职务以一般员工为主,占 85.9%。将调查得到的 375 份有效被试样本随机分成两部分,分别用于探索性(N1=178)及验证性因子分析(N2=179)。差异检验显示,两部分样本在性别、年龄、工龄等变量上均无显著差异。

(三)统计方法

探索性因子分析采用主成分分析,因子旋转采用最大正交旋转,分析软件为 SPSS 19.0。验证性因素分析采用 AMOS 17.0 软件进行。

三、综合讨论、分析与研究结果

(一)职业伦理结构的探索

运用总数据(N=375)对职业伦理问卷各项目做描述性统计及项目分析,包括测量项的均值、标准差及区分度。鉴别度分析的结果显示,每个问题项皆达显著水平,代表量表的问题项具有较好的鉴别度。

在探索性因子分析之前,需要做 KMO 和 Bartlett 球形检验,结果显示,职业伦理量表的 KMO 值为 0.909>0.8;Bartlett 球形检验中卡方值为 3703.162,自由度为 136,显著性 P 值为 0.000,说明适合进行因子分析。对预试后的 17 个职业伦理测量项目采用主成分分析法,进行最大正交旋转,根据特征根大于 1,并结合碎石图来确定各因子。采用样本(N1=178)进行因子分析的结果如表 1 所示。

表 1　因子结构及各项目的因子负荷

	因子载荷		
	1	2	3
在工作时间办私人的事情			0.785
将单位的物品拿回家使用			0.742

续　表

	因子载荷		
	1	2	3
经常在工作时间与同事聊天、拉家常			0.818
利用工作便利,满足个人利益			0.781
经常不遵守公司的规章制度,阳奉阴违			0.630
做事坚持不懈,不会轻易放弃	0.847		
工作中出现差错,不会推卸责任	0.710		
工作中遇到困难,会积极想办法解决	0.805		
对工作具有钻研精神,精益求精	0.760		
对工作充满热情,能全身心投入	0.661		
整体而言,他/她是一个有高度责任心的人	0.681		
能宽容对待和同事在工作上的分歧		0.810	
能与各种个性的同事和谐相处		0.766	
乐于帮助同事解决工作中的难题		0.804	
服从团队安排,有极强的团队荣誉感		0.570	
团结同事共同完成部门任务		0.504	
愿意分享工作经验,甚至是物质利益		0.763	
特征根	7.519	2.062	1.438
解释的总变异量(64.819%)	24.125	21.324	19.370

本文中旋转矩阵共提取了 3 个公因子,共解释了总体方差 64.819% 的变异,各项目的因子负荷均大于 0.5,较好地负荷在各自的因子上,因此无须删除任何测量项目。表 1 的结果表明,新入职员工职业伦理的结构主要包括 3 个维度,根据各项目的含义,分别命名为因素一"担当责任"、因素二"团队共生"、因素三"职业操守"。

担当责任是指新入职员工在职业活动中积极履行职责的态度特征和行为倾向,主要包括做事坚持不懈、不会推卸责任等条目;团队共生是指职业环境中,管理者之间、管理者与下属之间的依存关系,体现于组织成员间的和谐相处、共同推动组织的成长,主要包括能够宽容对待和同事工作上的分歧等条目;职业操守是指新入职员工在职业活动中所应遵守的基本行为规范的总和,主要包括在工作时间办私人的事情等条目。

(二)职业伦理结构的验证

验证性因素分析的被试样本为 179 人,研究通过验证性因素分析检验得出的三维结构是否与数据吻合。所得结果显示(表 2),结构方程模型各拟合优度指标良好,表明设定模型的结构是合理的。验证性因子分析的变量载荷情况显示(图 2),各因子在相应的潜变量上的标准化载荷系数均小于 1,而且全部通过了 t 检验,在 P<0.001 的水平上显著,这说明设定模型的各变量具有充分的收敛效度。

表 2　结构方程模型拟合优度

拟合指标	χ^2/df	RMSEA	GFI	AGFI	NFI	CFI	RMR	IFI
估计值	1.478	0.067	0.858	0.803	0.837	0.939	0.035	0.941

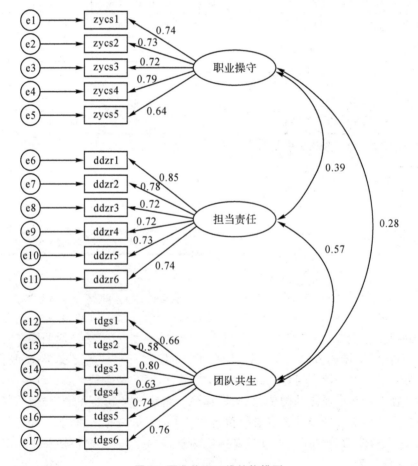

图 2　职业伦理三维结构模型

(三)职业伦理问卷的信度检验

采用 Cronbach's α 系数法对新入职员工职业伦理量表进行内在信度分析,结果显示,总量表及三个分量表的 Cronbach's α 系数分别为 0.915,0.848,0.902 和 0.862,且所有测量项目的 CITC 值均大于 0.5,说明该量表的信度较好,可靠性满足条件。

(四)假设检验

1.数据质量的检验

本文所采用的效果变量问卷主要沿用了成熟量表,这些量表是否适合本文,还有待检验。因此,除了信度和效度检验之外,还须进行 Harman 单因子检验,结果表明,未旋转的因子分析没有形成单一因子,且第一个因子解释的变异量低于40%,说明本文中的共同方法偏差不严重。

表 3 是各变量的平均数、标准差及相关系数矩阵,数据表明,在职业伦理三个维度中,除了职业操守,其余两维度与工作绩效均呈显著正相关,其中担当责任的相关系数最高(r=0.200);职业伦理三维度与组织认同均呈显著正相关,其中团队共生与组织认同的相关系数最高(r=0.729);工作绩效与职业成长的四维度均呈中等显著正相关;组织认同与职业成长的四维度均呈显著弱相关。

表 3　各变量的平均数、标准差和相关系数矩阵(N=375)

变量	M	SD	1	2	3	4	5	6	7	8	9
职业操守	3.97	0.78	1								
担当责任	3.83	0.70	0.524**	1							
团队共生	3.84	0.62	0.406**	0.622**	1						
组织认同	3.74	0.64	0.373**	0.573**	0.729**	1					
职业目标进展	3.51	0.82	0.257**	0.295**	0.185**	0.218**	1				
职业能力发展	3.91	0.65	0.216**	0.240**	0.228**	0.296**	0.570**	1			
晋升速度	3.03	0.76	0.106*	0.162**	0.086	0.161**	0.533**	0.444**	1		
薪酬增长	2.76	0.90	0.183**	0.258**	0.172**	0.217**	0.486**	0.308**	0.543**	1	
工作绩效	3.53	0.570	0.089	0.200**	0.121*	0.158**	0.419**	0.301**	0.358**	0.434**	1

注:N=375,M 为平均数,SD 为标准差。其中,* 表示 P<0.05,** 表示 P<0.01。

2.工作绩效、组织认同中介效应的检验

单因素方差分析的结果显示,工龄、职务、组织性质及规模对职业成长的差异性分析均表现为差异显著,因此在进行回归分析时,须控制这些变量对因变量的影响。

本部分的研究参考了温忠麟等[17]提出的中介效应检验程序。首先,检验回归系数 c,即自变量对因变量回归,结果表明(见表 4 中 Model2),职业伦理对职业成长有显著的影响($\beta=0.304$,$P<0.001$;$F=14.456$,$P<0.001$),说明职业伦理和职业成长之间存在正向的促进关系。其次,检验自变量对中介变量的影响,结果见表 4 中 Model3 和 Model4,职业伦理对工作绩效和组织认同的关系均达到 0.01 的水平上显著,β 值分别为 0.151 和 0.616;第三,检验自变量和中介变量对因变量的共同影响,结果见表 4 中 Mode5,组织认同对职业成长的关系检验显著($P=0.031<0.05$;$\beta=0.120$),工作绩效对职业成长的关系检验显著($P=0.000<0.001$,$\beta=0.472$),表明两个中介变量——组织认同、工作绩效对因变量职业成长均呈显著正相关。根据上述三步的回归分析可以看出,在考虑到 2 个中介变量之后,职业伦理对职业成长的回归系数由 0.304 下调为 0.159,影响的显著性由 Model2 的 0.001 水平上显著下降为 0.01 的水平上显著(Model5),为此可以得出工作绩效和组织认同在职业伦理和职业成长的关系中存在中介作用。Sobel 检验结果进一步支持了中介效应显著的结论(z 值均大于 0.9)。研究假设 1、假设 2 均得到验证。

表 4　假设检验层级回归分析结果

变　量	工作绩效	组织认同	职业成长		
	Model3	Model4	Model1	Model2	Model5
工龄	0.093	0.084**	0.015	0.051	−0.003
职务	0.201***	0.090**	0.272***	0.208***	0.102**
组织性质	0.137**	0.170***	0.053	0.060	−0.025
组织规模	−0.015	0.023	0.098	0.168**	0.172***
职业伦理	0.151**	0.616**		0.304***	0.159**
组织认同					0.120*
工作绩效					0.472***
R^2	0.113	0.441	0.080	0.164	0.371
调整 R^2	0.101	0.433	0.070	0.152	0.359
F 值	9.385***	58.219***	8.055***	14.456***	30.903***

注:* 表示 $P<0.05$,** 表示 $P<0.01$,*** 表示 $P<0.001$

3. 文化嵌入性调节效应的检验

现有研究中,有不少学者指出国内民营企业往往是结果至上,以绩效作为衡量员工的手段,突出体现了其强绩效的文化;国有企业则并非仅以业绩作为考核员工的依据,而是更关注员工的道德品质。人际关系等方面的内容,体现了其弱绩效的文化。为了简化研究,本文以民企和国企代替强绩效及弱绩效文化,考察了国企和民企这两类企业中,职业伦理对职业成长作用路径的差异性。

将样本按国企、民企进行分类,并运用 AMOS 17.0 分析工具,建立结构方程模型。根据 Marsh 等给出的建议,当 N 很小时,应当用更多高信度的题目,每个因子的指标越多越好。[18]因此,将工作绩效的 5 个测量题项和组织认同的 7 个测量题项一并放入 AMOS 的研究模型中。检验各路径的中介效应之前必须建立自变量与因变量之间的因果关系,因此,本文首先须建立一个不含中介变量的基准模型(图 3)。

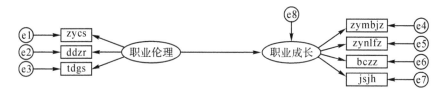

图 3 基准模型:职业伦理对职业成长的结构模型

对国企样本进行基准模型检验,得到职业伦理对职业成长的路径系数为 0.417(P<0.001),该模型的主要拟合指标 CMIN/df=1.673,CFI=0.965,GFI=0.937,NFI=0.92,TLI=0.944,RMSEA=0.075,说明模型拟合较好。进一步进行全模型检验,输出结果如表 5 所示。

表 5 各路径系数及拟合效果(国企)

路 径	标准化路径系数	非标准化路径系数	S. E.	P
工作绩效<－－－职业伦理	0.186	0.276	0.173	0.110
组织认同<－－－职业伦理	0.740	0.486	0.119	***
职业成长<－－－工作绩效	0.509	0.285	0.073	***
职业成长<－－－组织认同	0.709	0.897	0.310	0.004
职业成长<－－－职业伦理	−0.115	−0.096	0.133	0.471

拟合指标	χ^2	P 值	χ^2/df	RMSEA	CFI	IFI	TLI
具体数值	193.604	0.004	1.335	0.060	0.936	0.938	0.925

从表 5 可知,职业伦理与职业成长的关系不显著(P=0.471>0.05)。进一步考察工作绩效及组织认同的中介作用,得到职业伦理与工作绩效的关系不显著(P=0.110>0.05),工作绩效与职业成长的关系显著,须进行 sobel 检验,计算得 z=

1.476＞0.9,即工作绩效的中介作用显著。另外,由于职业伦理与组织认同的关系显著,组织认同与职业成长的关系显著,所以组织认同的中介作用显著。结合图4中各路径标准化系数可知(虚线部分不显著),组织认同所起的中介作用明显大于工作绩效所起的中介作用,可见在国企中,职业伦理主要通过组织认同促进职业成长,即在弱绩效文化的组织中,新入职员工的职业伦理主要通过组织认同促进职业成长,假设4得到验证。

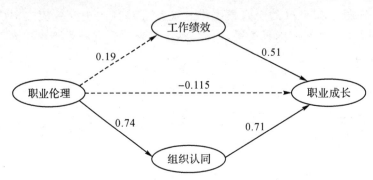

图4　职业伦理对职业成长作用路径(国企)

进一步对民企样本数据进行基准模型检验,得到职业伦理对职业成长的路径系数为 0.383(P＜0.001),该模型中,主要拟合指标 CMIN/df＝1.717,CFI＝0.975,GFI＝0.963,NFI＝0.944,TLI＝0.957,RMSEA＝0.071,说明模型拟合较好。随之,进一步进行全模型检验,输出结果如表6所示。

表6　各路径系数及拟合效果(民企)

路径	标准化路径系数	非标准化路径系数	S. E.	P
工作绩效＜－－－职业伦理	0.262	0.234	0.084	0.006
组织认同＜－－－职业伦理	0.849	0.785	0.093	***
职业成长＜－－－工作绩效	0.768	0.576	0.102	***
职业成长＜－－－组织认同	−0.141	−0.102	0.128	0.426
职业成长＜－－－职业伦理	0.150	0.101	0.122	0.409

拟合指标	χ^2	P 值	χ^2/DF	RMSEA	CFI	IFI	TLI
具体数值	245.874	0.004	1.808	0.075	0.920	0.922	0.899

表6结果显示,职业伦理与职业成长的关系不显著(P＝0.409＞0.05)。进一步考察工作绩效及组织认同的中介作用,因为职业伦理与工作绩效的关系显著(P

＜0.01)，工作绩效与职业成长的关系显著(P＜0.001)，所以工作绩效的中介作用显著。另外，由于职业伦理与组织认同的关系显著，而组织认同与职业成长的关系不显著，须进行 sobel 检验，计算得到 $|z|=0.79$，P＜0.05，所以组织认同的中介效应不显著。可见，在民营企业中职业伦理主要通过工作绩效促进职业成长，即在强绩效文化的组织中，新入职员工的职业伦理主要通过工作绩效促进职业成长，假设3得到验证。

四、综合讨论

(一)研究结果讨论

针对现有关于职业伦理研究的局限与不足，本文通过半结构化访谈、问卷等实证方法，揭示了中国文化背景下新入职员工职业伦理的理论"黑箱"，并开发了相应的量表。数据分析的结果验证了该量表具有良好的信度和效度。本文得出的新入职员工职业伦理包括三个维度：职业操守、担当责任和团队共生。在揭示新入职员工职业伦理结构"黑箱"后，本文进一步解决了2个问题：职业伦理对职业成长有何作用？职业伦理是如何作用于职业成长的？结果表明，工作绩效和组织认同均在职业伦理和职业成长的关系中存在中介作用，即职业伦理主要通过"绩效"导向和"认同"导向这两条路径促进职业成长。本文通过实证研究证实了"认同"导向也是职业伦理促进职业成长的路径之一，有些新入职员工的业绩表现并不突出，但由于具备较高的职业伦理，获得了组织整体的信任、尊重，从而在晋升速度等方面处于有利地位。研究还表明，文化嵌入对职业伦理促进职业成长的作用路径存在调节作用，在弱绩效文化的组织中，组织认同的中介作用相比工作绩效的中介作用更强，职业伦理主要通过组织认同促进职业成长；而强绩效文化的组织中，工作绩效的中介效应显著，组织认同的中介效应不显著，职业伦理主要通过工作绩效促进职业成长。

(二)研究的实践启示

1.对企业管理的启示

(1)选择职业伦理较高的员工。职业伦理较高的员工通常表现出担当责任、职业操守等良好品质，有利于组织绩效的增长。因此，企业在引入新人时，要特别关注员工的道德品质等软素质。

(2)塑造良好的组织文化。组织文化会影响员工的思维模式和行为模式。企业应该不断完善伦理守则，塑造良好的组织文化，突出诚信、担当、合作等伦理精神，加强员工对职业伦理的认同，提升员工伦理行为的规范力。

(3)加强职业伦理的培训。新员工刚进入企业，还未形成对企业的"心理契约"。此时,企业应注重对新入职员工职业伦理的开发和培养,将职业伦理结合在员工的培训和教育中,使其尽快融入组织伦理氛围,帮助新员工实现职业成长。

2.对新员工职业成长的启示

修炼"内功",提升职业道德修养。当今社会,职业伦理已成为组织招聘和选拔员工的依据之一。新入职员工要注重担当责任、团队共生等伦理品质的塑造,使个人的职业伦理与组织的需要相匹配,促进自身的职业成长。

结合自身能力,寻求契合自身特点的职业成长路径。本文提出了新员工获得职业成长的两条路径,即"绩效"导向路径和"认同"导向路径。因此,新员工应注意所在企业的组织文化,寻求与自身能力、价值观相匹配的职业成长路径,使自己能尽快融入组织文化氛围,提高获得职业成长的可能性。

(三)研究不足及展望

本文的研究对象仅限于新入职员工,样本主要分布于长三角一带,数据的代表性及解释力度还不强。在今后的研究中,可以扩大样本的取样范围,增加样本的多样性,以此增强数据的解释力度。

本文只考虑了工作绩效、组织认同在职业伦理和职业成长关系中的中介作用,是否还存在其他中介变量,有待进一步挖掘。其次,组织认同对工作绩效是否存在促进关系,未来可做进一步探索。

本文仅限于探讨职业伦理总维度与职业成长总维度的关系,在细分维度的分析上不够充分,在以后的研究中,可以考虑研究各细分维度之间的关系,丰富研究结论。

参考文献

[1] 郭玲玲.企业员工工作伦理内涵的实证解析[D].开封:河南大学,2008.

[2] BRIAN C. Ethics and Integrity:Capstone Professional Tools[J]. Journal of Environmental Health,2012(2):4—5.

[3] 钱昌照.德性与职业成功[J].赣南师范学院学报,2012(4):102—105.

[4] 翁清雄,席酉民.企业员工职业成长研究:量表编制和效度检验[J].管理评论,2011,23(10):132—143.

[5] 李晓楠.新生代产业工人职业成长对留职意愿的影响研究——以组织支持感为中介变量[D].济南:山东财经大学,2013.

[6] MCCORTNEY A L, ENGELS D W. Revisiting The Work Ethic In America[J]. The Career Development Quarterly,2003,52(2):132—140.

[7] HILL R G, FOUTS S. Work Ethic and Employment Status: A Study Of Jobseeker[J]. Journal of Industrial Teacher Education,2005,42(3):48—65.

[8] 谭亚莉,万晶晶,陈曲.高校毕业生可雇佣能力的因素、结构与测量[J].心理学探新,2011

(1):79—84.

[9] 丁川.做单位最需要的一流员工[M].北京:中国长安出版社,2010.

[10] 剧友飞.员工工作伦理、组织承诺与工作绩效关系研究[D].南昌:南昌大学,2011.

[11] DENISON D R,MISHRA A K. Toward A Theory of Organizational Culture and Effectiveness [J]. Organization Science,1995,6(2):204—223.

[12] HOFSTEDE G. Measuring Organizational Cultures:A Qualitative and Quantitative Study Across Twenty Cases[J]. Administrative Science Quarterly,1993,35(2):286—316.

[13] REILLY C A O,CHATMAN J,CALDWELL J. People and Organational Culture:A Profile Comparison Approach to Assessing Personal-Organational Fit[J]. Academy of Management Journal,1991,(34):487—516.

[14] 樊景立,郑伯埙.华人自评式绩效考核中的自谦偏差:题意、谦虚价值及自尊之影响[J].中华心理学刊,1997,39(2):103—118.

[15] MOTOWIDLO S J, SCOTTER J R V. Evidence that Task Performance Should Be Distinguished from Contextual Performance[J]. Journal of Applied Psychology,1994,79,475—480.

[16] GRAENGB. ,UHL-BIEN M. Relationship-Based Approach to Leadership:Development of Leader-Member Exchange(LMX) Theory of Leadership Over 25 Years:Applying Ulti-Level Ulti-Domain Erspective[J]. Leadership uarterly,1995,6(2):219—247.

[17] 温忠麟,张雷,侯杰泰,等.中介效应检验程序及其应用[J].心理学报,2004,36(5):614—620.

[18] MARSH H W,HAU KT,BALLA J R. Is More Ever Too Much:The Number of Indicators Per Factor In Confirmatory Factor Analysis[J]. Multivariate Behavioral Research ,1998,33(2):181.

营销篇 YING XIAO PIAN

电子商务环境下混合渠道
冲突的对策分析
——以浙江报喜鸟为例

宿慧芳,毛　羽

(浙江工商大学工商管理学院,浙江杭州,310018)

摘　要:电子商务环境下的混合营销渠道存在巨大的渠道冲突风险,解决不好会极大影响企业销售体系的转型建设。本文以服装行业的报喜鸟为例,分析了混合渠道冲突的对策体系及其实施条件。研究表明,首先要建立明确的产品和市场区隔(区隔策略);其次对于线上线下重复产品,通过原价回收零售商库存确保统一价(保护性价格策略);再次还可以将电子商务发展成零售终端的移动广告,实现线上线下的互动合作(整合营销策略)。此外,还需要有适当的存货处理策略。其中,区隔策略受到产品定位的限制,保护性价格策略受到企业资金周转能力和存货处理策略的限制,整合营销策略受到企业实力的限制。本文为拥有强大实力和成熟实体销售渠道的浙江企业提供了解决混合渠道冲突的理论参考。

关键字:渠道冲突　电子商务　混合渠道　服装企业　报喜鸟

一、引言

21 世纪是一个以数字化、网络化为特征,以网络通信为核心的信息时代。[1]电子商务快速发展,如 2013 年"双十一"当天,天猫和淘宝的销售额就突破了 350 亿元。越来越多的企业开始进驻各大电子商务平台或是选择在网络上自建网站,开通商品的电子化直销渠道或经销渠道。电子商务有着传统营销渠道不可比拟的优越性,但同时也会对渠道成员之间关系产生重大影响,制造商、零售商、经销商、加盟商及后来出现的网络中间商力量对比发生了重大变化,导致多方面的渠道冲突。在这样一个以"渠道为王"的时代,渠道内部的冲突对于一个完善的渠道系统而言是一个极大的威胁,因为渠道冲突会导致渠道效率的急速下降,甚至会导致整个渠道系统功能失调。[2]因此,在电子商务环境下,如何解决营销渠道冲突,已成为渠道管理者必须着重思考的问题。

二、理论背景

(一)电子商务环境下的渠道冲突

渠道冲突指的是这样一种状态,即一个渠道成员意识到另一个渠道成员正在阻挠或干扰自己实现目标或有效运作;或一个渠道成员意识到另一个渠道成员正在从事某种伤害、威胁其利益,或者以损害其利益为代价获取稀缺资源的活动。[3-5]电子商务凭借其低成本、高效率的优势,不但受到普通消费者的青睐,还有效促进了中小企业寻找商机、赢得市场,为企业与客户之间搭建了一个高效的沟通互动平台,突破了时间和地域上的限制,使信息的获取和传递变得前所未有的快捷和便利。[6]电子商务的优势,弥补了传统营销渠道的不足,也加大了制造商的渠道权力,这种在传统营销渠道之外同时采用网络营销渠道的模式称为混合营销渠道。然而,电子商务在带来众多利益的同时,也带来了渠道冲突的问题。[7]Rosenbloom 认为,所有使用电子商务的企业都须解决网络渠道与传统渠道相结合的问题。[8]目前,大部分企业倾向于采取混合营销渠道的销售方式。因此,电子商务环境下,当企业把网络销售作为一种新的销售渠道,引入已有的分销体系且采取混合营销渠道时,必然会面临新的渠道冲突的问题,也就是网络营销渠道和传统营销渠道之间的冲突。[6]

(二)渠道冲突的类型

为了更好地研究渠道冲突,很多学者对渠道冲突的类型进行了划分。Mallen和 Berman 依照冲突对象的不同,将渠道冲突划分为水平冲突(统一渠道不同品牌间冲突)、类型冲突(不同渠道间冲突)和纵向冲突(渠道上下游冲突)3 类。[9-10]Magrath 等依据冲突发生的频率、激烈程度及冲突事件的重要性,将冲突划分为低度冲突、中度冲突和高度冲突。[11]

电子商务环境下,渠道冲突的类型大致可归纳为以下四种:第一,产品冲突。当某一产品可以同时在传统渠道和网上渠道获得时,许多消费者会前往实体店挑选和体验,确定自己所选商品的详细信息,然后与网上相同或相似产品进行对比,由于网络营销具有更优惠的价格,消费者往往会选择网上下单。如此,传统渠道为消费者提供了服务,却没有获得相应的收益,产品冲突由此产生。第二,价格冲突。与传统营销渠道运营成本相比,电子商务渠道成本相对低廉,而且为了吸引更多的消费者,电子商务渠道上的产品会给予更诱人的让利或折扣,这样的定价常常会引起传统营销渠道商的排斥与不满。第三,顾客冲突。虽然网上直销渠道与传统分销渠道可能各自占据不同的细分市场,但不可避免地会出现竞争市场中相同顾客的情况。第四,促销冲突。由于 2 种渠道的促销活动通常存在激烈的竞争关系,而且受到各种客观条件的限制,其往往会采取不同的促销策略。而这些促销策略可能会直接或间接地影响到传统营销渠道商的利益,从而引发渠道冲突。[12]

(三)混合渠道冲突的产生机理

电子商务环境下渠道成员关系发生变化,零售商、经销商与制造商之间新的冲突随之产生。[13]在渠道的运作过程中,各个渠道成员都会有各自的主张和要求。制造商希望通过各种渠道(包括网络营销渠道)实现利润最大化。当网络营销渠道给制造商提供相对于传统营销渠道更高的利润时,制造商更愿意让消费者直接从他的网站上购买,而不是通过传统营销渠道购买。制造商希望中间商只销售自己的产品,但销售商只要有销路就不关心销售哪种品牌产品。[12]

关于渠道冲突的产生机理,Rosenbloom 认为,渠道冲突来源于渠道成员的目标不一致、成员角色冲突、区域划分失效、对现实的认识误差,[8]即渠道冲突的根源在于渠道成员之间存在利益冲突。[14]而电子商务环境下渠道成员关系发生了重大变化,目标市场不兼容、制造商与中间商的价格冲突、渠道成员控制力之争,导致零售商、经销商与制造商之间新的冲突随之产生。[13]传统渠道的抵制态度、渠道之间对企业资源的争夺和对市场份额的争夺等客观原因,也是混合渠道冲突产生的原因。[15]

(四)混合渠道冲突的解决办法

一些研究表明,制造商在传统营销渠道外增设网络直销渠道对零售商未必有害,关键在于如何设计混合渠道供应链。[16]避免渠道冲突的策略有建立超级目标,[13]采用区隔模式(明晰自身的目标市场及对传统营销渠道进行功能补偿),或采取整合营销。[17]许多企业的营销实践表明,最佳营销渠道往往是随时间推移而不断变化的,因此,制造商应根据产品不同生命周期阶段消费者的行为选择正确的渠道策略,以解决渠道冲突,[18]以及可通过一系列的管理手段和方法来增加渠道成员间的合作,防范渠道成员之间的冲突,鼓励渠道成员发展等,进而使渠道成员之间关系和谐。[13]

三、研究方法

(一)案例选择

本文采用案例研究方法进行分析。服装业是中国的传统产业之一,服装是人们日常的生活必需品,也是最受用户青睐的网购商品,因此,本文选择浙江温州的报喜鸟集团(以下简称“报喜鸟”)作为研究对象。报喜鸟以服装为主业,实施多品牌经营战略,在温州建有工业园区,拥有报喜鸟等品牌,现有员工 10 000 多人,总资产 30 亿元,年销售收入 50 亿元,连续 16 年进入全国服装行业销售收入及利税双百强(表 1)。

表 1 报喜鸟的企业概貌

企业背景	具体内容
成立时间	1996 年
销售网点规模	2 000 多个销售终端
品牌结构	报喜鸟、TOMBOLINI、宝鸟、CARL BONO、圣捷罗、比路特、法兰·诗顿代理意大利索洛赛理、巴达萨里、雅斯威尔、恺米切及哈吉斯等国际知名服饰品牌
基础设备及产能	拥有两大现代化生产基地、10 条世界一流生产流水线,拥有具有 46 年专业经验的意大利工艺师乔瓦尼·内利亚领衔的设计研发团队
上市时间	于 2007 年 8 月在深交所上市

(二)报喜鸟电子商务运营情况

报喜鸟曾在 2008 年前后尝试网络销售,收购上海宝鸟服饰有限公司(以下简称宝鸟),自建网络平台(eBONO 网销平台),但运营效果不佳,最终暂停。随后,在 2009—2010 年间,该集团又进驻天猫、京东商城等电子商务平台开设官方旗舰店,取得较大成功。

报喜鸟在自建网上销售平台项目中受挫,主要有以下运营问题:(1)传统营销渠道的抵制。该企业已培育了规模可观的零售终端,当原本拥有传统分销系统的企业引入电子商务渠道时,传统渠道出于对自身利益的维护,害怕电子商务渠道取代自己,从而采取排斥和不合作态度,甚至对电子商务渠道的发展进行破坏。(2)渠道之间的争夺。市场份额和企业资源有限,电子商务渠道的引入加剧了渠道之间的竞争,双方若无法站在战略高度看待渠道冲突,势必会为了维护自身的利益,影响或阻碍对方的发展,长期的恶性竞争会造成企业资源的浪费,降低企业的营销效果。[8](3)自建网络平台成本极高,报喜鸟在前期投入上百万元搭建网络平台,但由于平台知名度不高,后期需要大量广告投入。这样,仅固定成本就相当高,再加上人员、物流、仓储成本,自建平台在运营期间基本没有给企业带来财务上的收益。

(三)报喜鸟渠道冲突对策

1. 区隔策略

这种模式是采用线上和线下渠道分别销售不同产品的模式,通过差异化产品实现线上和线下渠道的区隔。[17]对线上产品进行差异化设计和包装,型号、款式、定价自成体系,不与实体店形成交集,这样能避免消费者将其与传统营销渠道中的产品做直接比较,主动避免对传统营销渠道造成威胁。报喜鸟的具体做法为:首先,报喜鸟西装的销售主要通过成熟的实体渠道体系完成,而对西装的配套服饰如衬衫则在网络上进行推广销售。其次,对不同的品牌进行区分,报喜鸟在网上销售的主要是它收购的宝鸟品牌,避免与其原先的报喜鸟品牌发生冲突。报喜鸟对自己的官方网络销售与线下销售渠道采取了产品区隔的模式,最大限度地发挥传统营销渠道和电子商务渠道的优势,避免了线上线下产品冲突的产生。

2. 保护性价格策略

报喜鸟在天猫上建立的"报喜鸟天猫旗舰店"为了保护传统零售商的利益,该品牌不走价格竞争和团购路线。为确保其天猫旗舰店不对传统营销渠道造成冲击,报喜鸟实施严格的保护性价格策略(表2),所有线上产品的售价与实体店持平或完全相同,并明确做出"全国统一价不打折"的承诺。为杜绝"窜货"现象扰乱秩序,公司规定所有网购产品均由公司总部直接发货,任何零售店不得进行网上销售。否则做违约处理,须支付巨额违约赔偿。公司定期以原价回收零售商库存,认真核对,保证没有产品遗漏,从而保证零售商利益不受损害,将风险回收至公司,零售商、加盟商和直营店自然没有必要冒险在网上打折销售。公司回收的存货则统一运往折扣店销售。

表2 报喜鸟保护性价格策略的实施

问　　题	对　　策
网店与实体店产品相同	承诺"全国统一不打折"、线上线下报价一致
如何确保零售商不在网上打折甩货	原价回收零售商库存,保证零售商无风险
公司回收的存货如何解决	统一运往折扣店销售

3. 整合营销策略

企业可将网络直销与传统营销整合利用,合理配置资源,制订和调整经营策略,从而充分、及时地了解并满足客户的需求,提高企业市场竞争力。报喜鸟在进入网上销售领域前就明确将网上商城定位为"客户体验和服务中心"。虽进驻天猫,却没有销售业绩考核,没有获利目的。旗舰店的成立及运营旨在让品牌通过天猫平台进入网购人群视线。顾客可以在任意时间、任意地点点击相关产品信息,了解产品细节,这突破了传统广告的时空限制,成为报喜鸟最为成功的广告之一。天猫旗舰店提供完善的"7天无理由退换货"服务,保证"所有旗舰店网购产品均可享受报喜鸟实体专卖店铺本地化亲情服务"。官方网站造成一个高品质客户体验、信息流、物流配送和售后服务的平台,成为网购优质服务的典范,真正做到立体式营销——结合报喜鸟遍布全国的实体专卖店,实现优质的物流配送;也可根据顾客喜好,实现电子下单支付,进店试穿取货。

此外,企业如果拥有雄厚的资金、丰富的资源和完善的营销渠道,可以实行建立新品牌的策略。运用成熟的实体渠道体系进行一个品牌的销售,网络平台销售的则是新品牌,这样可以有效避免对传统渠道体系的冲击。报喜鸟集团拥有成熟的实体渠道体系,包括各级代理和终端门店。为了不与自己原有品牌的渠道发生冲突,报喜鸟 eBONO 推出"Bonotailor 品牌"的线下实体定制店。特别是这个定制店"兼具 eBONO 网络直销体验中心"的功能,也就是线上销售的成衣在这里进行展示和销售,消费者可以直观地感受服装的面料、做工和试穿效果,既可以直接购买也可以通过网络下订单购买。

4. 存货处理策略

既然报喜鸟承诺"全国统一价格不打折"、不在官网折价甩卖、不低价抛售,而且坚持原价回收零售商库存,那么公司如何消化和处理这些库存以保证资金有效回笼,其实这是与新品销售相联系的(表3)。

表 3　报喜鸟新品销售和存货处理战略

产品类型	多数高端品牌	报喜鸟
当季新品目标定位	全国一线城市、少数消费能力较强的二线城市	全国二、三线城市
过季产品目标定位	全国二、三线城市	全国一线城市
库存处理方式	零售终端打折处理、官网甩卖	原价回收,由公司折扣实体店统一销售处理

报喜鸟属于高端产品,但国际高端品牌在一线城市数不胜数,报喜鸟在高端领域无法与这些国际大牌竞争,市场空间小。但报喜鸟经过市场调研发现,在这些城市中存在一个消费群体,他们需要高端的服装,但只能负担中端的价格。这样的特殊需求让报喜鸟看到了巨大商机,他们大胆将折扣店设立在全国一线城市如上海、北京等地,果断避开国内二、三线城市。报喜鸟将过季产品统一运往折扣店进行打折销售,以中端的价格提供高端的产品。

报喜鸟虽会根据需要在一线城市设立正价专卖店,但是正价专卖店的主攻方向是全国二、三线城市。因为在这些城市很少有高端名品进驻,这无疑扩大了报喜鸟在当地高端市场的竞争优势,尽管这些城市的人均消费水平比不上一线城市,但有能力消费高端服饰的人群更加集中于报喜鸟。事实证明,报喜鸟在二、三线城市销售良好,如仅在浙江的一些县级城市,平均每天就能卖出 60—70 件均价在 5 000 元的商品。

四、讨论

传统营销渠道与电子商务渠道之间存在利益关系，一般情况下，利益关系最为敏感，处理不当容易由协作进取变为竞争关系，甚至是不择手段的恶性竞争。利益不一致的原因是目标不一，因此目标冲突是导致渠道冲突的最主要原因。报喜鸟在引进电子商务渠道之前就已确立了明确而成熟的目标，即要站在战略高度看待传统营销渠道成员与公司之间的利益关系，认识到传统营销渠道成员对传统服装业的重要性，公司和传统营销渠道成员的利益和目标要一致，只有传统营销渠道成员稳步、健康成长，公司才能在量变的基础上谋求质变。

通过对报喜鸟案例的分析，可以看到，报喜鸟在引进电子商务渠道后，传统营销渠道和电子商务之间并没有引发渠道成员之间的重大冲突，反而更进一步成为零售终端的移动广告，对零售终端的发展和成熟起到了重要的促进和辅助作用。同时，企业原价回收产品，通过电子商务渠道处理过季库存，将风险和损失回收至总部，进一步减轻了零售终端的压力与损失。这些措施在企业混合渠道间形成了一种良性循环，终端零售商都全力支持电子商务项目的进行，由此，混合渠道成员成为相互支持、相互辅助的盟友。这些措施都与报喜鸟集团雄厚的实力分不开，尤其是新产品策略，我们知道要创建一个新的品牌是不容易的，它要求企业拥有成熟的实体渠道体系，强大的研发能力与营销能力，并且需要大量的资金投入，所以该策略的选择要根据企业具体的实际情况进行衡量考虑。

报喜鸟走的是国内高档精品男装的发展路线，在一线城市有很多国际知名的品牌，竞争对手较多，而在国内的二、三线城市竞争对手较少，所以它将折扣店建立在一线城市，正价专卖店设立在全国二、三线城市，这样的市场区隔无疑是正确的。所以对于那些走中端路线的品牌也是可以借鉴该区隔模式的，将折扣店设立在二、三线城市，将正价专卖店设立在经济不太发达但有高端顾客的地区。

案例中报喜鸟采取的保护性价格策略具体的办法是："全国统一不打折"、线上线下报价一致、原价收回零售商库存，这些都需要企业拥有成熟的实体销售渠道以便消化库存，也需要企业拥有强大的资金周转能力以供各种开销。对于条件不足的企业可以根据自身企业实际情况设立一套切实可行的价格体系来避免价格冲突。

电子商务与传统的销售渠道都各有优点，所以电子商务不可能完全取代传统的线下销售模式，因此，将线上线下进行资源的整合，使其各司其职，不但有效地解决了顾客冲突这一难题，还可以使企业合理配置资源，从而提高企业市场竞争力。案例中，报喜鸟将网上商店作为客户体验和服务中心，实体店为顾客配送物流和试穿产品;像苹果公司则将线下的实体店作为体验店,顾客可以切实感受产品的性能,然后在网上进行交易。到底是线上作为体验店还是线下作为体验店,这与具体的产品特征相关。

五、结论

通过对浙江报喜鸟的案例进行分析,本文为浙江传统企业在电子商务环境下解决渠道冲突总结了以下经验:第一,对于产品冲突、价格冲突、顾客冲突、促销冲突,解决策略有新产品策略、产品区隔法、保护性价格策略、整合营销策略、市场区隔法等,但这些策略的实施受到企业自身条件的限制。区隔策略受到产品定位的限制,保护性价格策略受到企业资金周转能力和存货处理策略的限制,整合营销策略受到企业实力的限制。第二,传统营销渠道与电子商务渠道相融合是解决渠道冲突的核心。电子商务渠道与传统营销渠道相融合,能够更加有效地推广产品,拓展市场,扩大品牌效应,树立企业形象。第三,在电子商务建设初期,要合理配置资源,不能在未尝试前就过分夸大网络渠道的回报率,过度投入,更不可忽略中间渠道的作用,否则结果可能会增加未能预料的成本,失去对渠道的控制力。第四,开通网上销售渠道单凭资金雄厚是远远不够的,还涉及如何运营混合渠道的难题,并且自建电子商务平台成本较大且知名度也远不如淘宝、天猫等已成熟的电子商务平台,所以企业在进军电子商务领域时,对于自建网络平台还是选择和已有的第三方网络商合作方面一定要谨慎。第五,重视物流平台的合作与搭建。电子商务永远都离不开物流。电子商务是根,物流系统是本。企业在建设电子商务平台的同时也应同时注重物流系统的建设。

本文在研究中存在一些局限性:(1)本文采用的是单案例研究方法,虽具代表性,但在研究的深度和广度上都有不足,对研究结论有一定的影响;(2)报喜鸟集团实力雄厚,在解决渠道冲突方面不会受到资金、资源等方面的限制,而其他一些小企业在解决渠道冲突时可能会受到这方面的约束。本文的未来研究方向是,首先,可以进行多案例研究,总结更多的解决渠道冲突的方法。其次,后续的研究可以向更深层次进行,形成一套解决渠道冲突的体系。再次,因为各个行业都有其自身独有的一些特点,可以选择不同行业的企业进行跨案例的研究,从而总结出不同的行业解决渠道冲突的办法。

参考文献

[1] 邢文端.漫谈电子商务[J].电子测试,2013(11):197—198.

[2] 高陈凤.营销渠道冲突的博弈分析与应对策略研究[D].西安:西安电子科技大学,2007.

[3] MICHAEL J. Structure, People and Process Challenges of Multichannel Marketing: Insights

from Marketers[J]. Journal of Database Marketing & Customer Strategy Management，2009（3）：197—206.

[4] 叶彩鸿，董新平.电子商务环境下的渠道冲突与共赢管理[J].商业研究，2006（12）：203—205.

[5] 庄贵军.营销渠道控制：理论与模型[J].管理学报，2004（1）：82—88.

[6] 文晓庆.网络时代混合营销渠道冲突及管理[J].生产力研究，2010（6）：236—237.

[7] 王国才，赵彦辉.多重渠道冲突管理的渠道区隔与整合策略[J].经济管理，2009（8）：106—112.

[8] ROSENBLOOM B. Multi-Channel Strategy in Business-To-Business Markets：Prospects and Problems[J]. Industrial Marketing Management，2007（36）：4—9.

[9] MALLEN B. Introducing the Marketing Channel to Price Theory[J]. Journal of Marketing，1964，3(28)：29—33.

[10] BERMAN. Video to Accompany Marketing Channel[M]. John Wiley & Sons Canada, Limited，1996.

[11] MAGRATH A，HARDY K. Marketing Channel Management，Strategic Planning and Tactics [M]. Scott，Foresman，1988.

[12] 季芳.国内企业建立网络营销渠道引发的渠道[J].全国商情：经济理论研究，2008（1）：51—53.

[13] 潘卫华.电子商务环境下营销渠道冲突及管理[J].黑河学刊，2009（6）：26—28.

[14] 安实，许星剑，郝文杰.营销渠道冲突根源的博弈分析[J].哈尔滨工业大学学报，2005（10）：1406—1409.

[15] 崔艳丽，徐长涛.电子商务下的销售渠道冲突及其管理策略研究[J].现代经济：现代物业下半月，2008（2）：77—78.

[16] 陈剑，张小洪，常炜.双渠道多制造商供应链的 Cournot 均衡策略[J].中国管理科学，2003（z1）：284—289.

[17] 牛全保，邹英杰.网店与实体店的渠道冲突探索[J].管理学刊，2012（2）：74—77.

[18] 张博，修国义.制造企业销售渠道冲突与解决策略[J].哈尔滨理工大学学报，2009（z1）：124—126.

怀旧广告诉求对消费者购买意愿的影响研究：怀旧倾向的调节效应

吕筱萍[1]，段 琪[1]

（1 浙江工商大学工商管理学院，浙江杭州，310018）

摘 要：面对日益激烈的市场竞争，企业如何从情感及情绪方面把控消费者心理与行为已成为营销领域的重要研究主题。本文探讨了不同类型怀旧广告所唤起的怀旧情感反应、心理想象及怀旧倾向对消费者购买意愿的影响。研究结果表明，不同类型的怀旧广告所激发的怀旧情感反应及相关的心理想象均存在差异；怀旧情感反应、心理想象及怀旧倾向是构成怀旧心理传导机制的重要因素，影响着消费者的怀旧产品购买意愿；怀旧倾向调节消费者的怀旧情感反应和行为意愿，消费者怀旧倾向的差异将导致消费者怀旧心理和行为意愿的不同。这对企业如何利用消费者的怀旧情感和企业的营销实践均有重要的指导意义。

关键词：怀旧广告　怀旧倾向　怀旧情感反应　心理想象　购买意愿

一、引言

在现代商业社会，怀旧不再仅仅被看成一种社会和文化范畴的心理现象或病理特征，更为重要的是怀旧已渗透到个人消费和企业营销的各个方面。怀旧风格的酒店、餐厅、影视作品、服饰、金曲，怀旧专卖店的各种怀旧商品及报纸开设的征集老物品和老照片等栏目等均受到消费者的青睐，甚至成为消费时尚。怀旧营销已成为目前市场上一种十分奏效且极具说服力的营销策略。Pascal 等更是指出，市场营销领域对怀旧的依赖和利用几乎无处不在。[1]

本文运用怀旧广告这一特定刺激物研究消费者的怀旧购买意愿；通过借鉴前人关于怀旧营销理论的研究成果，探索消费者购买意愿的影响因素，研究怀旧广告所唤起的怀旧心理及其影响效益。本文结合中国文化背景做实证研究，无疑能在情感及情绪方面更好地控消费者的心理与行为,制订与实施有效的营销策略。

二、理论背景与研究假设

(一)怀旧广告对消费者怀旧情感反应的影响

由于怀旧广告具有独特的视觉和听觉效果及强烈的情感诉求,且引发消费者怀旧的事物均可在广告中很好地体现,因此,本文选取不同类型的怀旧广告作为实验刺激物。怀旧可能来自个体的亲身体验,也可是来自间接体验。[2]何佳讯开发中国消费者怀旧量表时,发现中国消费者对过去的怀念,无不涉及个人家庭生活和人际交往经历,[3]因此,笔者将怀旧广告分为两类:家庭怀旧、人际怀旧。家庭怀旧广告代表直接体验的怀旧,人际怀旧广告代表间接体验的怀旧。

直接体验的怀旧是消费者亲身经历、通过记忆而产生的怀旧;间接体验的怀旧是消费者经过与他人接触、书本等途径,通过心理想象或头脑加工对事物产生的怀旧。[4]无论直接体验的家庭怀旧还是间接体验的人际怀旧都伴随着一定的情感反应,但现有文献很少对这2种怀旧产生的情感反应和行为结果的差异进行比较研究。[5]对于消费者个体而言,直接体验的怀旧由于亲身经历而记忆深刻,当面临特定的怀旧刺激时,易引发更强烈的正向怀旧情感。因此,提出如下假设:

H1:怀旧广告对消费者产生怀旧情感反应存在显著的正向影响;

H1a:家庭怀旧广告对消费者产生怀旧情感反应存在显著的正向影响;

H1b:人际怀旧广告对消费者产生怀旧情感反应存在显著的正向影响。

(二)情感反应对产品态度、购买意愿的影响

情感是唤起人类心理活动和行为的动机,是人类选择行为的重要影响因素,消费者的消费需求是一个复杂的心理过程,其消费动机直接受情感因素影响。[6]Murry 等(1992)研究证实,消费者对电视节目的消费行为证实消费者情感直接影响消费行为。[7]Menon 和 Johar(1997)研究怀旧广告中的个人体验对消费者产品态度和品牌态度的影响作用,发现涉及消费者自身的怀旧体验和与消费者自身评价或态度密切相关时,更倾向于提取积极、愉快的体验,从而形成积极的广告态度和品牌态度。[8]Pascal 等(2002,2004)研究发现,接触怀旧广告的消费者可将过去的记忆和怀旧情感转移到产品上,进而影响消费者的产品态度。[9]Bambauer 等研究了怀旧广告如何影响消费者的态度和行为,实验发现怀旧广告通过唤起积极情感和激发消费者心理想象来影响消费者的态度和行为。[10]若广告唤起的正向怀旧情感越多,对形成的产品态度越有利,越可能导致购买行为。

因此,提出以下假设:

H2:怀旧情感反应对消费者的产品态度存在显著的正向影响;

H3:怀旧情感反应对消费者的购买意愿存在显著的正向影响。

(三)怀旧广告对消费者心理想象的影响

心理想象也叫心理意象或想象表象。对于直接体验的怀旧,刺激物能引发消费者从记忆中提取信息并加工形成记忆表象和想象表象;对于间接体验的怀旧,消费者缺乏自身经历的认知,更多地体现为源于具体刺激物诱导的想象表象。间接体验的历史怀旧是以消费者出生前的时间为载体,通过人际交流、书本等唤起消费者对不知晓的历史人物和情境的充分想象而产生的怀旧。[4] 由此可知,间接体验的怀旧可通过充分的想象过去来产生怀旧。[4][11] 因此,提出以下假设:

H4:怀旧广告对消费者产生相关心理想象存在显著的正向影响;

H4a:家庭怀旧广告对消费者产生相关心理想象存在显著的正向影响;

H4b:人际怀旧广告对消费者产生相关心理想象存在显著的正向影响。

(四)心理想象对产品态度及购买意愿的影响

情绪认知理论认为,认知直接引发行为反应,即消费者产生的与怀旧产品相关的心理想象可能直接导致消费者对怀旧对象的正面评价,增强其购买意愿。Bambauer 等指出,怀旧广告能通过消费者心理想象的强度影响消费者对广告和广告中产品的态度,间接影响消费者购买倾向。[10] 即怀旧刺激物激发的与产品相关的心理想象越多,越有利于形成正面的产品态度和购买意愿。[5] 因此,提出如下假设:

H5:怀旧广告激发的心理想象对消费者的产品态度存在显著的正向影响;

H6:怀旧广告激发的心理想象对消费者的购买意愿存在显著的正向影响。

(五)产品态度对购买意愿的影响

研究表明,行为意图同实际行为本身之间存在着正相关关系。在怀旧购买行为的相关研究中,Sierra 等选用消费者的怀旧购买意愿作为结果变量。[12] Reisenwitz 等、Bambauer 等都指出消费者对怀旧广告的态度影响其购买意愿。[13][10] 由此,提出如下假设:

H7:产品态度对消费者的购买意愿存在显著的正向影响。

三、怀旧倾向的调节作用

Holbrook 等认为,消费者存在个性特质差异,相同年龄段的人会有不同程度的怀旧倾向,且怀旧倾向影响着消费者的怀旧购买意愿和消费行为。[14-15] Sierra 等实证结果表明,怀旧倾向影响消费者的怀旧产品购买意愿。[12] Holbrook 等在实证研究基础上提出怀旧消费偏好的形成模型，指出由强烈情感引起的消费体验是形成怀旧消费偏好的必要条件，且消费者的怀旧倾向在情感体验与怀旧消费决策之间有正向的调节效应。[15]消费者在怀旧倾向方面存在的个体特质差异，将影响消费者的怀旧情感反应、心理想象，从而导致不同的消费者态度和行为意愿。[15]怀旧倾向的高低会影响刺激物引发的消费者情感和认知反应，从而影响消费者怀旧反应和行为意向的关系。[15]

H8：怀旧倾向在怀旧反应和行为意向之间起调节作用。

四、研究设计

(一)数据来源与收集

Holbrook 等人的实验研究表明，消费者的怀旧偏好出现在青春期或成年早期，怀旧心理一般在成年人身上表现得更为显著。[16]因此，参照国外实证研究结果，选择年龄和教育程度大体相当的 MBA 学生作为被试者，年龄主要在 25 至 35 岁。

实验刺激物——怀旧广告的确定依据在对杭州两所大学 100 名 MBA 学生进行开放式实验调查的结果，选取南方黑芝麻糊作为家庭怀旧广告，周润发版百年润发作为人际怀旧广告。

正式实验在杭州两所大学的 MBA 学生里进行，将被试者随机分成两组，共进行两场实验，每场实验有两组，分别播放两类怀旧广告，被试观看广告后据自身感受填写问卷。参加实验的 MBA 学生共 270 人，有效问卷 256 份，有效回收率为 94.81%。

(二)变量定义与测量

1. 怀旧广告类型的定义与测量

从个体体验的角度出发将怀旧刺激物类型作为自变量，包括家庭怀旧、人际怀旧。具体定义为：家庭怀旧是对个体家庭环境所经历事情而产生的怀旧，将个人家庭记忆理想化地重现；[4]人际怀旧源自人际接触而产生的个人而非集体性的间接经历，[18]即直接体验的怀旧是个体自身体验获得的怀旧，间接体验的怀旧是通过书本、大众媒介或人际沟通等唤起消费者对非直接体验的事物等充分想象而产生的怀旧。[11]自变量的测量据 Stern(1992)的方法并结合何佳讯(2010)开发的 CHINOS，将每个怀旧类型分别用 3 个题项进行测量。

2. 怀旧情感反应的定义与测量

本文借鉴蔡明达等对怀旧情感的定义，他们认为，怀旧情感反应是指消费者经由唤起其过往记忆的人、事、物所产生的心理反应状态，这种怀旧情感是个人经由外在刺激所引发的主观性情感,为较强烈的情感反应,常会带有较明显的外部行为表现。[17]在借鉴 Bambauer 等怀旧情感反应测量题项的基础上,同时参考 Yeung 等和 Desmet 在消费研究中使用的简单情绪量表。[18—19]

3. 心理想象的定义与测量

"怀旧刺激物相关的心理想象"这一变量是某一特定事件在头脑中形成的图像或心理图画。[10]想象是能够使人重温过去体验的一种感觉表现,反映特定意义。想象过程既可以从记忆中抽取信息,也可以是某种幻想,能用画面或者语言说明。因此,怀旧心理想象是通过环境刺激引发消费者怀旧相关的人、事、物时在头脑中的图像或心理图画。本文参照 Bone 等人的观点,采用 3 个题项来测量受众的心理想象。[20]

4. 产品态度的定义与测量

产品态度是消费者基于直接或间接的产品信息、使用体验及消费者价值、情感特征而形成的关于产品的认知评价和肯定或否定的情感倾向。本文结合 Bambauer 等及 Choi 等对产品态度的测量,[10—11]采用 4 个题项衡量消费者的产品态度。

5. 购买意愿的定义与测量

购买意愿可视为消费者选择特定产品的主观倾向,并被证实可作为预测消费行为的重要指标。购买意愿是消费者购买某种特定产品的可能性,是消费者买到适合自己某种需要的产品的心理顾问,是消费者心理的表现,是购买行为的前奏。[22]本文借鉴 Sierra[12]对怀旧产品购买意愿的测项,并根据中国的语言习惯做适当调整。

6. 怀旧倾向的定义与测量

怀旧倾向是个体对过去的态度,可区分出相同年龄消费者的差异程度,属于消费者特定价值观领域。(Holbrook,1993)中外学者均开发了消费者怀旧倾向量表,Holbrook 等开发了由 20 个项目构成的消费者怀旧倾向量表,1993 年 Holbrook 对该量表进行了进一步的研究,从 20 个项目中检测和确认了 8 个主要测项,该量表是目前最主要且使用最广泛的消费者怀旧量表。[23]国内学者何佳讯等利用 Holbrook 的怀旧量表测量中国消费者的怀旧倾向,研究发现,西方怀旧量表并不完全适用于测量中国消费者的怀旧倾向,[24]尝试并开发出中国消费者怀旧倾向量表(CHINOS),在后期研究中量表显示了较好的信度和效度。[3]本文借鉴何佳讯等(2008)、何佳讯(2010)的中国消费者怀旧倾向量表,采取 4 个题项来测量。

五、实证结果与分析

(一)实验操控测试

实验测得南方黑芝麻糊和周润发版百年润发这两种怀旧广告的被试者在家庭怀旧测项上的评分分别为 3.62,2.63,通过均值差异的比较可知,两组间的均值具有显著性差异;其次,测得南方黑芝麻糊和周润发版百年润发这两种怀旧广告的被试者在人际怀旧测项上的评分分别为 3.26,3.87,两组间的均值存在显著差异。因此,选取南方黑芝麻糊广告作为家庭怀旧的实验刺激物,周润发百年润发广告作为人际怀旧的实验刺激物是合理的,具体见表 1 所示。

表 1　怀旧广告在家庭、人际怀旧量表上均值比较

广告类型 怀旧广告	家庭怀旧		人际怀旧	
	均值	Sig.	均值	Sig.
南方黑芝麻糊	3.62	0.000	3.26	0.000
周润发版百年润发	2.63	0.000	3.87	0.000

(二)相关分析

本文借助于 SPSS 21.0 软件对变量间的关系进行分析。为更好地反映各个变量之间的关系,采用 Pearson 相关分析对不同变量之间的相关性进行分析。在确保测量问项的可靠性和有效性的前提下,本文对各变量进行相关分析,分析结果见表 2。

表 2　各变量相关性分析结果

变量	情感反应	心理想象	产品态度	购买意愿	怀旧倾向
怀旧情感反应	1				
心理想象	0.496**	1			
产品态度	0.710**	0.640**	1		
购买意愿	0.534**	0.596**	0.620**	1	
怀旧倾向	0.707**	0.683**	0.662**	0.633**	1

注:** 表示 $P < 0.01$ 水平下显著。

由表 2 可知,所有变量之间的相关系数在 0.496—0.710 之间,在 0.01 的显著性水平下,怀旧情感反应、心理想象、产品态度与购买意愿之间存在着正向相关关系。因此,这从侧面初步验证了本文的部分研究假设。通过相关分析,可以看出,变量之间存在显著相关性,可进一步研究变量间的因果关系。

(三)假设检验

1. 直接效应的检验

为检验两种不同类型怀旧广告对消费者怀旧情感反应和心理想象的影响,利用 SPSS 21.0 软件对大样本数据利用方差分析进行独立样本 T 检验,具体分析结果如表 3 所示。

表 3　两种怀旧广告的独立样本 T 检验

广告类型 变量	家庭怀旧			人际怀旧		
	均值	T	Sig.	均值	T	Sig.
怀旧情感反应	3.86	9.533	0.000	3.06	9.468	0.000
心理想象	3.15	−6.852	0.000	3.81	−6.624	0.000

从表 3 可知,家庭怀旧广告和人际怀旧广告在怀旧情感反应及心理想象方面存在显著性差异,且怀旧情感反应方面,家庭怀旧广告的均值大于人际怀旧广告的均值(3.86＞3.06);心理想象方面,人际怀旧广告的均值大于家庭怀旧广告的均值(3.81＞3.15)。因此,两种怀旧广告均能引发消费者的怀旧情感反应及相关心理想象,且家庭怀旧广告能引发更多的怀旧情感,人际怀旧广告能激发更多的心理想象。通过分析可知假设 1、1a、1b、4、4a 及 4b 通过检验。

本文采用回归分析方法对模型变量间的因果关系进行验证,分析结果见表 4、表 5 和表 6。

表 4　怀旧情感反应构成要素与产品态度的回归分析

因变量	自变量	β系数	T	Sig.	F	R²	调整 R²	VIF 值
产品态度	怀旧情感反应	0.599	16.120	0.000	330.213	0.676	0.674	1.349
	心理想象	0.336	9.053	0.000				1.369

从表 4 可知,怀旧情感反应和心理想象进入回归方程后,总体回归效果显著。根据回归分析结果得出标准回归方程:

$$产品态度 = 0.599 \times 怀旧情感反应 + 0.336 \times 心理想象$$

表 5　怀旧情反应构成要素与购买意愿的回归分析

因变量	自变量	β系数	T	Sig.	F	R²	调整 R²	VIF 值
购买意愿	怀旧情感反应	0.437	8.851	0.000	117.966	0.440	0.435	1.357
	心理想象	0.312	6.318	0.000				1.368

从表5可知，怀旧情感反应和心理想象进入回归方程，调整后的 R^2 为 0.435，显著性概率为 0.000，总体回归效果显著。根据回归分析结果得出，怀旧情感反应各构成要素与购买意愿的标准回归方程：

购买意愿 $= 0.437 \times$ 情感反应 $+ 0.312 \times$ 心理想象

表6 产品态度与购买意愿的回归分析

因变量	自变量	β系数	T	Sig.	F	R^2	调整 R^2	VIF 值
购买意愿	产品态度	0.606	13.570	0.000	184.150	0.608	0.607	1.000

从表6可知，总体回归效果显著。根据回归分析结果得出，怀旧情感反应各构成要素与购买意愿的标准回归方程：

购买意愿 $= 0.606 \times$ 产品态度

从回归分析结果可知，在总体样本情况下假设 2、3、5、6、7 初步通过检验。

2. 调节效应的检验

本文怀旧倾向的测量分析结果显示，被试者总体上的怀旧倾向趋于中间。高、低怀旧倾向的划分以均值为标准，大于均值的为高怀旧倾向组，否则为低怀旧倾向组。所划分的高低两组怀旧倾向均值统计分析结果如表7所示。

表7 不同怀旧倾向组的描述性统计

组别	均值	样本量	标准差	均值标准误	F	Sig.
低怀旧倾向	2.31	106	0.233	0.023		
高怀旧倾向	3.72	150	0.387	0.031	464.858	0.000
总体	3.14	256	0.558	0.035		

本文利用 AMOS 17.0 软件分别对低怀旧倾向和高怀旧倾向 2 组样本进行路径系数对比分析，模型拟合程度分析结果显示，整体调节效应显著（表8）。

表8 调节效应检验拟合指标

模型	df	CMIN	P	NFI	IFI	RFI	TLI
限制模型	15	46.588	0.006	0.057	0.051	0.062	0.053

CMIN/df 的临界比率 $P < 0.05$，卡方值改变量显著，因此，可得出怀旧倾向的调节效应显著。

高、低怀旧倾向组限制模型和无限制模型的变量标准化路径系数见图1、图3、图2和图4。

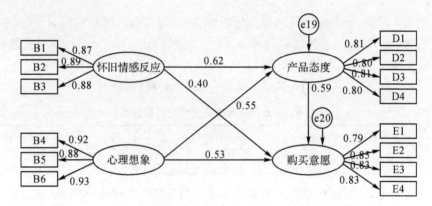

图 1　高怀旧倾向组限制模型标准化路径

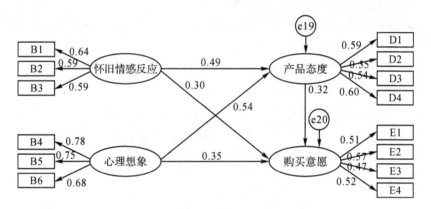

图 2　低怀旧倾向组限制模型标准化路径

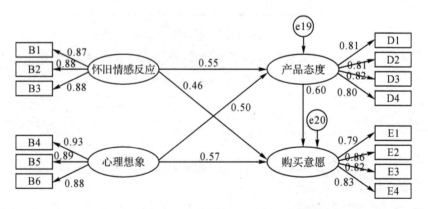

图 3　高怀旧倾向组无限制模型标准化路径

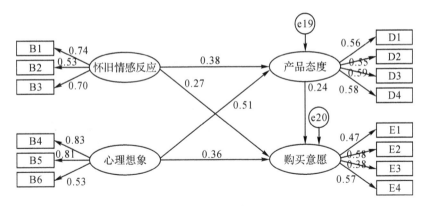

图 4　低怀旧倾向组无限制模型标准化路径

在总体调节效应显著时,若路径差异的绝对值大于1.96,说明该路径在0.05水平上差异显著,即这条路径在不同组别间存在差异,具体见表9。

表 9　高、低怀旧倾向组变量标准化路径比较

变量间关系	高怀旧倾向组			低怀旧倾向组		
	限制模型标准路径	路径差异CR	显著性	限制模型标准路径	路径差异CR	显著性
怀旧情感反应－－>产品态度	0.62*	3.03	显著	0.49	1.76	不显著
心理想象－－>产品态度	0.55*	2.17	显著	0.54*	2.03	显著
怀旧情感反应－－>购买意愿	0.40*	2.21	显著	0.30	0.94	不显著
心理想象－－>购买意愿	0.53*	2.19	显著	0.35	1.61	不显著
产品态度－－>购买意愿	0.59*	2.31	显著	0.32*	2.12	显著

注:* 表示 P<0.01 水平下显著。

从表9可知,尽管样本总体分析结果显示,怀旧情感反应与产品态度间、怀旧情感反应与购买意愿间、心理现象与购买意愿间显著正相关,但在样本分为高、低怀旧倾向组后,这些结论仅适用于高怀旧倾向组,因此,假设2、3和6只能部分通过检验。对于心理想象与产品态度、产品态度与购买意愿的关系,无论是分组后的样本组还是总体,均显著相关,因此,假设5、7通过检验。

六、研究结论与不足

本文构建了"怀旧广告—消费者心理活动/反应(认知因素、情感因素)—购买意愿"理论模型,并通过研究假设的验证分析,得出以下几个研究结论:(1)怀旧情

感反应、心理想象及怀旧倾向是构成消费者怀旧心理传导机制的重要因素,影响着消费者的怀旧产品购买意愿。(2)不同怀旧广告类型所激发的怀旧情感反应及相关的心理想象均存在差异。家庭怀旧广告能产生更多的怀旧情感反应,而人际怀旧广告能使消费者产生更多的怀旧心理想象。(3)消费者存在怀旧倾向的个性特质差异,可将消费者划分为低怀旧倾向组和高怀旧倾向组。对于高、低怀旧倾向组而言,怀旧广告激发的怀旧情感反应、心理想象与产品态度之间的关系存在显著差异,高怀旧倾向组具有显著相关性,但低怀旧倾向组相关性不显著。本文仍然存在一些局限性,须将来进一步深化和完善研究:(1)本文选取年龄在25—35岁的MBA学生作为研究对象,并选取与该年龄阶段消费者对应的怀旧刺激物,尽管符合实验要求,但可能制约了研究结论的普适性。(2)在实验设计上,用量表测量消费者心理想象,但相关文献显示,除了量表测量外,还可采用情景回忆法。后续研究可对两种方法进行比较分析,选择更适合的测量方法。(3)在调节效应分析中,本文只是区分调节效应显著或不显著,并未对调节效应的大小进行分析。

参考文献

[1] PASCAL,VINCENT J,DAVID E, et al. The Influence of Evoked Nostalgia on Consumers Responses to Advertising:An Exploratory Study[J]. Journal of Current Issues and Research in Advertising, 2002,24(1):39—49.

[2] HOLBROOK M B. Nostalgia and Consumption Preference:Some Emerging Patterns of Consumer Tastes[J]. Journal of Consumer Research,1993,20(2):245—256.

[3] 何佳讯.我们如何怀念过去? 中国文化背景下消费者怀旧倾向量表的开发与比较验证[J].营销科学学报,2010,6(3):30—50.

[4] STERN B B. Historical and Personal Nostalgia in Advertising Text:The Fin De SiÈCle Effect[J].Journal of Advertising, 1992,21(4):11—22.

[5] 张莹.消费者怀旧产品购买行为主要影响因素的实证研究[D].上海:东华大学,2011.

[6] 朱红红.基于情感偏好的消费选择模型及现实解释[J].消费经济,2008(5):38—41.

[7] 高辉,卢泰宏.西方消费者怀旧研究评价[J].外国经济与管理,2006(8):26—33.

[8] 卢泰宏,高辉.品牌老化与品牌激活研究述评[J].外国经济与管理,2007,29(2):17—23.

[9] MUEHLING D D,DAVID E S. The Power of Reflection,An Empirical Examination of Nostalgia Advertising Effects[J]. Journal of Advertising, 2004,33(3):25—35.

[10] BAMBAUER S S,GIERL H. Effects of Nostalgia Advertising through Emotions and The Intensity of The Evoked Mental Images[J]. Advances in Consumer Research,2009,36:391—398.

[11] HOLAK S L,WILLIAM J H. Feelings, Fantasies and Memories:An Examination of The Emotional Components of Nostalgia[J]. Journal of Business Research, 1998,42(3):217—226.

[12] SIERRA J J,MCQYITTY S. Attitudes and Emotions as Determinants of Nostalgia Purchases: An Application of Social Identity Theory[J]. Journal of Marketing Theory and Practice, 2007,15(2):99—112.

[13] REISENWITZ T H,RAJESH I,BOB C. Nostalgia Advertising and The Influence of Nostalgia Proneness[J]. The Marketing Management Journal, 2004,14(2):55—66.

[14] HOLBROOK M B, ROBERT M S. Market Segmentation Based on Age and Attitude Toward The Past Concepts , Methods , and Findings Concerning Nostalgic Influences on Customer Tastes[J]. Journal of Business Research, 1996,37:27—39.

[15] HOLBROOK M B,SCHINDERL R M. Nostalgic Bonding:Exploring The Role of Nostalgia in The Consumption Experience [J]. Journal of Consumer Behavior,2003,3(2):107—127.

[16] HOLBROOK M B,SCHINDERL R M. Age, Sex and Attitude toward The Past as Predictors of Consumers' Aesthetic Tastes for Cultural Products[J]. Journal of Marketing Research, 1994,31(3):412—422.

[17] 蔡明达,许立群. 建构怀旧情绪量表之研究——以地方老街为例[J]. 行销评论,2007,4(2), 163—186.

[18] YEUNG C W, ROBERT S, WYER J. Affect, Appraisal and Consumer Judgement[J]. Journal of Consumer Research, 2004,31(2): 412—424.

[19] DESMET P M. Measuring Emotion: Development and Application of An Instrument to Measures Emotional Responses to Products[M]. Funology: Kluwer Academic Publishers,2004.

[20] BONE P F, ELLEN P S. The Effect of Imagery Processing and Imagery Content on Behavioral Intentions[J]. Advances in consumer research, 1990,17:449—454.

[21] CHOI S M,LAFERLE C. Convergence across American and Korean Young Adults: Socialization Variables Indicate The Verdict Is Still Out [J]. International Journal of Advertising,2004, 23,4: 479—506.

[22] 韩睿,田志龙. 促销类型对消费者感知及行为意向影响的研究[J]. 管理科学,2005,18(2): 85—91.

[23] HOLBROOK M B,SCHINDERL R M. Echoes of The Dear Departed Past: Some Work in Progress on Nostalgia[J]. Advances in Consumer Research, 1991,18:330—333.

[24] 何佳讯,秦翕嫣,杨清云,等. 创新还是怀旧? 长期品牌管理"悖论"与老品牌市场细分取向——一项来自中国三城市的实证研究[J]. 管理世界,2007(11):96—107.

网络购物情境下的服务补救策略研究

江　辛[1]　褚晶晶[1]　吴礼平[1]

（1 浙江工商大学工商管理学院,浙江杭州,310018）

摘　要: 本文主要对网络购物过程中的服务补救措施、顾客感知公平及补救后的顾客满意之间的关系进行探究,并在研究中引入网站品牌资产的概念,以进一步检验该要素在服务补救中发挥的作用。实证研究表明:恰当的服务补救措施能够正向引导顾客感知公平,从而实现顾客满意,良好的网站品牌资产可以进一步增强顾客感知公平对顾客满意的影响力;此外,不同维度的服务补救措施能够影响的顾客感知公平也有所不同。因此,网络服务企业不仅要综合运用各类服务补救措施来解决服务失败问题,也应在日常经营管理中加强自身的网站品牌资产建设。

关键词: 网络购物　服务补救　感知公平　顾客满意　网站品牌资产

网络购物既具有传统服务的无形性、易逝性等特性,又带有网络环境的虚拟性,人机互动的服务模式使得网络购物的服务过程更难以控制,这就意味着,网络购物的服务质量比传统购物方式更容易受到考验。现实情况亦是如此,网购顾客的抱怨、投诉时有发生,但大多数网络服务商未能对此给予重视,并及时采取相应的补救措施。事实上,Hollway 等人指出,具有服务失败经历的顾客大多数期望能获得服务补救;[1]李四化认为,有效的服务补救措施不仅能避免顾客不满,重获顾客满意,也有助于改善企业的服务质量,提高企业竞争力。[2]但是目前国内研究对相关领域的关注较少,因此,对网络购物情境下的服务补救进行探究具有较大的研究意义和实践作用。

一、文献综述

1988 年,Gronroos 正式提出服务补救的概念,此后,国内外研究者纷纷从过程、目的、范围等不同角度对其做出界定。[3]尽管他们的表述不尽相同,但在中心思想上都与 Gronroos 保持一致,即认为,服务补救是服务提供者在出现服务失败的情况下采取的补救性措施,而服务失败则意味着服务提供者所提供的服务未能达到顾客的期望状态,[4]造成顾客不满意。[1]

为了应对服务失败问题,国内外学者对服务补救策略进行了广泛研究。Smith 等[5]认为,服务补救措施应包括四个维度:有形补偿、响应速度、道歉和补救主动性。其他学者在后续研究中对其进行补充,提出更多补救策略,如退款[6]、沟通[7]、快速回应[8]等。此外,从事修复策略研究的 Xie 等认为,及时进行信息修复,与顾客保持有效的信息沟通,也是重获顾客信任、降低负面事件影响的有力措施。[9]

有效的服务补救措施能够给企业带来丰厚的回报:缓解甚至消除顾客的不满情绪、重获顾客满意、提高顾客忠诚度,[10]这里的顾客满意是补救后的顾客满意,指的是顾客对服务商采取的服务补救措施产生的满意感。[11]众多学者基于实证研究指出,在影响顾客满意的诸多因素中,感知公平的影响力是最大的。[12-13]

Andreassen 认为,感知公平是指顾客对其投入和产出进行对比后产生的主观感受。[14]由于各自的研究背景不同,研究者们对感知公平的维度划分存在一定差异。张励等认为,感知公平包括结果公平和互动公平两个维度。[11-13]赵占波等基于对电信服务业的实证研究指出,程序公平也是评价感知公平的重要维度之一。[15]Millissa 及谢礼珊等注意到信息传递在服务补救过程中的影响,认为有必要将信息公平纳入感知公平的评价维度。[16-17]尽管以上四个维度对顾客满意的积极作用已获得大多数研究者的认同,[18-19]但是也有部分研究者在实证研究中发现程序公平对顾客满意没有影响作用。[14][20]

一些从事服务补救与感知公平关系研究的学者指出,结果公平主要来自顾客对有形补偿的评价;程序公平侧重于对补救响应速度的判断;互动公平和信息公平则是对道歉及补救主动性的感知。[5][8]修复策略研究者进一步指出,信息性修复也能对互动公平产生显著影响。

Page 等首次提出网站品牌资产的概念,认为它是顾客对网站品牌的认知和感知。[21]虽然其在服务补救过程中发挥的作用尚未引起广泛关注,但是黄敏新在关于品牌资产的实证研究中得出结论:在服务补救阶段,品牌资产能够对顾客满意起到正强化作用。[22]

基于以上相关文献回顾,结合网络购物情境特点,本文在相关概念界定上将网络购物过程中网络服务提供者的服务补救行为划分为财物补救、情感补救和信息补救三个维度,将顾客在服务补救中的感知公平划分为结果公平、互动公平和信息公平三个维度。

二、理论模型与假设

本文主要研究网络购物过程中,网络服务提供者的服务补救行为如何通过顾客的感知公平来影响顾客满意,并探究网站品牌资产对顾客的感知公平与顾客满意之间关系的调节作用。为此,本文将服务补救作为自变量,顾客满意作为因变量,感知公平作为中介变量,网站品牌资产作为调节变量,并据此建立研究模型如图1所示。

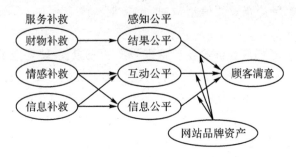

图1 本文的理论模型

综合历史文献对该模型中各变量的相关阐述,本文提出以下实证研究假设:

(一)服务补救与感知公平

财物补救是指经济物质方面的补偿,这种有形的补救方式直接增加了顾客的物质利益,对提高顾客感知的结果公平具有积极作用。相对而言,情感补救和信息补救并不能给顾客带来物质上的补偿,但是以道歉、解释为主要形式的情感补救表达了网络服务商对顾客的歉意和尊重,这不仅有利于减少甚至避免顾客的不满情绪,也能使顾客更愿意相信网络服务商提供的相关补救信息。及时有效地提供这些信息,既能够帮助顾客了解服务补救过程,降低他们在二次服务接触中的不确定性,同时也能为网络服务商塑造"知错能改"的正面形象,从而向顾客传达正面信息,给顾客留下良好印象。因此,本文提出以下假设:

H1a:财物补救与结果公平呈正相关关系;

H1b:情感补救与互动公平呈正相关关系;

H1c:情感补救与信息公平呈正相关关系;

H1d:信息补救与互动公平呈正相关关系;

H1e:信息补救与信息公平呈正相关关系。

(二)感知公平与顾客满意

尽管程序公平对顾客满意的影响作用受到众多学者的质疑,但是结果公平和互动公平对顾客满意的正向作用在大量实证研究中得到验证。此外,信息公平对顾客满意的正向作用也在广泛的研究中得到证实。而且与传统服务业相比,网络购物的虚拟特性使得顾客更加渴望获取服务补救的相关信息,这就意味着信息公平对顾客满意的影响作用在网络购物的虚拟特性下被进一步放大。因此,本文提出以下假设:

H2a:结果公平与顾客满意呈正相关关系;

H2b:互动公平与顾客满意呈正相关关系;

H2c:信息公平与顾客满意呈正相关关系。

(三)感知公平的中介作用

如前所述,服务补救各维度和感知公平各维度之间的对应关系,以及感知公平各维度与顾客满意之间的对应关系都已在不同程度上得到国内外研究者的验证。就其现实意义来看,在服务补救过程中,网络服务商采取的补救措施会在一定程度上影响顾客对其所遭受的损失及企业的补救措施之间的对比衡量(即感知公平),从而影响到顾客满意,也就是说,顾客满意是网络服务商补救行为的结果,与之相伴随的往往还有顾客的重复购买和口碑传播等行为。因此,本文提出以下假设:

H3a:结果公平在财物补救和顾客满意之间起中介作用;

H3b:互动公平在情感补救和顾客满意之间起中介作用;

H3c:互动公平在信息补救和顾客满意之间起中介作用;

H3d:信息公平在情感补救和顾客满意之间起中介作用;

H3e:信息公平在信息补救和顾客满意之间起中介作用。

(四)网站品牌资产的调节作用

尽管网站品牌资产在服务补救与顾客满意关系中发挥的作用尚未得到证实,但是品牌资产对服务补救效果的影响是被肯定了的,其对感知公平与顾客满意的调节作用也已被证实。考虑到网站品牌资产是品牌资产在网络购物领域的具体化,因此,本文提出以下假设:

H4a:网站品牌资产正向调节结果公平与顾客满意的关系;

H4b:网站品牌资产正向调节互动公平与顾客满意的关系;

H4c:网站品牌资产正向调节信息公平与顾客满意的关系。

三、实证检验与分析

(一)问卷设计和发放

本文调研问卷主要涉及服务补救、感知公平、网站品牌资产和顾客满意4个变量。各变量测量量表的设置是在参照相关研究[5][9][23-25]的基础上,对已有成熟量表进行相应修改以满足本文的实际需要,并通过小规模预调研检验修订了初始问卷,最终形成用于大规模研究的正式问卷。其中,前3个变量均设置了9个问项,对顾客满意的测量共3个问项。此外,所有量表的问项均采取从"完全不同意"到"完全同意"的Likert五点计分方法。

为保证研究结果的适用性,本文将经历过网络服务补救的网购人士作为问卷发放对象,通过网址链接、邮件附件及纸质问卷等形式,共发放500份问卷,回收461份,问卷回收率为92.2%。剔除所有无效问卷,共得到有效问卷387份,问卷有效率83.9%,回收情况良好。对于这些有效问卷,笔者将进行数据录入,并采用SPSS19.0软件对其进行统计分析。

(二)实证分析结果

1.信度和效度分析

本问卷主体部分的题项设置主要参考已有的相关量表,为了保证研究结果的合理性和有效性,有必要对样本数据进行信度分析和效度分析。

根据信度分析的结果显示,服务补救、感知公平、顾客满意和网站品牌资产的 Cronbach's α系数都大于0.8;各测量问项的CITC值也都大于0.5;4变量的KMO值分别为0.861,0.872,0.734,0.827,大于0.7,Bartlett球形度检验显著性均为0.000;经正交旋转分析提取的因子数和累积方差解释率分别是3个(76.705%)、3个(81.446%)、1个(85.828%)、3个(80.095%),且各问项都在且只在各自所属的维度因子下大于0.5,说明本问卷各测量量表均符合研究要求,信度和效度较高。

2.相关分析

在对样本数据结构进行有效性检验之后,应进一步分析各变量维度之间的相关性,从而对本文的理论假设进行初步验证。在此,笔者将采用Pearson相关系数来描述变量之间的相关性,分析结果如表1所示。

根据表1可知,财物补救与结果公平显著正相关,与互动公平、信息公平均无明显相关关系;情感补救与互动公平、信息公平分别显著正相关,与结果公平无明显相关关系;信息补救与互动公平、信息公平分别显著正相关,与结果公平无明显相关关系。总体上来看,服务补救与感知公平显著正相关,假设1a、1b、1c、1d、1e得到初步验证。

此外,财物补救、情感补救、信息补救及结果公平、互动公平、信息公平均与顾客满意存在显著的正相关关系,由此可见,服务补救与顾客满意显著正相关,感知公平与顾客满意显著正相关,初步验证了假设2a、2b、2c。

表1 各变量维度之间的相关性分析结果

	1	2	3	4	5	6	7	8
1 财物补救	1							
2 情感补救	0.342*	1						
3 信息补救	0.253**	0.313**	1					
4 结果公平	0.552**	0.253	0.270	1				
5 互动公平	0.243	0.475**	0.412**	0.361**	1			
6 信息公平	0.217	0.323**	0.354**	0.287**	0.348**	1		
7 网站品牌资产	0.550**	0.540**	0.560**	0.362**	0.386**	0.511**	1	
8 顾客满意	0.264**	0.199**	0.188**	0.515**	0.463**	0.460**	0.462**	1

注：** 表示在 0.01 水平(双侧)上显著相关，* 表示在 0.05 水平(双侧)上显著相关。

3. 回归分析

在进行回归分析时，为了更全面有效地判断变量之间的关系，本文采用强制进入回归法，将所需变量强制进入模型。

(1)服务补救与感知公平的回归分析。

由于服务补救的三个维度并不都能影响到感知公平的各个维度，因此，基于上述相关分析的结果，笔者将对服务补救各维度与感知公平中对应的相关维度分别进行回归分析。在三次回归分析中，分别以服务补救的一个或两个子维度作为自变量，以感知公平中与之对应的子维度作为因变量，分析结果汇总在表2中。

表2 服务补救对感知公平的回归分析结果

自变量	因变量	标准化回归系数	t	Sig.	模型统计量
财物补救	结果公平	0.552	5.351	0.000	F 值:113.725 调整后 R^2:0.302
情感补救	互动公平	0.506	9.315	0.000	F 值:100.606 调整后 R^2:0.433
信息补救		0.239	4.403	0.000	
情感补救	信息公平	0.254	4.294	0.000	F 值:64.880 调整后 R^2:0.329
信息补救		0.405	6.853	0.000	

根据表2中第一个回归结果，回归方程能解释总变异的 30.2%，财物补救显著性水平为 0.000，回归系数为 0.552，回归方程为:结果公平 = 0.552 × 财物补救；由第二个回归结果可知，回归方程能解释总变异的 43.3%，情感补救和信息补救的显著性均为 0.000，回归系数分别为 0.506，0.239，回归方程为:互动公平 =

0.506×情感补救＋0.239×信息补救；根据第三个回归结果可知，回归方程能解释总变异的32.9％，情感补救和信息补救的显著性水平均为0.000，回归系数分别为0.254,0.405，回归方程为：信息公平＝0.254×情感补救＋0.405×信息补救。

由以上分析讨论可知，财物补救与结果公平显著正相关，情感补救、信息补救与互动公平和信息公平均为显著正相关，因此，假设1a、1b、1c、1d、1e成立。

（2）服务补救、感知公平与顾客满意的回归分析。

为了进一步探究服务补救、感知公平对顾客满意的作用，笔者将通过强制进入的方式进行回归分析，两次回归中的因变量均为顾客满意，自变量分别为服务补救各维度、感知公平各维度，具体分析结果汇总在表3中。

表3　服务补救、感知公平对顾客满意的回归分析结果

自变量	标准化回归系数	t	Sig.	模型统计量
财物补救	0.292	4.899	0.000	F值：59.910 调整后 R^2：0.404
情感补救	0.269	4.467	0.000	
信息补救	0.209	3.394	0.000	
结果公平	0.228	3.416	0.000	F值：36.422 调整后 R^2：0.289
互动公平	0.223	3.278	0.000	
信息公平	0.196	2.843	0.000	

根据表3中第一个回归结果可知，回归方程能解释总变异的40.4％，服务补救三维度的显著性水平均为0.000，回归系数分别为0.292,0.269,0.209，回归方程为：顾客满意＝0.292×财物补救＋0.269×情感补救＋0.209×信息补救；根据第二个回归结果，回归方程能解释总变异的28.9％，感知公平三维度的显著性水平均为0.000，回归系数分别为0.228,0.223,0.196，回归方程为：顾客满意＝0.228×结果公平＋0.223×互动公平＋0.196×信息公平。由此可见，服务补救的三维度及感知公平的三维度都与顾客满意显著正相关，因此假设2a、2b、2c成立。

4. 中介效应分析

经过回归分析，笔者验证了服务补救、感知公平和顾客满意两两之间存在显著相关性，但是感知公平在服务补救和顾客满意之间的中介作用是否显著尚不得知，为了检验感知公平在服务补救与顾客满意间的中介作用，笔者根据上述回归分析结果，进行了相应的中介效应分析，具体分析结果汇总在表4中。

表 4　中介效应检验表

变量	模型一			模型二		
	标准化回归系数	t	Sig.	标准化回归系数	t	Sig.
财物补救	0.264	4.410	0.000	0.202	3.198	0.000
结果公平				0.175	2.763	0.000
情感补救	0.199	3.262	0.000	0.106	1.832	0.068
互动公平				0.196	2.971	0.000
信息补救	0.188	3.079	0.000	0.121	2.191	0.000
互动公平				0.207	3.277	0.000
情感补救	0.199	3.262	0.000	0.127	2.215	0.000
信息公平				0.201	3.137	0.000
信息补救	0.188	3.079	0.000	0.183	2.722	0.000
信息公平				0.248	4.122	0.000

因变量:顾客满意。

根据表 4 可知,首先以财物补救为自变量,顾客满意为因变量,检测结果公平的中介作用,分析发现,加入中介变量后,结果公平和财物补救仍然对顾客满意有正向影响,但后者的回归系数由 0.264 下降到 0.202,说明结果公平具有部分中介作用;其次,以情感补救为自变量,顾客满意为因变量,检测互动公平的中介作用,分析发现,互动公平对顾客满意的影响由显著变为不显著,说明它具有完全中介作用。

类似地,经分析发现,互动公平、信息公平在一定程度上都能起到部分中介作用,假设 3a、3b、3c、3d、3e 成立。

5. 调节效应分析

本部分主要探究网站品牌资产是否会影响感知公平对顾客满意的作用。为了检验这种调节作用的存在性,笔者将通过强制进入回归法进行分析验证,分析结果如表 5 所示,顾客满意为被解释变量,模型 1 是顾客满意对主效应的回归,模型 2 是在此基础上加入调节变量,模型 3 又加入了各自变量和网站品牌资产的互动因子。

根据检验结果,结果公平、信息公平与网站品牌资产的交互系数都是显著的($P < 0.01$),且为正值,而互动公平与网站品牌资产的交互系数不显著,说明网站品牌资产对结果公平与顾客满意关系,以及对信息公平与顾客满意关系的调节作用显著,且有一定程度的正向调节作用,但是对互动公平和顾客满意关系的调节作用并

不显著。因此,假设 4a、4c 成立,假设 4b 不成立。

总体来说,本研究的理论假设基本成立,假设 H4b 未能获得实证支持的原因可能是互动公平主要产生于顾客与服务补救人员的实时互动过程中,受到服务人员的态度、顾客的情绪等情感因素的影响,与财物补救和信息补救相比,它更难以量化、更带有主观性。

表 5　调节效应检验表

	顾客满意		
	模型 1	模型 2	模型 3
主效应			
结果公平	0.245**	0.166**	0.191**
互动公平	0.203**	0.143**	0.147**
信息公平	0.146**	0.134**	0.086**
调节变量			
网站品牌资产		0.158**	0.176**
调节效应			
结果公平×网站品牌资产			0.187**
互动公平×网站品牌资产			0.086
信息公平×网站品牌资产			0.149**
模型统计量			
模型的 F	25.703***	20.944***	17.893***
R^2	0.350	0.396	0.455
△R^2(相对于模型 1)		0.046**	0.059**

注:** 表示在 0.01 的水平上显著;*** 表示在 0.001 的水平上显著。

四、研究结论和启示

本研究结果显示,顾客在网购中遭遇服务失败之后,网络服务商采取的服务补救措施会对顾客的感知公平产生影响,并进一步影响到顾客满意,而服务商的网站品牌资产可以在一定程度上调节顾客感知公平对顾客满意的影响。

具体来说,网络服务商提供的财物补救能够刺激到顾客对结果公平的感知,从而有助于提高顾客满意;情感补救、信息补救则通过作用于顾客对互动公平和信息公平的感知来影响顾客满意,其中情感补救对互动公平的影响更大,信息补救对信息公平的影响更强。感知公平的三个维度中,结果公平对顾客满意的影响最大,互动公平次之,信息公平最小,对应到服务补救措施中,财物补救更有助于实现顾客满意,然后是情感补救、信息补救。此外,在服务补救过程中,服务商的网站品牌资产能够增强结果公平和信息公平对顾客满意的作用。

基于上述研究结论,笔者认为,为了使服务补救真正发挥其应有之功效,网络服务商在开展服务补救工作之前,应深入分析导致服务失败的原因,并了解顾客的真正需要及对服务补救结果的期望。进行服务补救时,不仅要结合顾客需求和实际情况,给予顾客相应的经济补偿(如退款、退换货、优惠折扣等财物补救);也要和顾客进行情感沟通(如解释、道歉、承诺等情感补救),让顾客感知到他们是受尊重和重视的;还应与顾客保持实时的信息交流(如及时告知顾客补救进展、解答顾客的疑虑等信息补救)。在服务补救结束后,网络服务商应对服务补救经历进行总结分析,为以后处理类似情况积累经验;同时,也应注意到服务失败所反映出来的服务漏洞和服务薄弱点,并采取相应的改进措施。

此外,日常工作中,在网络服务上不仅要持续加强自身的品牌资产建设,优化网站界面设计,提升网站安全性和规范性;也应与顾客保持良好的信息交流和情感沟通,培养顾客信任和顾客忠诚;还应注重对服务人员的管理和培训,提高他们的主动服务意识和服务补救能力。

参考文献

[1] HOLLWAY B B, WANG S J, PARISH J T. The Role of Cumulative Online Purchasing Experience in Service Recovery Management[J]. Journal of Interactive Marketing, 2005(3): 54—66.

[2] 李四化. 服务补救与顾客后续行为意向关系研究[D]. 辽宁:辽宁大学,2009.

[3] 陈雪阳,刘建新. 国外服务补救研究及其启示[J]. 商业研究:2008,37(6):37—43.

[4] BITNER M J, BOOMS B H, MOHR L A. Critical Service Encounters: The Employee's Viewpoint[J]. Journal of Marketing, 1994(10): 95—106.

[5] SMITH A K, BOLTON R N, WAGNER J. A Model of Customer Satisfaction with Service Encounters Involving Failure and Recovery[J]. Journal of Marketing Research, 1999(8): 356—372.

[6] FORBES L P, KELLEY S W, HOFFMAN K D. Typologies of E-Commerce Retail Failures and Recovery Strategies[J]. Journal of Service Marketing,2005(5):280—292.

[7] 常亚平,姚慧平,韩丹,等. 电子商务环境下服务补救对顾客忠诚的影响机制研究[J]. 管理评论,2009(11):30—37.

[8] 郑秋莹,范秀成.网上零售业服务补救策略研究——基于公平理论和期望理论的探讨[J].管

理评论,2007(10):17—23.

[9] XIE Y,PENG S Q. How to Repair Customer Trust after Negative Publicity:The Roles of Competence, Integrity, Benevolence, and Forgiveness[J]. Psychology & Marketing, 2009 (7):572—589.

[10] KRISHNA A,DANGAYACH G S,JAIN R. Service Recovery:Literature Review and Research Issues[J]. Journal of Service Research,2011(1):71—121.

[11] 杜建刚,范秀成.服务补救中情绪对补救后顾客满意和行为的影响——基于情绪感染视角的研究[J].管理世界,2007b(8):85—94.

[12] OLSEN L L,JOHNSON M D. Service Equity, Satisfaction, and Loyalty:from Transaction-Specific to Cumulative Evaluations[J]. Journal of Service Research,2003(3):184—195.

[13] 张励.航班延误补救与顾客满意度及行为意向关系研究[D].浙江:浙江大学,2006.

[14] ANDREASSEN T W. Antecedents to Satisfaction with Service Recovery[J]. European Journal of Marketing, 2000(1):156—175.

[15] 赵占波,张钧安,徐惠群.基于公平理论探讨服务补救质量影响的实证研究——来自中国电信服务行业的证据[J].南开管理评论,2009(3):27—34.

[16] MILLISSA F Y C,MONICA C C L. Relationships of Organizational Justice and Organizational Identification:The Mediating Effects of Perceived Organizational Support in Hong Kong [J]. Asia Pacific Business Review, 2008(2):213—231.

[17] 谢礼珊,申文果,梁晓丹.顾客感知的服务公平性与顾客公民行为关系研究——基于网络服务环境的实证研究[J].管理评论,2008(6):17—24.

[18] LIN H H,WANG Y S,CHANG L K. Consumer Responses to Online Retailer'S Service Recovery after A Service Failure[J]. Managing Service Quality,2011(5):511—534.

[19] 宋宗军.服务补救的顾客满意形成机制研究——基于餐饮业的模拟情境研究[D].浙江:浙江大学,2010.

[20] 于坤章,罗静,田亚琴.基于公平和期望不一致理论的服务补救实证研究[J].统计与决策,2009(15):71—72.

[21] PAGE C,LEPKOWSKA-WHITE E. Web Equity:A Framework for Building Consumer Value in Online Companies[J]. Journal of Consumer Marketing,2002(3):231—248.

[22] 黄敏新.探讨品牌权益对服务失败与不满意度关系和服务补救与满意度关系之干扰效果[J].管理学报:台湾地区,2012(4):355—371.

[23] 詹志方.服务公平感的信息维度与关系质量[J].经济管理,2006(5):40—43.

[24] 苏蓉佳.B2C网站品牌资产的驱动因素及对购物意向的影响[D].杭州:浙江大学,2011.

[25] CHRISTODOULIEDS G,CHERNATONY L,FURRER O,et al. Conceptualising and Measuring The Equity of Online Brands[J]. Journal of Marketing Management,2006(22):799—825.

电子商务网站消费者持续使用意愿实证研究

韦正花[1]，张希凤[2]

（1 浙江工商大学工商管理学院，浙江杭州，310018；
2 杭州杭氧股份有限公司，浙江杭州，310018）

摘　要：相关研究表明，信息技术的采纳并不能保证对技术的持续使用，而技术价值的体现在于对技术的持续使用。作为一种新的商业模式，电子商务获得快速发展的同时，也面临着顾客不断流失的隐患。本文在相关研究综述的基础上，从电子商务网站系统本身和消费者自身的角度出发，依据 ECM-IT 理论构建消费者电子商务网站持续使用意愿模型，并采用统计分析方法对模型内在机制进行实证研究。结果表明，对消费者持续使用意愿影响最大的因素是消费者感知绩效，其次是期望确认度、消费者满意度，影响效果最小的是促成因素；而感知有用性、感知易用性、感知娱乐、感知质量、自我效能、习惯、转换成本对消费者持续使用意愿有直接或间接的影响。最后，基于研究结论提出相应的管理建议。

关键词：持续使用　电子商务网站　ECM-IT

一、引言

近几年，电子商务在我国的迅猛发展有目共睹。电子商务作为一种新的商业模式，已渗透到人们日常生活的各个角落，网络购物生活化趋势日益明显。据《2013 年度中国电子商务市场数据监测报告》显示，截至 2013 年底，中国电子商务市场交易规模达 10.2 万亿元，同比增长 29.9%。其中，网络零售市场交易规模达 18 851 亿元，同比增长 42.8%。2013 年仅"双十一"这一天，支付宝交易额（主要为天猫加淘宝）突破 350.19 亿元，电子商务发展极为迅猛。然而在光鲜的数字下，各大运营商并未从中获利甚至相当一部分运营商面临亏损的现象，这主要原因就在于用户流失的问题。2012 年大红大紫的聚美优品流失了 251.2 万老用户，流失率高达 52.1%。据《2012 年中国网络购物市场研究报告调查》显示，2012 年有

13.6%的用户最近半年开始使用新的购物网站,有 6.5%的用户放弃过半年前使用的购物网站。这些购物网站流失用户中有 22.9%是淘宝网流失的用户;17.8%为京东商城流失的用户;14%是亚马逊中流失的用户;流失用户比例最大的是新蛋中国,流失用户为 37.5%,留不住用户是电商网站面临的最大问题。

目前的学界对信息系统用户采纳领域:电子商务网站的研究主要集中在消费者初次采纳的问题上,也就是消费者初次采纳电商网站,对采纳后持续使用行为的研究相对较少。然而初次采纳并不能保证消费者的持续使用,电商网站的成功最终取决于消费者的持续使用。如 Bhattacherjee 认为,信息系统的初次使用对取得信息系统使用成功非常关键,但信息系统使用的最终成功更多地依赖于对它的持续使用。[1]因此,本文通过构建消费者电子商务网站持续使用意愿模型,丰富电子商务领域消费者持续采纳的相关研究,同时对电子商务企业发展实践有一定的借鉴意义。

二、文献回顾[1]

现有直接针对电子商务网站采纳的研究并不多,作为信息技术的集成,信息技术采纳行为理论为其提供了深厚的理论背景。该理论按时间划分为采纳前理论和采纳后理论,采纳前理论相对成熟,包括的理论也较广,最具代表性的是 TAM 及其扩展模型,其对采纳后持续研究也有一定的借鉴意义。

(一)TAM 及其扩展研究

理性行为理论(TRA)作为研究行为的早期理论之一,被广泛应用于解释和预测不同领域的个体行为。后来,Davis 等研究企业员工对计算机接受时,结合自我效能理论、成本收益范式等相关理论,将理性行为理论中用户行为信念划分为感知有用性和感知易用性,这两项感知信念决定了用户对信息系统的采纳意向,这就是在信息系统研究领域最成熟、应用最广的 TAM 模型。[2]此后,Venkatesh(2000,2003,2008)、Morris(2003)、Bala(2008)等学者对 TAM 模型进行了扩展,得到了TAM2,UTAUT,TAM3 等丰硕的理论研究成果。

在此基础上,大量的实证研究结果表明,感知有用性、感知易用性、采纳意向在解释用户信息技术接受行为上具有显著效果。同时,为采纳后持续使用的研究提供基础,如 Chang 等通过对 TAM 模型的扩展,研究影响英语移动学习系统持续使用的因素,结果表明,外部动机(感知便利性和感知易付性)、内部动机(感知有用性和感知易用性)对持续使用意向有显著影响。[3]

三、采纳后持续使用研究[3]

由于 TAM 模型在用户采纳决策中良好的解释力,很多学者将其引入信息技术采纳后持续使用的研究中。（Adams，1992；Agarwal，1999；Gefen，2003 等）然而一些学者对于直接应用 TAM 来研究持续使用行为表示怀疑，（Karahanna，1999；Bhattacherjee，2001 等）他们认为，初次采纳与持续使用中，用户行为是显著不同的，不能简单地套用 TAM。

Bhattacherjee 基于期望确认理论和 TAM 模型首次提出信息技术持续使用模型（ECM-IT），他认为，使用者持续使用信息技术的意向取决于前期使用的满意度和感知有用性，且满意度的影响大于感知有用性的影响。[1]自 ECM-IT 提出后，信息技术采纳后个体行为的研究进入新的发展阶段，学者们以此模型为基础，结合其他模型进行实证研究。如 Hsu 等采用 ECM-IT 模型和社会认知理论的相关研究，对万维网持续使用因素进行研究，表明用户是否愿意持续使用万维网受到使用满意度、期望和网络自我效能的影响。[4]

Hong 等借鉴 TAM 的研究成果，在 ECM-IT 加入感知易用性，与感知有用性一起，构建扩展 ECM-IT 的混合模型，并通过实证研究验证模型的正确性。[5]国内学者肖怀云基于该混合模型，并结合其他理论揭示移动商务服务消费者的初次使用行为向持续使用行为演化的内在变化过程。一个重要的研究思路是基于扩展的 ECM-IT 混合模型，根据研究对象的特点，融入其他研究理论，构建持续使用意向模型。[6]

网络购物是商品的消费者与供应者通过网络和计算机交互完成的交易行为，使得消费者既是网络的使用者，又是商品购买者的双重身份。（孔超，2009）这使得影响消费者持续使用某一电子商务网站意向的因素，既包含产品因素，也包含电子商务网站这个信息系统本身的因素。因此，本文结合信息技术采纳理论、持续使用理论、顾客忠诚理论及社会认知理论等相关研究，归纳出影响电子商务网站消费者持续使用意向的直接和间接因素，并构建持续使用意向模型。

三、研究假设与模型构建

（一）感知绩效与满意度、持续使用意向的关系

Bhattacherjee 认为，感知绩效是消费者在使用电子商务网站之后对该网站形成的一种全面的主观评价。[1]邵丹萍（2011）认为，感知绩效应包括有用性、易用性和产品质量。张璇等指出，感知绩效是用户在使用移动商务后感知的体验，体验到的有用性、愉悦性和易用性越大，用户满意度和继续使用意愿就越强。[7]肖怀云等研究发现，感知娱乐和感知质量对用户采纳后行为具有重要的影响作用，不仅影响到用户使用后的满意度，还直接和间接对用户是否会持续使用造成影响。[6]唐莉斯等发现，用户感知娱乐和感知质量对网络浏览频率有直接的影响；[8]骆迪则证实了

感知娱乐对用户持续适应意愿之间的相关关系。[9]

因此,本文将消费者感知绩效定义为消费者使用电子商务网站之后对该网站形成的一种全面的主观评价,(Tse & Wilton,1988;Bhattacherjee[1];孙金丽,2011等)并将其划分为感知有用性(Davis[2];Seddon,1997;王保林和徐博艺,2008等)、感知易用性(Davis[2];Seddon,1997;王保林和徐博艺,2008等)、感知娱乐(Davis,1992;焦勇兵,2007等)和感知质量(Churchill,Surprenant,1982;吴佩勒,2012等)4个方面。消费者满意度定义为,消费者使用电子商务网站进行网络购物后对该网站的综合评。(Cardozo,1965;Oliver,1981;刘鲁川和孙凯,2011等)持续使用意愿定义为,消费者在使用某网站消费后,在未来一段时间内仍愿意使用该购物网站购物。(Bhattacherjee[1];肖怀云,2011)综上所述,假设如下:

H1:消费者感知绩效对消费者满意度有正向的影响;

H2:消费者感知绩效对消费者持续使用意愿有正向的影响。

(二)期望确认度与感知绩效、满意度的关系

期望确认理论指出用户期望确认程度与用户感知绩效和用户满意度之间有正相关关系。Bhattacherjee的ECM-IT模型也指出,期望确认度会影响感知绩效和满意度。[1]Hong指出,期望确认度对感知有用性、感知易用性和满意度均存在正向的相关关系。[5]肖怀云(2011)证实了期望确认度对消费者的感知质量和感知娱乐性存在着正向影响。

本文将期望确认度定义为,消费者在使用某电子商务购物网站后的感知绩效对使用前期望的确认程度。(Oliver,1980;Bhattacheijee[1];林家宝,2011等)因此,假设如下:

H3:期望确认度对消费者感知绩效有正向的影响;

H4:期望确认度对消费者满意度有正向的影响。

(三)满意度与持续使用意愿间的关系

Bhattacherjee在ECM-IT模型中,指出用户持续使用意愿受用户满意度的影响。[1]杜新丽则提出,电子商务情景下,建立顾客忠诚的重要环节是提高顾客的满意度。[10]张璇等验证了用户满意度与用户持续使用意愿之间的路系数达到0.682。[7]张志烹等将满意作为用户持续使用的先决条件。[11]据此,提出假设:

H5:消费者满意度对消费者持续使用意愿有正向影响。

(四)促成因素与使用意愿间的关系

此外,还存在诸多其他影响信息技术持续使用行为的因素。理性行为理论(TRA)、计划行为理论(TPB)都认为个人行为意图受主观规范影响。周欢怀指出,在电子商务中,顾客容易转向其他商家,增加转换成本有利于顾客忠诚的建立和培

养。[12]刘鲁川等研究后指出,转换障碍是用户体验到的被"锁定"的感受,转换成本对用户持续使用意愿有显著的影响。[13]盛旭东等通过构建三个模型来研究习惯在用户使用盗版软件中的作用,得出习惯在用户使用盗版软件时起调节作用。[14]长白虹等验证了转换成本、主观规范对消费者持续使用意愿的直接驱动作用。[15]它是与用户理性感知之外的变量,本文将之统称为促成因素,即除消费者对电子商务网站的感知绩效外,影响消费者持续使用意向的影响因素的综合。(Venkatesh & Davis,2003;Bhattacheijee,2008;戚媛媛和邓胜利,2010 等)具体可划分为转换成本(Fornell,1992;周怀欢,2005 等)、习惯(Verplanken 等,1998;肖怀云,2011 等)、主观规范(Hshbein & Ajzen,1975;李晶,2012 等)、自我效能(Bandura,1977;刘鲁川和孙凯[13] 等)。

Bhattacherjee(2008)通过加入促成因素变量对原有模型进行修正。孙建军等将行为控制认知、促成条件作为促使因素,证实了促使因素对持续意愿的影响。[16]盛旭东等证实了促成因素对持续使用意愿的影响作用。[14]据此提出假设:

H6:促成因素对消费者持续使用意愿有正向的影响。

(五)模型构建

综上所述,基于 ECM-IT 扩展模型的广泛影响力及良好的解释力,本文以 ECM-IT 扩展模型为基础,结合消费者使用电子商务网站的特点,构建研究模型。如图 1 所示。

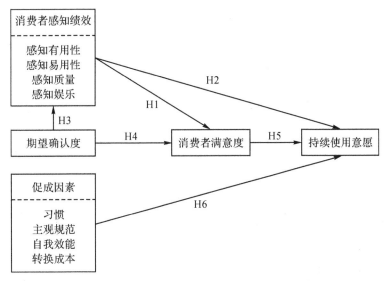

图 1　电子商务网站消费者持续使用意向模型

四、研究设计与分析

在确定本文研究模型和相关假设之后,本文拟通过问卷调查的方法收集样本数据进行实证研究。为了确保问卷调查的有效性,拟采用前人研究的成熟量表,结合电子商务情境下消费者使用购物网站的现实情况,对量表稍做修改,形成本文的调查问卷。

本文所选调查样本须满足两个条件:有一个或多个购物网站的接触经验;熟悉网络购物,有一次以上的网络购物经验。根据 CNNIC《2012 年中国网络购物市场研究报告》,网购用户年龄集中在 18—35 岁;大专以上学历所占比例超过 70%。因此,问卷发放对象选为浙江高校在校生。本研究以网上和纸质方式发放问卷 353份,回收有效问卷 249 份。

(一)信度与效度检验

本文采用 Cronbach's α 系数来分析各测量指标的信度。样本总体信度分析 Cronbach's α 系数值为 0.958,大于 0.7,表明,本研究样本总体上具有较高的信度。各变量 Cronbach's α 系数值均大于 0.7,每个测量问项的 CITC 系数基本符合大于 0.35 的要求,因此,问卷设计具有较好的内部一致性。

本文采用因子分析进行效度分析。首先各变量 KMO 检验值均在 0.9 左右,Bartelett 球形检验下显著性水平均在 0.05 以下,表明适合做因子分析。采用主成分分析法进行公因子提取,因子提取标准为特征值大于 1,输出结果显示各测量题项在其关联因子上的因子负荷系数大于 0.5,而在其他因子上的因子载荷系数小于 0.5,且因子的累计方差贡献率均在 65% 以上,具有较强的解释能力,这说明所有的变量都具有良好的效度,问卷有效,能够测量出所要测量的问题。

(二)结构模型与假设检验

1. 结构方程拟合程度

在信度、效度分析的基础上运用 AMOS 17.0 软件,构建结构方程模型并进行分析,主要拟合指标如表 1、表 2 所示。

表 1　结构方程模型的拟合指数

拟合指标	χ^2	df	χ^2/df	P	NFI	RFI	IFI
参考值	—	—	<3	<0.05	>0.9	>0.9	>0.9
本文数值	1616.033	765	2.112	0.00	0.871	0.855	0.945

表2　结构方程模型的拟合指数(续)

拟合指标	TFI	CFI	GFI	AGFI	RMR	RMSEA
参考值	>0.9	>0.9	>0.9	>0.9	<0.05	<0.1
本文数值	0.934	0.944	0.863	0.834	0.039	0.067

表1、表2中除了 NFI,RFI,GFI,AGFI 外都达到了建议值,然而考虑到本文待估参数较多,且这 4 个指标均大于 0.80,接近于参考值 0.9,仍在可接受的范围内,(姚涛,2006)因此,模型拟合度尚在可接受范围之内,理论模型可以接受。

2. 假设检验

本文路径验证结果如图 2 所示,所有变量值之间的标准化路径系数均在0.28—0.84 之间,且变量之间的关系均在 P<0.05 的水平下显著,具体见表3。

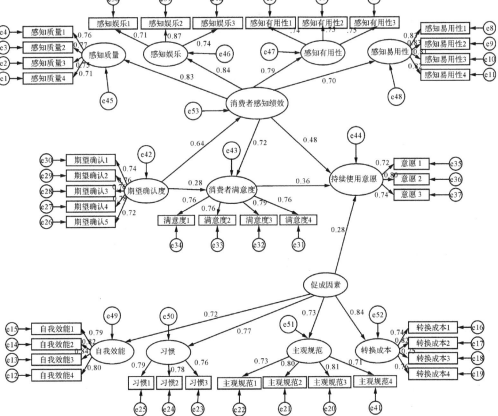

图2　消费者电子商务购物网站持续使用意愿结构方程模型

表 3　结构方程模型参数估计

变量间关系		假设	标准化路径系数	P	结果
消费者满意度 ＜－－－	消费者感知绩效	H1	0.717	***	支持
持续使用意愿 ＜－－－	消费者感知绩效	H2	0.481	0.014	支持
消费者感知绩效 ＜－－－	期望确认度	H3	0.637	***	支持
消费者满意度 ＜－－－	期望确认度	H4	0.281	***	支持
持续使用意愿 ＜－－－	消费者满意度	H5	0.365	0.049	支持
持续使用意愿 ＜－－－	促成因素	H6	0.276	***	支持

注：*** 表示 P＜0.001。

3. 影响效果分析

通过对本文研究模型的拟合，得到各因素之间的作用效果（详见表4），由表4可以看出，对消费者持续使用意愿影响最大的因素是消费者感知绩效（0.743），其次是期望确认度（0.575）、消费者满意度（0.365），影响效果最小的是促成因素（0.276）。

表 4　各因素之间影响效果

因素间关系		直接效果	间接效果	总效果
消费者感知绩效 ＜－－－	期望确认度	0.637	0	0.637
感知有用性 ＜－－－	期望确认度	0	0.504	0.504
感知易用性 ＜－－－	期望确认度	0	0.448	0.448
感知质量 ＜－－－	期望确认度	0	0.530	0.530
感知娱乐 ＜－－－	期望确认度	0	0.533	0.533
消费者满意度 ＜－－－	期望确认度	0.281	0.456	0.738
持续使用意愿 ＜－－－	期望确认度	0	0.575	0.575
消费者满意度 ＜－－－	消费者感知绩效	0.717	0	0.717
消费者感知绩效 ＜－－－	感知有用性	0.792	0	0.792
消费者感知绩效 ＜－－－	感知易用性	0.704	0	0.704
消费者感知绩效 ＜－－－	感知质量	0.833	0	0.833
消费者感知绩效 ＜－－－	感知娱乐	0.837	0	0.837
持续使用意愿 ＜－－－	消费者感知绩效	0.481	0.261	0.743
持续使用意愿 ＜－－－	消费者满意度	0.365	0	0.365

因素间关系			直接效果	间接效果	总效果
持续使用意愿	<－－－	促成因素	0.276	0	0.276
促成因素	<－－－	习惯	0.772	0	0.772
促成因素	<－－－	主观规范	0.731	0	0.731
促成因素	<－－－	自我效能	0.720	0	0.720
促成因素	<－－－	转换成本	0.843	0	0.843

五、研究结论与建议

(一)研究结论

本文从电子商务网站系统和消费者角度出发,分析影响消费者持续使用某电子商务网站意愿的因素。研究得出,消费者持续使用意愿最大的影响因素是消费者感知绩效(0.743)。通过对结构方程输出结果的进一步分析得出以下结论:

感知绩效对持续使用意愿的正向影响中,直接影响效果为0.481,间接影响效果为0.261。感知有用性、感知易用性、感知娱乐、感知质量对消费者感知绩效影响效果的贡献值分别为0.792,0.704,0.837,0.833。可知消费者对网站的感知娱乐越强,其感知的绩效越高。因此,电子商务网站通过网站设计优化,可以显著提高消费者的回头率。这一结果也与调研对象的特点有密切的联系,表明当代学生对娱乐性的要求。

促成因素对消费者持续使用意愿的正向影响中,直接影响效果为0.276。而主观规范、自我效能、习惯、转换成本对促成因素影响效果的贡献值分别为0.731,0.720,0.772,0.843。可知转换成本越高,消费者越愿意持续使用该电子商务购物网站。因此,电子商务网站运营中应特别关注如何提高顾客的转换成本,进而增加顾客对网站的黏性。另外,运营商在营销过程中应该把网购群体的社会关系纳入营销的对象,通过网购群体的社会关系对消费者的影响来提高消费者对网站的持续使用意愿。

期望确认度对消费者持续使用意愿的正向影响中,影响效果为0.575。因此,消费者对电子商务网站的期望确认度越高,消费者越感到满意,进而越愿意持续使用该电子商务网站。从中可知,期望确认度是消费者持续使用意愿的重要影响因素之一,网站运营商应该如实宣传,让消费者对网站的体验与其在体验前的期望相接近,提高消费者使用后的期望确认度。

(二)研究建议

本文对电子商务网站运营商提出以下几点管理建议:

(1)丰富商品种类,提升网站服务质量,加强消费者的感知有用性:一方面,电子商务购物网站运营商可以丰富网站所提供产品,使任何一个消费者都可以在该网站找到自己所中意的商品或所满意的服务;另一方面,电子商务网站运营商应该竭力提升自己的服务质量,比如网站设计应该让消费者感觉整个交易过程都在自己的掌控之中,让顾客可以随时查询自己的订单信息、商品的配送信息、自己的交易记录等。

(2)改变网站操作流程,提高用户的感知易用性:运营商在网站设计时可以增强网站页面布局的合理性、加强菜单设计的易操作性、改善搜索引擎的操作性和搜索界面的人性化设置、支持多种支付方式甚至分期付款,使消费者不需花太多精力就可买到自己满意的产品或服务。

(3)引入娱乐元素,提高消费购物过程中的娱乐性:运营商可在网站中增加一些参与性、互动性的小游戏,如抽奖之类的参与性游戏。另外,网站可以增加一些有趣互动功能,增加有趣的公共论坛之类功能,以增加用户的娱乐性。

(4)严把质量关,提供优质的产品和服务,提高消费者感知质量:首先,网站运营商可对本网站所提供的商品信息进行把关;其次,应保证网站的系统质量,保证消费者在使用过程中不会出现系统崩溃的现象;再次,网站运营商应竭力提高服务质量,如降低商品的发货响应时间、减少商品的配送时间等;最后,网站运营商应当通过一定的方式,保证所提供的商品质量。

(5)提高消费者转换成本,提高消费者黏性,增加消费者习惯:一方面,运营商可以通过一定方式,增加本网站产品种类的丰富性以满足消费者的多样化与个性化需求;另一方面,可以为用户提供更多的增值服务以增加消费者的黏性。

(6)如实宣传,扩大影响,提高网站品质和知名度:加强对网站的宣传,提升网站的知名度和品质。运营商在营销宣传的过程中应该把网购群体的社会关系也纳入营销的对象中。通过网购群体的社会关系对消费者的影响来提高消费者对网站的持续使用意愿。

参考文献

[1] BHATTACHERJEE A. Understanding Information Systems Continuance: An Expectation-Confirmation Model[J]. MIS Quarterly, 2001,25(3):351—370.

[2] DAVIS F D,BAGOZZI R P,WARSHAW P R. User Acceptance of Computer Technology: A Comparison of Two Theoretical Models[J]. Management science, 1989:982—1003.

[3] CHANG C. The Impact of College Students' Intrinsic and Extrinsic Motivation on Continuance

Intention to Use English Mobile Learning Systems[J]. The Asia-Pacific Education Researcher, 2012:1—12.

[4] HSU M H, CHIU C M,JU T L. Determinants of Continued Use of The WWW：An Integration of Two Theoretical Models[J]. Industrial Management & Data Systems, 2004, 104(9): 766—775.

[5] HONG S J, THONG J Y L, TAM K Y. Understanding Continued Information Technology Usage Behavior：A Comparison of Three Models in The Context of Mobile Internet[J]. Decision Support Systems, 2006, 42(3):1819—1834.

[6] 肖怀云.MC费者持续使用行为演化分析[J].西安电子科技大学学报:社会科学版,2012 (6):49—54.

[7] 张璇,吴清烈.基于扩展 ECM 的移动商务用户继续使用意向研究[J].太原理工大学学报, 2010(1):28—32.

[8] 唐莉斯,邓胜利.SNS 用户忠诚行为影响因素的实证研究[J].图书情报知识,2012(1): 102—108.

[9] 骆迪,薛君.网上消费者粘性行为的模型构筑——基于 IS-ECT 理论的消费者粘性研[J].电 子商务,2012(2):36—38.

[10] 杜新丽.电子商务网站顾客忠诚的影响因素和培育策略研究[J].改革与战略,2009(7): 156—158.

[11] 张志烹,陈渝.手机报服务继续使用行为影响因素实证研究[J].情报杂志,2011(8): 201—207.

[12] 周欢怀.电子商务企业如何培养顾客忠诚度的思考[J].商业研究,2005(14):205—206.

[13] 刘鲁川,孙凯,王菲,等.移动搜索用户持续使用行为实证研究[J].中国图书馆学报,2011 (6):50—57.

[14] 盛旭东,侯伦,李良强.习惯对盗版软件使用的影响研究[J].管理学家:学术版,2010(9): 40—49.

[15] 白长虹,刘炽.服务企业的顾客忠诚及其决定因素研究[J].南开管理评论,2002,5(6): 64—69.

[16] 孙建军,成颖,柯青.TAM 模型研究进展——模型演化[J].情报科学,2007,25(8): 1121—1127.

浙江高端养老地产购买的影响因素研究

熊子鉴[1]

(1 浙江工商大学工商管理学院,浙江杭州,310018)

摘　要:高端养老地产已经成为当下资本市场新的热点。浙江经济水平发达,目前已有多个在建项目,未来 10 到 20 年内跟养老有关的行业将迎来辉煌发展期。本文从消费者认知视角构建研究模型,探析老年消费者对于高端养老地产的购买决策构成与形成机制,并通过来自杭州地区数据的实证研究,为希望进入高端养老领域的浙江企业提供参考建议。

关键词:高端养老　养老地产　消费者认知　购买意愿

一、引言

根据全国老龄工作委员会发布的《中国人口老龄化发展趋势预测研究报告》,至 2050 年,中国的老年人口规模将达到 3.84 亿,即每 10 个人就有 4 个是 65 岁以上的老人。"50 后""60 后"已经成为目前握有较多空余资金的群体,他们将会规划下半生的生活,更加懂得享受生活,而这一时期大量满足于健康养生有关的养老产业会越得到他们的青睐,传统养老院"一张床"的观念已不适应社会发展需要。

高端养老地产通常选址在市郊环境较好的地方,用地规模从几十亩到几百亩,通常提供包括养老住宅、养老公寓、养老护理机构等在内的多种适合老人的居住类型,为不同身体状况的老人提供持续的生活照护,同时会配套提供文娱活动、健身、医疗、教育等服务。[1]高端养老地产满足了老年消费者不断升级的物质文化生活需求,为老年人提供各种高品质的生活照顾、医疗护理、精神慰藉及满足老年人各种特殊需求的服务行业,是适应人口老龄化的出现、养老社会化程度提高、老年人物质与精神需求的不断提升而出现的新型服务类型。

当前浙江,目标定位于"50 后""60 后"生活条件较好群体的高端养老地产正在逐步兴起,未来 10 到 20 年内跟养老有关的行业将迎来辉煌发展期。为迎合当下的发展需求,浙江一批打着高端旗号的养老产业正在蓬勃兴起,社会资本纷纷涌入高端养老产业,在这一领域内提前布局。在此背景下,在进一步提升服务质量、硬件水准的同时,随着高端养老地产市场接受程度的提升,须企业对于老年消费者高端养老地产的复杂购买决策过程有进一步的理解。

二、养老意愿研究述评

西方国家进入人口老龄化的时间更早,老龄化的程度也更深,应对养老问题的具体措施也更系统、全面。Ning 等指出,美国在 1940 年前后已经进入老龄化社会,并且已经形成了机构养老服务网络,其中包括了 10 000 多所养老服务机构。[2]从我国当前的养老现状来看,机构养老的需求也将不断提升。王金元认为,机构养老的需求将随着人口高龄化趋势的不断加剧而变得越来越迫切。普通家庭由于医疗条件较为不足,导致居家护理功能不足以满足老年人的养老需求,从而促使机构养老的需求不断提高。[3]面对当前社会的迫切机构养老需求,养老机构自身也需要多样化发展以跟上时代变化。张增芳指出,目前养老机构的类型构成主要包括老年公寓、养老社区、老年福利院、敬老院、养老院等,不同养老对象所针对的养老院服务类型有所不同,但基本上可以将服务对象分为以下几类:自理老人、介护老人和介助老人。[4]在养老机构类型多样化的同时,养老机构的建设与经营方式也存在多样性。杨团根据养老机构所有权与经营权的归属差别,将养老机构分为公办、公办民营、项目委托、公建民营、公民合资、民办、民办公助等类型,而政府对于不同的机构类型,是否给予补贴,以及给予的补贴和政策优惠的多少也存在差异。但是老年人本身并不关注养老机构究竟是哪种类型,采用什么样的经营方式,他们最为关注的终究还是机构养老服务的水平。[5]肖云等对重庆市 9 个城区的老年人入住养老院的意愿及原因进行了调研,发现养老院的养老设施越完善、服务质量越好,老年人的入住意愿也就越高。[6]

总的来说,很多企业已经开始重视养老消费领域的相关问题,并探索了一些适用于高端养老产业特性的新的营销方式。目前,学界在养老消费领域的研究还偏向于基础研究和人口统计变量的影响,将消费者认知因素与高端养老购买行为相结合能对理论的发展与理论在现实问题中的使用带来帮助。

三、研究假设和模型构建

(一)研究假设

品牌感知能给产品带来独特的社会价值。Kotler 认为,消费者会根据品牌的不同属性发展出相关的品牌信念,而消费者对品牌的感知即是他对某一特定品牌所持有的信念组合。iResearch 的市场调查显示,在问到养老地产的考虑因素时,高达 45.1% 的受访者将品牌知名度纳入了参考范围,且这一影响还排在了影响因素的第二位。高端养老地产所属的品牌将对消费者的选择产生直接且巨大的影响。当前,绿城和万达等知名地产商及以上海亲和源为代表的养老地产运营商分别以养老地产及管理输出的方式在各地开发新的高端养老项目,高端养老地产的品牌效应已经得到了机构运营商和消费者共同的肯定。消费者对于高端养老地产所属品牌的感知将影响他们对于产品的兴趣和认识,并最终作用于他们的购买决策。因此,本文提出假设:

H1:品牌感知会正向影响老年消费者对高端养老地产的产品涉入度;

H2:品牌感知会正向影响老年消费者对高端养老地产的产品认知;

H3:品牌感知会正向影响老年消费者对高端养老地产的购买意愿。

价格是消费者对于产品的兴趣和对产品评价的重要影响因素。李含伟等认为,感知价格是当前老年人机构养老选择的一个重要的决定因素。老年消费者选择高端养老地产往往需要付出大量的金钱代价,而老年人的收入来源也相对固定,感知价格是影响消费者购买意愿的重要因素。[7]本文就此提出以下假设:

H4:感知价格会正向影响消费者对高端养老地产的产品涉入度;

H5:感知价格会负向影响消费者对高端养老地产的产品认知;

H6:感知价格会负向影响消费者对高端养老地产的购买意愿。

高端养老消费购买决策过程中,参照群体的影响主要是他们的支付意愿是否体现了遵从参照群体期望的倾向,同时借由信息性影响、情感性影响作用于消费者对于产品的认知。过去研究已经证明,人群环境是作用于参照群体影响的重要决定因素。由此,本文提出假设:

H7:参照群体影响会正向影响消费者对高端养老地产的产品涉入度;

H8:参照群体影响会正向影响消费者对高端养老地产的认知产品;

H9:参照群体影响会正向影响消费者对高端养老地产的购买意愿。

感知风险表示了消费者在追求期望可以达到的目标或是结果的过程中,个体对可能遇到的损失的主观预期。较高的感知风险代表消费者认为未来很可能出现额外的花费或意外的遭遇,这种无形成本将增加消费者对于购买决策结果与后果的不确定感,促使消费者花费更多的时间与精力来了解产品,并可能使消费者对产品形成负面的态度。孙莹等在对汽车行业的研究中发现,感知风险与对产品的负面认知将对购买意愿形成负面影响。[8]王立青等在对西安市养老住宅的研究中发现,感知风险相比较感知价值对购买意愿产生了更大的影响。[9]面对高端机构养老,当前我国老年消费者对它还没有一个全面的了解,同时老年消费者和机构运营商之间也存在着信息不对称的情况。这使得高端养老消费相比较其他传统的消费类型,老年消费者须面对更多的潜在风险,在他们的购买决策过程中将带着一个更加复杂、谨慎的心态来进行。因此,本文提出以下假设:

H10:感知风险会正向影响老年消费者对高端养老地产的产品涉入度;

H11:感知风险会负向影响老年消费者对高端养老地产的产品认知;

H12:感知风险会负向影响老年消费者对高端养老地产的购买意愿。

涉入度反映了某一产品对于消费者的重要程度,是消费者对产品的兴趣、重要程度、价值相关性等不同维度的集中体现。过往的研究都认为,消费者对于产品兴趣的差异会导致涉入程度上的差别,消费者更乐于花费更多精力在涉入程度更高的产品上。当消费者认为特定产品符合自己的兴趣或认为它十分符合自己的需求时,会对产品产生较高的涉入度。[10]此时消费者会积极主动地应对产品,自发地收集产品信息,对参照群体的影响做出更为强烈的情感反应,认真地思考并比较产品或品牌间的价格、风险差异,从而做出最符合自己需要的决策,随后也会更倾向于向群体内的其他人传播、评论该产品,具有更强烈的购买意愿。[11]相反,低涉入者会消极、粗糙地应对产品,只花费很少的精力比较产品差异和分析产品信息,只对产品做出大概的了解。涉入程度的高低会导致消费者的购前行为特征出现差异,消费者的态度在不同涉入情境中也会有不同的表现,而且这些因素之间相互影响,并直接影响消费者的最终购买意愿。[12]基于以上观点,本文提出以下假设:

H13:产品涉入度在品牌感知对购买意愿的影响中起到中介作用;

H14:产品涉入度在感知价格对购买意愿的影响中起到中介作用;

H15:产品涉入度在参照群体影响对购买意愿的影响中起到中介作用;

H16:产品涉入度在感知风险对购买意愿的影响中起到中介作用;

H17:产品涉入度正向影响老年消费者对高端养老地产的购买意愿。

不同的消费者会具有差异巨大的消费偏好,面对相同的产品往往会做出截然不同的消费决策,这些差异极大的消费决策往往都经历着相似的消费决策过程。而消费者差异化的产品认知在这些消费决策过程中起到了直接的作用。刘鑫(2009)认为,消费者在购买决策中往往要经历一个复杂的认知过程,包括解释、记忆和整合3个过程。高端养老作为养老产业中新生的享乐型产品,产品的风险、运营者的品牌、重要群体对产品的态度、产品的价格这些认知因素往往会同时作用于消费者的认知过程,从而对他们认知、认可这一产品产生显著的影响,进而在消费者的购买决策中发挥作用,影响决策结果。因此,本文做出以下假设:

H18:产品认知在品牌感知对购买意愿的影响中起到中介作用;

H19:产品认知在感知价格对购买意愿的影响中起到中介作用;

H20:产品认知在参照群体影响对购买意愿的影响中起到中介作用;

H21：产品认知在感知风险对购买意愿的影响中起到中介作用；

H22：产品认知正向影响老年消费者对高端养老地产的购买意愿。

（二）模型构建

在文献回顾、概念界定和理论假设基础上，本文拟研究品牌感知、感知价格、参照群体影响和感知风险四个因素对高端养老地产的购买意愿的影响作用，以及产品涉入度和产品认知的中介效应，并构建了相应的概念模型（图1）。

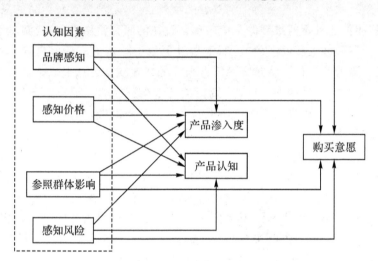

图1　本文的概念模型

四、研究假设的实证检验

（一）数据收集及统计分析

本文的问卷调查于 2014 年 7—9 月在杭州老年大学及杭州市庆春路周边社区进行，采用随机抽取、自愿填答方式，当场发放和回收。共发放问卷 250 份，回收 236 份，其中有效问卷 228 份。本次问卷调查收集到的有效问卷数远远大于观测变量总数的 5 倍，故本次问卷回收的数据适合做 SEM 分析。

1. 样本描述性统计分析

利用 SPSS19.0 统计工具对本次的调查样本进行描述统计分析，得到样本特征如下：女性占 58.3%，比例略高于男性，这与老年人中女性较男性更乐于外出活动有关；所调查老年人中 56—65 岁占到了大多数，占比 88.1%，他们是未来高端养老消费的主力群体；从健康状况的分布来看，身体状况一般的居多，达到 50.9%，认为自己身体状况很好的也达到了 26.3%，认为自己身体状况较差的只有

22.8%,因为我们无法调查到健康状况较差幽居室内的老年人,因此,健康状况可能会略好于平均水平;从职业分部来看,较为均匀,可以接受;超过77.6%的受访者教育水平达到了高中及以上水平,具备了较好的理解能力,更有能力做出复杂购买决策;受访老年人中79.4%有配偶。

2. 信度分析

信度即可靠性,它是指采用同样的方法对同一对象重复测量时所得结果的一致性程度,本次分析采用Cronbach's α信度系数,Cronbach's α系数的范围是0—1,一般来说,系数小于0.35时为低信度;0.35到0.7间为信度可接受;0.7到0.8之间则信度相当好;0.8到0.9之间则信度非常好。利用SPSS的可靠性检验分析各影响因素的Cronbach's α系数,结果见表1。

表1 量表各变量Cronbach's α系数

维度	Cronbach's α系数	项数
品牌感知	0.85	4
感知价格	0.836	3
参照群体影响	0.836	4
感知风险	0.873	5
产品认知	0.837	4
产品涉入度	0.835	3
购买意愿	0.879	4

由分析结果可知,各因素的系数都是大于0.7的,因此,信度处于可接受水平。

3. 效度分析

效度简言之就是测量结果的有效性,或某项测量活动能够测量到测量者所希望了解的特性的程度,指标采用KMO和Bartlett球形检验,检验结果见表2。

表2 量表各变量KMO测度

变量	KMO测度	显著性概率
品牌感知	0.814	0.000
感知价格	0.722	0.000
参照群体影响	0.793	0.000
感知风险	0.798	0.000
产品认知	0.725	0.000

续　表

变量	KMO 测度	显著性概率
感知价值	0.822	0.000
购买意愿	0.833	0.000

(二)结构方程模型分析

基于上文对大样本数据的信度和效度分析结果可知,样本数据已经达到可进一步建立结构方程模型并进行分析的要求。因此,使用 AMOSS17.0 对本文 7 个变量构建结构方程全模型,参照学界常用拟合指标对结构方程全模型进行判定,并对本文所提出的假设进行检验,进而得出研究结论。模型拟合使用极大似然法,修正后的模型结果见图 2。

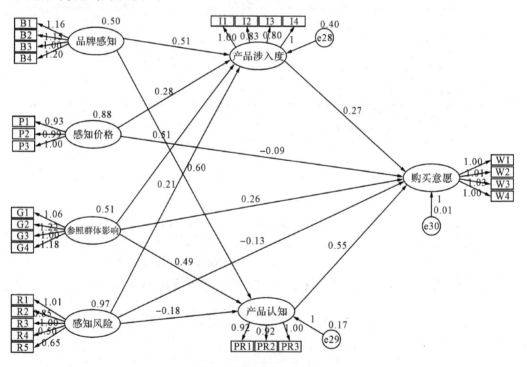

图 2　修正结构方程模型

拟合指标与路径系数见表 3。从表 3 中可以发现,拟合指标都位于可接受建议值内,因此,理论模型与实证数据具有较高的拟合度。通过对模型进行路径关系分析,根据路径系数结果对假设的变量关系进行验证,假设检验结果如表 4 所示。由表 4 中信息可知,理论模型的 22 个假设有 19 个通过检验,得到支持。

表 3　结构方程修正模型运行结果

假设路径	标准化路径系数	C.R.值	P值
产品认知＜－－－品牌感知	0.596	7.205	***
产品认知＜－－－感知风险	−0.183	−3.925	***
产品认知＜－－－参照群体影响	0.495	6.413	***
产品涉入度＜－－－参照群体影响	0.511	5.918	***
产品涉入度＜－－－感知价格	0.280	4.785	***
产品涉入度＜－－－感知风险	0.209	3.732	***
产品涉入度＜－－－品牌感知	0.515	5.962	***
购买意愿＜－－－产品涉入度	0.271	5.506	***
购买意愿＜－－－产品认知	0.551	7.297	***
购买意愿＜－－－参照群体影响	0.262	4.563	***
购买意愿＜－－－感知价格	−0.093	−2.77	0.006
购买意愿＜－－－感知风险	−0.129	−3.503	***

拟合指标	P	χ^2/df	RMSEA	IFI	TLI	NFI	GFI	CFI
具体数值	0.01	1.122	0.023	0.990	0.988	0.915	0.903	0.990

表 4　假设检验验证结果

假设	假设内容	验证结果
H1	品牌感知会正向影响老年消费者对高端养老地产的产品涉入度	支持
H2	品牌感知会正向影响老年消费者对高端养老地产的产品认知	支持
H3	品牌感知会正向影响老年消费者对高端养老地产的购买意愿	不支持
H4	感知价格会正向影响消费者对高端养老地产的产品涉入度	支持
H5	感知价格会负向影响消费者对高端养老地产的产品认知	不支持
H6	感知价格会负向影响消费者对高端养老地产的购买意愿	支持
H7	参照群体影响会正向影响消费者对高端养老地产的产品涉入度	支持
H8	参照群体影响会正向影响消费者对高端养老地产的产品认知	支持
H9	参照群体影响会正向影响消费者对高端养老地产的购买意愿	支持
H10	感知风险会正向影响老年消费者对高端养老地产的产品涉入度	支持
H11	感知风险会负向影响老年消费者对高端养老地产的产品认知	支持

假设	假设内容	验证结果
H12	感知风险会负向影响老年消费者对高端养老地产的购买意愿	支持
H13	产品涉入度在品牌感知对购买意愿的影响中起到中介作用	支持
H14	产品涉入度在感知价格对购买意愿的影响中起到中介作用	支持
H15	产品涉入度在参照群体影响对购买意愿的影响中起到中介作用	支持
H16	产品涉入度在感知风险对购买意愿的影响中起到中介作用	支持
H17	产品涉入度正向影响老年消费者对高端养老地产的购买意愿	支持
H18	产品认知在品牌感知对购买意愿的影响中起到中介作用	支持
H19	产品认知在感知价格对购买意愿的影响中起到中介作用	不支持
H20	产品认知在参照群体影响对购买意愿的影响中起到中介作用	支持
H21	产品认知在感知风险对购买意愿的影响中起到中介作用	支持
H22	产品认知正向影响老年消费者对高端养老地产的购买意愿	支持

(三)结果分析与实践建议

品牌感知对产品涉入度的标准化路径系数为 0.515,在 0.01 水平上显著,说明品牌感知对产品涉入度有显著的直接正向影响,这说明老年消费者对某个所属的品牌有正面认可时,他们更愿意在这个产品上花费更多的精力和心思,以深入了解这个产品,掌握这个品牌的更多知识。同时,品牌感知对产品认知的标准化路径系数为 0.596,在 0.01 水平上显著,说明品牌感知对产品认知有显著的直接正向影响,老年消费者对于产品的评估会更加倾向于有较好印象品牌的产品。

通常情况下,在简单购买决策中,感知价格的提高将使我们对于某一产品的涉入度降低,甚至不再关注它。但感知价格对产品涉入度的标准化路径系数为 0.280,在 0.01 水平上显著,这说明感知价格对产品涉入度有显著的直接正向影响,表明当老年消费者面对类似高端养老这样的复杂购买决策的情景时,感知价格的提高并不会让他们放弃关注产品,反而会让他们在决策过程花费更多心思、更加谨慎,这显然与简单购买决策有所不同。

参照群体影响对产品涉入度的标准化路径系数为 0.511,在 0.01 水平上显著,说明参照群体影响对产品涉入度有显著的直接正向影响,这说明老年消费者身边的重要群体对他们的影响将使他们更加关心对应的产品,在观察亲友的高端养老选择,或受到亲友的推荐时,他们会主动地收集有关高端养老的信息,更加深入了解这一服务产品。同时,参照群体影响对产品认知的标准化路径系数为 0.495,在

0.01 水平上显著,说明参照群体影响对产品认知有显著的直接正向影响,当身边亲友选择或推荐了高端养老机构时,老年消费者会更倾向于对这一高端养老地产做出积极、正面的评判。

感知风险对产品涉入度的标准化路径系数为 0.209,在 0.01 水平上显著,说明感知风险对产品涉入度有显著的直接正向影响,与感知价格类似,老年消费者在复杂购买决策的情景中,并不会因为产品感知风险的提高而轻易放弃这一产品,反而会对这一产品投入更多精力以深入了解它,并对它做出准确的评价。同时,感知风险对产品认知的标准化路径系数为 −0.183,在 0.01 水平上显著,说明感知风险对产品认知有显著的直接负向影响,表明产品风险的提高将使得老年消费者对产品做出更多负面的评价。例如,近期浙江发生的某一养老机构虐待老人事件,虽然高端养老地产与这类普通养老机构差异极大,但仍使得受访老年人对高端养老地产的风险认知提升,并进而影响他们对高端养老地产的评价。

五、结语

本文构建的老年消费者高端养老地产购买意愿影响因素模型,全面考虑了品牌感知、参照群体影响、感知风险和感知价格四个方面对老年消费者购买意愿的影响,从消费者认知角度全面地研究了购买决策的影响因素,能较大程度地有效预测老年消费者的购买行为。

同时,本文还存在一些局限。除了文中已经考虑的四个因素,实际中影响养老地产购买的因素还有很多,如用户需求、生活形态、感知价值等,很可能也产生了显著作用。此外,本文中已经考虑的品牌感知、参照群体影响、感知风险和感知价格的维度分解也值得进一步探讨和挖掘。此外,根据消费者的自身认知、心理情感、个人素养等特征进行群组划分,分别考虑不同群组用户的购买意愿从而得出有价值的产品建议也有重要的研究意义。此外,本文的样本主要来自杭州老年大学的学员,虽然这一群体具有一定的代表性,但为了保证研究结论更具普遍性和推广性,未来的研究有必要进一步扩大样本规模,增强样本随机性。

参考文献

[1] 周燕珉,林婧怡. 我国养老社区的发展现状与规划原则探析[J]. 城市规划,2012(1):46—51.

[2] NING J Z. Facility Service Environments Staffing and Psychosocial Care in Nursing Homes [J]. Health Care Financing Review,2009,30(2):5—17.

[3] 王金元. 规范化与个别化:机构养老的艰难抉择[J]. 社会科学家,2010(12):101—104.

[4] 张增芳. 老龄化背景下机构养老的供需矛盾及发展思路——基于西安市的数据分析[J]. 西

北大学学报：哲学社会科学版，2012(9)：35—39.

［5］杨团.公办民营与民办公助——加速老年人服务机构建设的政策分析［J］.人文杂志，2011(6)：124—135.

［6］肖云，吕倩，漆敏.高龄老人入住养老机构意愿的影响因素研究——以重庆市主城九区为例［J］.西北人口，2012(2)：27—30.

［7］李含伟，陈晔.我国机构养老收费标准的研究——基于上海市300家养老机构调研数据的分析［J］.价格理论与实践，2013(9)：94—95.

［8］孙莹，杜建刚，李文忠，等.产品召回中的负面情绪和感知风险对消费者购买意愿的影响——基于汽车产品召回的实证研究［J］.管理评论，2014(2)：104—110.

［9］王立青，罗福周.基于SEM的西安市养老住宅购买意愿研究［J］.消费经济，2013(5)：62—66.

［10］CHAN K，PRENDERGAST G P. Social Comparison，Imitation of Celebrity Models and Materialism Among Chinese Youth［J］. International Journal of Advertising，2008 (5)：799—826.

［11］姜凌，王磊.消费者产品购买决策中不同类型参照群体影响力比较研究［J］.华东经济管理，2010(6)：112—115.

［12］姜凌，王成璋，姜楠.消费行为中参照群体影响研究述评［J］.江苏商论，2009(8)：25—27.

消费者个性特质对在线定制
购买意愿的影响研究

吕筱萍[1]　张宏宇[1]

（1 浙江工商大学工商管理学院，浙江杭州，310018）

　　摘　要: 随着消费个性化的提高和互联网技术的普及,越来越多的企业通过提供在线定制产品建立顾客忠诚并赢得竞争优势。然而在线定制购买是复杂的行为过程,受多重因素的影响,本文从消费者的视角出发,研究消费者个性特质对在线定制购买意愿(OCPI)的影响,通过调研问卷收集数据,并运用结构方程模型进行分析。研究结果表明,消费者个性特质包括的独特性需求（Cosumers' Need For Uniqueness，CNFU）、视觉美感中心性（Centrality of Uisual Product Aesthetics，CUPA）对在线定制购买的感知利益(PB)都有显著的正向影响,进而增加在线定制购买意愿;同时,视觉美感中心性还对在线定制的购买感知风险(PR)有着显著的负向影响,并通过感知风险降低在线定制购买意愿;其中,独特性需求对感知风险没有显著的影响。因此,企业应该针对不同个性特质的细分群体采用精确的营销策略,同时增加感知利益,降低感知风险,最终赢得消费者对在线定制产品或服务的信赖。

　　关键字: 在线定制　独特性需求　视觉美感中心性　购买意愿

一、引言

　　研究表明,我们的市场正进入个性化消费时代,越来越多的人希望所购买或消费的产品和服务能够体现自己独特的个性、志趣和心情,因此那些能够体现自我个性的定制产品日益受到消费者的青睐。[1]Piller 等也指出,随着人们越来越倾向于表达自己的个性及购买力的不断提高,企业不得不考虑为每一个顾客提供个性化的产品。[2]可见,在线定制更应该受到企业的重视。

　　随着网络技术的发展,越来越多的国内外学者开始关注在线定制,但研究热点却大多集中于定制网站的内容[3]、CAD 处理过程[4]、定制推荐系统[5-6]等等。在线定制一直是营销学界关心的话题,正如金立印等学者指出,现有的文献很少从消费者的角度对在线定制进行系统的研究。[7]

本文从消费者的视角出发,研究独特性需求与视觉美感中心性两个个性特质变量对在线定制购买意愿的影响,揭示了消费者个性特质对在线定制购买决策的影响过程。在线定制受到了消费者的极大追捧,在供需关系中,从消费者的角度出发,充分了解消费者的购买决策过程,并通过有效的整合与策划,改变企业营销内容及形式,最终实现精准营销。

二、相关研究述评与研究假设

(一)在线定制购买意愿研究述评

定制购买行为是复杂的行为过程,受多重因素的影响,概括来讲,定制购买意愿的影响因素包含消费者个体特征和购买渠道及环境、产品和商家三个方面。尽管国内外学者在这三方面都有了一定的研究,但是以往的研究大都集中于传统环境下的定制购买,忽略了网络情境也可能导致购买过程发生相应的变化;同时,陈毅文等学者也指出,很少有研究能够将消费者个性特征、购买意向纳入一个研究框架内探讨各变量间的关系。[8]

而个性特质是指"个人在先天素质的基础上,在社会条件的影响下,由于个人的活动而形成的稳定的心理特征的总和"。个性特质的定义有两个基本的组成部分:个性倾向性和个性心理特征。个性倾向性决定了个人对消费行为的看法和行为倾向,决定着个人对不同消费观念、方式、对象等方面的看法和选择。[9]同时,个性特质已经被证明和许多活动有关,包括网络的使用、定制购买等。[10]

因此,本文从消费者个性特质出发,引入独特性需求和视觉美感中心性两个变量,深入研究它们对在线定制购买意愿的影响过程。

(二)独特性需求与感知利益、感知风险的关系

Tian 等在以往研究的基础上,将消费者独特性需求明确定义为个体通过购买、使用和处置消费品的方式来追求与众不同,其目的在于显示和强化个性特征和社会身份。[11]根据 Snyder 等的独特性理论,独特性需求是个体的一种稳定的心理特质。[12]Tian 等也认为独特性需求这一个性特质变量揭示了消费行为背后的深层次动机,且具有较好的稳定性。[13]

Simonson 等人的研究表明,独特性需求对消费者购买决策具有显著的影响。[14]Zeithaml 等人的研究也证实,感知质量和品牌形象认知(如兴奋)受到消费者独特性需求的影响。[15]Amaldoss 等人的研究发现,具有高独特性需求的人比其他人会更快地接受新产品或新品牌。[16]因此,本文在整理已有文献的基础上,提出

如下假设：

　　H1：消费者独特性需求对在线定制购物的感知收益有显著的正向影响；

　　H2：消费者独特性需求对在线定制购物的感知风险有显著的负向影响。

　　(三)视觉美感中心性与感知利益、感知风险的关系

　　Bloch 等将视觉美感中心性定义为对某个特定的消费者而言，在其与产品的关系方面，产品的视觉美感对他/她的整体重要性程度。[17]同时，他还指出，视觉美感中心性是一种稳定的个人特质，可以加以测量。

　　近年来对产品外观的研究发现，产品外观的美感程度对消费者在产品评价与购买意愿上有着显著的影响。[18-19]虽然产品设计的美感风格具体地影响着消费者行为意图，但这种效果的大小在不同消费者之间很可能是不均等的，[20-21]也就是说消费者的个性特质差异不同，对产品的视觉美感有不同的反应。同样，在在线定制购买过程中，不同美感追求的消费者，表现出不同的感知价值，进而表现出不同的购买决策。因此，可提出如下假设：

　　H3：消费者视觉美感中心性对在线定制购物的感知收益有显著的正向影响；

　　H4：消费者视觉美感中心性对在线定制购物的感知风险有显著的负向影响。

　　(四)感知利益、感知风险与在线定制购买意愿的关系

　　Armitage 等研究指出，感知利益与感知成本是消费者在对信息的感知、权衡中所感知的行为控制，影响购买意向及最终决策行为。[22]与传统的购物相比，现在的消费者不仅希望最大化预期收益，而且希望尽量减少感知风险，当客户决定购买某卖家的一些物品时，他会同时判断收益和风险。王崇等分别从不同的感知认识角度对消费者的购买意愿、忠诚度进行了研究，研究结果表明，消费者在购买过程中的感知收益大小是决定最终购买与否的重要因素。[23]对于感知风险与购买意愿的关系，Garretson 等指出，消费者在进行购买决策过程中，所感知到的风险较显著时，将会影响其购买意愿。[24]国内学者的研究也表明消费者的感知风险会影响其使用意愿。[25]

　　在线定制购物虽然为消费者提供了一种方便、快捷的个性化消费方式，消费者可能会获得比一般购物更大的收益；但与传统定制购物相比，蕴含了更多新的购物风险，如个人隐私泄漏、付款后不送货、缺少产品质量保证和满意的服务等。因此，根据以上诸位学者的观点，笔者提出以下研究假设：

　　H5：消费者的感知利益对在线定制购买意愿具有显著的正向影响作用；

　　H6：消费者的感知风险对在线定制购买意愿具有显著的负向影响作用。

　　综上所述，本文构建了概念模型，见图 1。本文认为消费者的个性特质包括独特性需求和视觉美感中心性，通过增加在线定制购买过程的感知收益，同时降低感知风险，进而影响在线定制购买意愿。

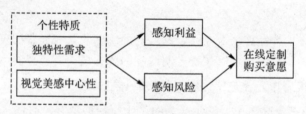

图 1　消费者个性特质对在线定制购买意愿的影响模型

三、调研方案设计

(一)问卷设计

研究问卷是根据本文的研究模型及研究假设的需要进行设计的,共分为四个部分:第一部分是针对个性特质的测量,本文参考了 Lynn 和陈阳等人的研究。其中,[26-27]独特性需求的测量包括"我更愿意购买一件比较罕见的产品"等 5 个问项;而视觉美感中心性的衡量问项则参考中国台湾学者杨俊明的研究,[21]包括"我经常会被产品的外观所吸引"等 4 个问项。第二部分是对感知利益和感知风险的测量,本文根据王崇等学者对感知利益测量问项的研究,[23]从感知功能性利益和感知享乐性利益两个方面进行测量,共 4 个问项;感知风险则参考国外学者 Park 等人的研究,[28]分别从时间、产品、金钱和安全 4 个指标进行测量,共 4 个问项。第三部分为在线定制购买意愿的测量,研究参考了 Stafford 等学者对网络购物的研究,[29]包括 3 个问项。第四部分为消费者个人基本信息的调查,包括性别、年龄、受教育程度、网络购物年龄及月均可支配收入。

(二)正式问卷的发放与回收

本文问卷设计了一个问项为"请问您是否有过在线定制购买或浏览定制网站的经历?( )A. 有 B. 无",选择无的被调查者就不是本研究的调研对象,以此保证样本对在线定制购物有一定的熟知度,提高本文研究的有效性。

本次调查最终收回的问卷数是 309 份,由于部分问卷信息填写不完整或者不是本文的研究对象使得问卷无效,其有效问卷共 265 份,有效回收率为 85.76%。样本中,男女人数大致持平;年龄主要集中在 18—35 岁之间;从学历上来看,本科学历与硕士及以上学历的受访者较多,占到样本总量的 88.3%;从网络购物经验来讲,99.2% 的调查者拥有 1 年以上的购物经验。整体来讲,本文调查的对象主要是以 18—35 岁之间的中青年,这类群体经常使用网上购物,整体文化水平较高,有一定的消费水平。

四、数据分析和假设检验

(一)信度与效度分析

通过 SPSS 19.0 软件对个性特质、感知利益、感知风险和在线定制购买意愿的各度量指标逐个进行信度和效度分析,结果见表 1。

表 1　各变量的信度与效度检验

变量	维度	题项	Cronbach's α 值	因子载荷取值范围
个性特质	独特性需求	5	0.846	0.760—0.863
	视觉美感中心性	4	0.859	0.821—0.856
感知利益	—	4	0.819	0.826—0.850
感知风险	—	4	0.815	0.841—0.869
在线定制购买意愿	—	3	0.843	0.840—0.882

由表 1 可知,所有测量维度的 Cronbach's α 值都大于 0.8,说明各变量量表有着较高的内在信度。个性特质量表的 KMO 值为 0.771,Bartlett 球体检验显著性概率为 0.000,说明适合进行因子分析。对个性特质变量的 9 个题项进行探索性因子分析,共得到两个因子,且其方差解释率为 77.599%,因子载荷均超过 0.7,这说明本文所提出的个性特质的两个变量之间相互独立,即个性特质的效度符合要求。同理,本文所构建的感知利益、感知风险和在线定制购买意愿量表的效度符合要求。

(二)结构方程模型的修正与分析

在对结构方程模型建立与识别后,利用 AMOS 15.0 软件对初始结构方程模型 M1 进行估计与检验。模型 M1 的卡方值与自由度的比率(CMIN/df)为 3.154,小于 5,可以认为整体结构方程模型 M1 的拟合程度是可以接受的。然而模型的拟合优度并不是很好,从而依据 AMOS 中输出的修正指数(Modification Indices,MI)对模型 M1 进行修正得到修正后的模型 M2。

经过多次修正,从模型 M2 的估计结果表明,模型的拟合程度都有所提高。其中,模型的卡方与自由度之比(CMIN/df)由原来的 3.154 降为 2.842,小于 3,有比较显著的变化;近似误差均方根(RMSEA)由原来的 0.143 降为 0.132,表明模型的拟合程度有所提高。另外,其他的拟合优度指标也均有所改善。因此可以认为,修正模型 M2 相对原模型 M1 更加有效,则本文将修正后的模型 M2 作为最终模型。

从表2可以看到,视觉美感中心性(CUPA)对感知风险(PR)的影响显著,回归系数为－0.413(P＜0.001);独特性需求对感知收益的影响显著,回归系数为0.175(P＝0.045);视觉美感中心性对感知收益的影响显著,回归系数为0.230(P＜0.01);感知收益对在线定制购买意愿的影响显著,回归系数为0.430(P＜0.001);感知风险对在线定制购买意愿的影响显著,回归系数为－0.237(P＝0.010)。其中,独特性需求对感知风险的影响不显著,回归系数为0.134(P＞0.05)。

表2 修正后模型 M2 的路径系数估计值和模型 M1 的路径系数估计值对比

回归			M1			M2		
			显著性水平	标准回归系数	检验结果	显著性水平	标准回归系数	检验结果
PR	<－－－	CVPA	***	－0.435	影响显著	***	－0.413	影响显著
PR	<－－－	CNFU	0.049	0.151	影响显著	0.078	0.134	影响不显著
PB	<－－－	CNFU	0.039	0.180	影响显著	0.045	0.175	影响显著
PB	<－－－	CVPA	0.008	0.231	影响显著	0.008	0.230	影响显著
OCPI	<－－－	PB	***	0.415	影响显著	***	0.430	影响显著
OCPI	<－－－	PR	0.017	－0.214	影响显著	0.010	－0.237	影响显著

注:*** 表示显著性水平小于 0.001。

(三)数据分析结果与讨论

1. 独特性需求对感知利益、感知风险的影响

从上述数据分析显示,独特性需求对感知利益有显著的正向影响,对感知风险的影响关系则不显著。

根据以往理论的研究,独特性需求高的消费者更加注重产品的独特性,那么定制的产品正是迎合了消费者追求个性化、独特性的需求,使得消费者对在线定制购买的感知收益增加,这一观点正符合了 Franke 等学者的研究,他们认为相对于标准化的产品,独特性需求高的人们对定制产品感知利益会更大。[30]然而,Amaldoss 等人的研究认为,具有高独特性需求的人能比其他人更快地接受新产品或品牌,因为其对新产品或品牌的感知风险偏低,[31]这一观点却没能在本文中得到证实。数据结果甚至显示,独特性需求水平越高的消费者,对在线定制购买的感知风险越高。

Giddens 等认为,消费者在市场中寻求符合自身风格的产品过程中,不仅得到一定程度上的选择自由,而且也带来一定的选择困扰。[32]从这样的角度出发,笔者认为,在在线定制购买的过程中,消费者一方面能够感受到定制产品给自己带来的好处,另一方面也让自己陷入对产品特性认同与否的纠结中,因此,消费者在购买过程中对定制产品特性等特点关注越多,得到的不确定性信息也越多,那么就一定程度上增加了他们对在线定制购买的感知风险。

2.视觉美感中心性对感知利益、感知风险的影响

数据分析表明,消费者的视觉美感中心性对在线定制购买过程中的感知利益有着显著的正向影响作用,对感知风险有着显著的负向影响作用。

这正是因为视觉美感中心性水平越高的消费者对产品的外观越加重视,而定制产品恰好可以根据消费者自身的审美偏好进行设计生产,因此,相对于标准化的产品,视觉美感中心性水平越高的消费者感知到定制产品的外观会更加让自己满意,从而增加了自己的感知收益,也增强了在线定制购买意愿。

相反,在线环境下能够让消费者清晰地看到在线定制产品的外观,视觉美感中心性越高的消费者就会对在线定制产品的外观表现出更大的控制欲,通过自己设计完成的产品外观也让自己有了更大程度的信任感,从而在一定程度上弱化了消费者对在线定制购买的感知风险。

3.感知利益和感知风险对在线定制购买意愿的影响

经统计分析可知,感知利益和感知风险对在线定制购买意愿都有着显著的影响,其中感知利益正向影响在线定制购买意愿,感知风险负向影响在线定制购买意愿,消费者在线定制购买意愿的产生是对感知利益和感知风险衡量的决策行为。

这表明了在新时代,消费者在网购过程中,更关注的是产品本身的利益,随着网购行为的不断反复,消费者的感知风险会不断地下降。因此,作为网络商家更应该注重增加消费者在线购买的感知利益,降低在线购买的感知风险从而促进企业的发展。

五、研究结论与展望

本文在网络购买环境下,研究了消费者个性特质对在线定制购买意愿的影响关系,通过对结果的分析,验证并解释了独特性需求与视觉美感中心性对在线定制购买意愿影响的过程,还通过对这2个心理变量的引入,在一定程度上丰富了消费者视角下的购买行为的研究。

在线定制营销是信息时代和现代消费观念下产生的一种新型营销模式,如何充分利用网络技术的优势,最大限度地提升在线定制的经营效益已成为众多在线商家的集中诉求。本文通过实证分析明确了消费者独特性需求与视觉美感中心性对在线定制购买意愿的影响过程,从而可以为在线定制商家提供一定的理论参考。

基于本文的研究结论,提出营销管理建议如下:

(1)突出个性,满足消费者独特性需求。随着消费者个性化需求越来越突出、产品竞争越来越激烈和网络等技术的提高,以顾客需求为出发点和驱动力的定制化营销日益成为厂商争取市场份额、满足市场需求的手段。在充分挖掘市场需求的基础上,企业要尽可能开发出更多个性化的产品,营销工作者也应该更注重对消费者独特性需求的了解,从而真正占有一定的目标市场。

(2)增加感知收益,降低感知风险。在线定制购买决策是消费者对感知利益和感知风险衡量的结果,因此,通过提升产品外观、优化网站形象等措施,不断提升消费者在线定制购买过程的感知收益,最终会赢得更多的客户。与此同时,企业还要注重对购买过程中感知风险的控制,通过强化安全的付款机制、提高产品质量、健全的物流管控等措施,来降低消费者对于在线购物的感知风险。

(3)基于个性特质的精确营销。对于独特性需求和视觉美感中心性水平高的消费者,他们更愿意购买在线定制产品,只要在线定制商家尽可能识别这种消费者,根据独特性需求及视觉美感中心性进行市场细分,便能进一步提高营销效率。同时,在充分了解了独特性需求及视觉美感中心性对在线定制购买意愿的影响过程后,在线定制商家的营销对象便会更加可控,可针对特定的消费人群选择特定的营销方式,如针对独特性需求高的消费者及视觉美感中心性水平高的消费者,企业可以根据产品特质和可用资源进行市场推广和顾客教育,突出定制化的个性特征或美化产品外观,吸引消费者的参与,并与该类用户群体形成深度沟通与交流,最终占有目标市场。

本文的研究仍有许多不足之处。如在数据收集方面,由于本文采取网络随机调查的方式进行数据收集,无法掌握填答的质量;在研究对象方面,由于本文主题是针对在线定制购买的消费者或者浏览过定制网站的消费者,在问卷内容的设计上也偏于询问消费方,因此可能无法涵盖所有网络购物消费者的使用习性等。针对本文研究的局限性,对在线定制购买意愿的研究还可以进一步完善,如增加定制产品类别的因素,针对不同类型的定制产品分别考察在线定制购买意愿的影响,如可以针对服装类、数码类、家电类等不同的定制产品类别来进行研究,从而更透彻地理解在线定制购买意愿的达成过程。

参考文献

[1] SIMONSOM I. Determinants of Customers' Responses to Customized Offers: Conceptual Framework and Research Propositions [J]. Journal of Marketing, 2005, 69(1): 32—45.

[2] PILLER F T, MUILLER M. A New Marketing Approach to Mass Customization [J]. International Journal of Computer Integrated Manufacturing, 2004, 17(7): 583—593.

[3] GUO Y, SALVENDY G. Factor Structure of Content Preparation for E-Business Web Sites: Results of A Survey of 428 Industrial Employees in The People's Republic Of China [J]. Behavior & Information Technology, 2009, 28(1): 73—86.

[4] DAI K, LI Y, HAN J. An Interactive Web System for Integrated Three-Dimensional Customization [J]. Computers in Industry, 2006, 57(8): 827—837.

[5] MAVRIDOU E, KEHEHAGIAS D, TZOVARAS D. Mining Affective Needs of Automotive Industry Customers for Building A Mass-Customization Recommender System[J]. Journal of Intelligent Manufacturing, 2013, 24(2): 251—265.

[6] 王宛山,巩亚东,等. 网络化制造[M]. 沈阳:东北大学出版社,2003,7—13.

[7] 金立印,邹德强. 定制化购买情境下的消费者决策研究综述与展望[J]. 外国经济与管理, 2009 (6): 32—38.

[8] 陈毅文,马继伟. 电子商务中消费者购买决策及其影响因素[J]. 心理科学进展, 2012, 20 (1): 27—34.

[9] 冯荣欣,周怡,陈君,等. 消费心理学[M]. 北京:北京大学出版社, 2006.

[10] HAMBURGER Y A. The Relationship Between Extraversion and Neuroticism and The Different Uses of The Internet [J]. Computers in Human Behavior, 2000, 16(4): 441—449.

[11] TIAN K T, MCKENZIE K. The Long-Term Predictive Validity of The Consumers' Need for Uniqueness Scale [J]. Journal of Consumer Psychology, 2001, 10(3): 171—193.

[12] SNYDER C R, FROMKIN H L. Abnormality as A Positive Characteristic: The Development and Validation of A Scale Measuring Need for Uniqueness [J]. Journal of Abnormal Psychology, 1977, 86(5): 518.

[13] TIAN K T, BEARDEN W O, HUNTER G L. Consumers' Need for Uniqueness: Scale Development and Validation [J]. Journal of Consumer Research, 2001, 28(1): 50—66.

[14] SIMONSON I, NOWLIS S M. The Role of Explanations and Need for Uniqueness in Consumer Decision Making: Unconventional Choices Based on Reasons [J]. Journal of Consumer Research, 2000, 27(1):49—68.

[15] ZEITHANL V A, BERRY L L, PARASURAMAN A. The Behavioral Consequences of Service Quality [J]. Journal of Marketing, 1996, 60(2).

[16] AMALDOSS W, JAIN S. Pricing of Conspicuous Goods: A Competitive Analysis of Social Effects [J]. Journal of Marketing Research, 2005, 42(1): 30—42.

[17] BLOCH P H, BRUNEL F F, ARNOLD T J. Individual Differences in The Centrality of Visual Product Aesthetics: Concept and Measurement[J]. Journal of Consumer Research, 2003,29(4): 551—565.

[18] CAGAN J. Unwrapping the Good News: Packaging Pays, and 'How'! The Role of Packaging in Influencing Product Valuation [J]. Advances in Consumer Research, 2009, 8: 254—256.

[19] HORSKY S, HONEA H. Do We Judge A Book By Its Cover and A Product by Its Package?

How Affective Expectations Are Contrasted and Assimilated into The Consumption Experience [J]. Advances in Consumer Research, 2009, 36.

[20] REIMANN M, ZAICHKOWSKY J, NEUHAUS C, et al. Aesthetic Package Design: A Behavioral, Neural, and Psychological Investigation [J]. Journal of Consumer Psychology, 2010, 20(4): 431—441.

[21] 杨俊明. 美丽的诱惑——产品外包装美感程度与个人产品美感中心性对味觉评估之影响 [J]. 行销评论, 2012, 9(2): 223—246.

[22] ARMITAGE C J, CONNER M. Efficacy of The Theory of Planned Behavior: A Meta-Analytic Review [J]. British Journal of Social Psychology, 2001, 40(4): 471—499.

[23] 王崇, 李一军, 吴价宝. 基于感知效用的消费者购物渠道决策分析与实证研究[J]. 管理评论, 2012, 24(10): 85—93.

[24] GARRETSON J A, CLOW K E. The Influence of Coupon Face Value on Service Quality Expectations, Risk Perceptions and Purchase Intentions in The Dental Industry[J]. Journal of Services Marketing, 1999, 13(1): 59—72.

[25] 董大海, 李广辉, 杨毅. 消费者网上购物感知风险构面研究[J]. 管理学报, 2005, 2(1): 55—60.

[26] LYNN M, HARRIS J. The Desire for Unique Consumer Products: A New Individual Differences Scale [J]. Psychology and Marketing, 1997, 14(6): 601—616.

[27] 陈阳, 施俊琦, 王明姬, 等. 消费者独特性需求量表的研究[J]. 心理科学, 2005, 28(6): 1449—1451.

[28] PARK J K, HAN H J. Psychological Antecedents and Risk on Attitudes Toward E-Customization [J]. Journal of Business Research, 2013, 66(12): 2552—2559.

[29] STANFFORD M R, STEM B. Consumer Bidding Behavior on Internet Auction Sites [J]. International Journal of Electronic Commerce, 2002, 7: 135—150.

[30] FRANKE N, KEINZ P, STEGER C J. Testing The Value of Customization: When Do Customers Really Prefer Products Tailored to Their Preferences? [J]. Journal of Marketing, 2009, 73(5): 103—121.

[31] AMALDOSS W, JAIN S. Pricing of Conspicuous Goods: A Competitive Analysis of Social Effects [J]. Journal of Marketing Research, 2005, 42(1): 30—42.

[32] GIDDENS, ANTHONY. Modernity and Self-Identity: Self and Society in The Late Modern Age [M]. Stanford: Stanford University Press, 1991.